ANTHOLOGY OF MODERN FRENCH POETRY

A

Anthology of Modern French Poetry

FROM BAUDELAIRE TO THE PRESENT DAY

By C. A. HACKETT

Professor of French in the University of Southampton

NEW YORK
THE MACMILLAN COMPANY
1970

Third edition 1967

PRINTED IN GREAT BRITAIN

PREFACE

In this anthology I have attempted to give a representative selection of the most important poetry written in France during the last hundred years, a period which, so far as I know, has not been covered adequately by existing anthologies, most of which do not go beyond Baudelaire. The present anthology is intended to bridge the gap between Baudelaire and the present day. In the choice of poems I have tried to be as objective as possible, but the same claim is not made for the Introduction. This is not intended to be either purely expository or comprehensive. It is largely the expression of a personal point of view, and is limited to a study of some of the fundamentally new aspects of French poetry, with particular reference to the work of Baudelaire, Rimbaud, Mallarmé and Valéry. The critical and biographical notes on each poet, given at the end of the anthology, will, it is hoped, supplement fully this deliberately limited approach.

It is, however, the poetry, not the point of view, that is of lasting importance, and no amount of commentary can, or should, replace a first-hand knowledge of the texts. The best introduction to poetry is poetry itself and, for the modern period of French literature, it would be difficult to find a more appropriate introduction than Baudelaire's poem *Au Lecteur*.

C. A. H.

University of Glasgow
October, 1951

v

PREFACE TO THE SECOND EDITION

THIS anthology was originally compiled in the spirit of Paul Eluard's remark 'Le meilleur choix de poèmes est celui que l'on fait pour soi'. The need for a second edition suggests that readers have enjoyed this personal selection; and that it has also been found acceptable, for more formal use, in schools and universities.

In preparing this edition, I have included further examples of the work of certain poets, namely Jouve, Saint-John Perse, Michaux, Char and Frénaud, who have, in the years since this anthology was completed, shown a marked development. To the poets already represented I have added two young poets—Yves Bonnefoy and André du Bouchet. The former may already be known to some readers, but the latter has not previously been included in any anthology published in this country. The present state of French poetry, and their place in it, are discussed in a brief Introduction to this edition.

Certain changes have been made in the Notes, of necessity in the biographies of those poets who have died. Only minor changes have been made in the critical comments, except in the case of Pierre Jean Jouve, whose recent development made some re-assessment necessary. The Bibliography of each poet has been extended by the addition of works that have been published up to 1964. Considerable changes will be found under the rubric Consult, where some recent critical studies have been added, even where this meant omitting a few of the works recommended in the first edition. I should like to thank those readers and friends, especially Michel Décaudin, who drew my attention to some factual errors and misprints, which have now been corrected. Finally, I must thank Miss Barbara Wotton for her patience and unfailing help with the typescript.

C. A. H.

UNIVERSITY OF SOUTHAMPTON
March, 1964

PREFACE TO THIS IMPRESSION

FOR this impression certain errors have been corrected, bibliographies have been brought up to date and further additions made to the lists of works which readers are recommended to consult.

C. A. H.

UNIVERSITY OF SOUTHAMPTON
September, 1970

ACKNOWLEDGEMENTS

I wish to thank the following publishing firms for permission to reprint the poems contained in this anthology:

Librairie Bordas (for Tristan Tzara).

Éditions Émile-Paul Frères (for Paul-Jean Toulet).

Librairie Fasquelle (for Maurice Maeterlinck).

Librairie Gallimard (for Guillaume Apollinaire, Louis Aragon, André Breton, René Char, Paul Claudel, Jean Cocteau, Robert Desnos, Paul Eluard, Léon - Paul Fargue, Guillevic, Max Jacob, Alfred Jarry, Pierre-Jean Jouve, Henri Michaux, Charles Péguy, Saint-John Perse, Jacques Prévert, Raymond Queneau, Pierre Reverdy, Jules Romains, Jules Supervielle, Patrice de la Tour du Pin and Paul Valéry).

Librairie Gründ (for Robert Desnos).

Mercure de France (for Yves Bonnefoy, André du Bouchet, Francis Jammes, Jean Moréas and Henri de Régnier).

Éditions de Minuit (for Louis Aragon).

Éditions Pierre Seghers (for André Frénaud).

Éditions du Seuil (for André Frénaud).

Librairie Universelle de France (for Pierre-Jean Jouve).

My special thanks are due to the firm of Gallimard for their most helpful co-operation in the matter of copyright.

I should also like to express my gratitude for the personal authorizations given by the following poets: M. Yves Bonnefoy, M. André du Bouchet, M. André Breton, M. René Char, M. Paul Claudel, M. Jean Cocteau, M. Paul Eluard, M. Pierre Emmanuel, M. André Frénaud, M. Pierre-Jean Jouve, M. Henri Michaux, M. Saint-John Perse, M. Jacques Prévert, M. Raymond Queneau, M. Pierre Reverdy, M. Jules Romains, M. Jules Supervielle, M. Patrice de la Tour du Pin, and M. Tristan Tzara.

Finally, I wish to record my sincere appreciation of the help and encouragement given me in this work by many French friends, in particular René Bertelé and Pierre Castex.

CONTENTS

B

INTRODUCTION

THE classification of poets according to creeds and schools may result in a neat literary pattern, but inevitably it leads to over-simplification, and stresses likenesses rather than important individual differences. It is true that writers who find themselves inspired by similar aims or experimenting with similar theories tend to form groups—and when referring to them it is convenient to use the appropriate descriptive terms—but there is always the danger that the terms may obscure the poetry which, however we classify it, remains the expression of a unique sensibility. This is particularly true of the period of French literature from Baudelaire to the present day, which is characterized by work that is aggressively personal and even revolutionary. Many of its poets—among them some who are now generally regarded as the leaders of Symbolism (the greatest 'school' of the period)—proved even during their lifetime refractory to classification. Verlaine declared that his poem *Art Poétique* was only a song and not the manifesto of the Symbolist movement: 'Puis, n'allez pas prendre au pied de la lettre mon *Art Poétique* de *Jadis et Naguère*, qui n'est qu'une chanson, après tout.—JE N'AURAI PAS FAIT DE THÉORIE'. Mallarmé, when asked whether he had founded the new movement, replied: 'J'abomine les écoles...je suis un solitaire'. Rimbaud had given up poetry and was working as a trader on the Somali coast when, unknown to him, the critics were labelling him a 'symbolist' poet—an arbitrary and limiting classification to which he would certainly have objected.

Symbolism was not, as it is usually presented in most manuals of literature, a large-scale and clearly defined movement divided into three generations or 'waves' of writers with Baudelaire (or Nerval) as precursor; Mallarmé (or Verlaine) as leader; and a host of members as different as Laforgue and Henri de Régnier, Lautréamont and Samain,

Valéry and Jammes, united by a poetic creed based on Baudelaire's *Correspondances* and Verlaine's *Art Poétique*. It was actually Moréas who first used, or at least popularized, the word *symbolisme* in his manifesto which appeared in *Le Figaro* September 18, 1886; but even the minor poets of the day protested when he tried to enrol them under this banner. Yet it is to these minor poets of whom Moréas remained spokesman and chief until he founded the rival École Romane in 1891 that, historically, the term might with some justification be applied. Its main usefulness was that it served, towards the end of the nineteenth century, as a rallying-cry in the struggle begun by the Romantics for the complete freedom of the artist and his art. It was this wider and more essential aspect of the movement that was stressed by Remy de Gourmont, the most important critic of that time, in the preface to *Le Livre des Masques*: 'Que veut dire *Symbolisme*? Si l'on s'en tient au sens étroit et étymologique, presque rien; si l'on passe outre, cela peut vouloir dire: individualisme en littérature, liberté de l'art, abandon des formules enseignées, tendances vers ce qui est nouveau, étrange et même bizarre; cela peut vouloir dire aussi: idéalisme, dédain de l'anecdote sociale, antinaturalisme, tendance à ne prendre dans la vie que le détail caractéristique, à ne prêter attention qu'à l'acte par lequel un homme se distingue d'un autre homme, à ne vouloir réaliser que des résultats, que l'essentiel; enfin, pour les poètes, le symbolisme semble lié au vers libre'.

By insisting on individualism, idealism, and freedom of technique, Gourmont gave a truer idea of the aims of the movement than did many later critics who stressed only one of its aspects.[1] The passage also shows why the movement was bound to be uncoordinated and chaotic; and it suggests why any arbitrary classification of modern French writers into schools or groups is more likely to hinder than help our understanding of individual poets. The quickest and the most

[1] For example, Valéry's simplification: 'Ce qui fut baptisé: le *Symbolisme* se résume très simplement dans l'intention commune à plusieurs familles de poètes (d'ailleurs ennemies entre elles) de "reprendre à la Musique leur bien". Le secret de ce mouvement n'est pas autre'. (*Avant-Propos. Variété*).

profitable approach to the period is, in fact, not by way of the Symbolists or by any of the familiar, neatly-labelled roads, but through the work of Baudelaire. He is more than the precursor—posthumously acclaimed—of the Symbolist movement. He is the vital link between the old and the new in French poetry, between the established values and techniques of a literary tradition and what Remy de Gourmont called 'des tendances vers ce qui est nouveau, étrange et même bizarre'.

The presence of an unusual quality in Baudelaire's poetry was obvious to some at least of his contemporaries. Hugo, writing in 1859 from Hauteville House, somewhat pompously announced: 'Vous dotez le ciel de l'art d'on ne sait quel rayon macabre. Vous créez un frisson nouveau', praise which, accurate as far as it goes, appears inadequate now that the 'frisson' has become a tide, and the 'nouveau' has been recognized as infinitely more important than the 'macabre'. Later, Rimbaud in the celebrated *Lettre du Voyant* expressed his appreciation with more generous enthusiasm: 'Baudelaire est le premier voyant, roi des poètes, *un vrai Dieu*'. Laforgue also realized the significance of a new quality in Baudelaire's work, and in his *Notes sur Baudelaire* he repeats again and again the words 'le premier' as he enumerates the many subjects and technical devices which Baudelaire had been the first to introduce into French poetry. Then, at the end of the century, Remy de Gourmont proclaimed in his *Livre des Masques*: 'Toute la littérature actuelle, et surtout celle qu'on appelle symboliste, est baudelairienne, non sans doute par la technique extérieure, mais par la technique interne et spirituelle'. Although this statement referred to the Symbolist movement of 1886, the word 'actuelle' could be applied equally well to the present time, for contemporary French poetry, or the most important part of it, is 'baudelairienne'. To-day, more than one hundred years since the first poems of the *Fleurs du Mal* were written, Baudelaire remains the first and the greatest of modern French poets.

Baudelaire is essentially a poet of our civilization. His originality lay, as Verlaine clearly saw, in depicting 'l'homme physique moderne, tel que l'ont fait les raffinements d'une civilisation excessive, l'homme moderne, avec ses sens aiguisés et vibrants, son esprit douloureusement subtil'. He was interested in every aspect of an urban age (above all, as manifested in the life of Paris) with its dynamic transient elements and its landscapes of man-made artificial objects; and he observed men and women not as unreal figures moving in an idealized or imaginary world but as human beings related to this new environment. In particular, he saw them as victims of a specifically modern illness (caused by their environment): spiritual apathy. His name for this is *Ennui*, a simple word which he charged with the deepest implications, for he knew that it is the mask which hides, and at the same time reveals, man's inner chaos.

Baudelaire's preoccupation with this disorder, and with its counterpart spiritual health, is felt in the tone of bitter but invigorating moral irony which informs all his work, and which he uses to break down the reader's complacency and force a response. His concern is always with fundamentals. The Romantics, despite their impassioned lyrical outbursts, had remained emotionally detached from life. What mattered to them was, to quote Hugo's expression, 'le ciel de l'art'; what mattered to Baudelaire was man and, to use his own phrases, his 'ciel intérieur' — 'le ciel du crâne'. To the investigation of this unexplored universe Baudelaire brought exceptionally acute and sensitive powers of insight and expression. He was, as Rimbaud recognized, a great poet precisely because he was, in the literal sense of the word, a *voyant*—someone who saw. And Baudelaire saw in all forms of life, and at every level of human behaviour, 'correspondances' and relationships between apparently unconnected and contradictory experiences. His poems are never purely literary exercises, oratorical developments on set subjects— Art, Beauty, Love, Time, Death; they are varied and intensely individual expressions of a personal and universal theme, which he himself defined in the title of the longest section of the *Fleurs du Mal* as *Spleen et Idéal*.

In his essay on Asselineau's *La Double Vie* Baudelaire asked: 'Qui parmi nous n'est pas un *homo duplex*?' and referred to this idea of man's duality as an *idée fixe*. This 'obsession' could be illustrated by numerous quotations but it is sufficient to mention the best known and most important: 'Il y a dans tout homme, à toute heure, deux postulations simultanées, l'une vers Dieu, l'autre vers Satan. L'invocation à Dieu, ou spiritualité, est un désir de monter en grade; celle de Satan, ou animalité, est une joie de descendre'. These opposed forces were an integral part of Baudelaire's nature and were rooted in a childhood which he saw as the source of all evil— where 'l'animal humain a puisé le goût (du crime) dans le ventre de sa mère'—and as the source of all good, the 'vert paradis'. In *Mon cœur mis à nu* he declared: 'Tout enfant, j'ai senti dans mon cœur deux sentiments contradictoires; l'horreur de la vie et l'extase de la vie'. More than any other poet, Baudelaire knew that the conflicts of his maturity were related to the world of his childhood, and he defined genius (in particular, one feels, his own genius) as 'l'enfance nettement formulée'. His reference to the 'deux postulations simultanées' and his affirmation 'la dualité de l'art est une conséquence fatale de la dualité de l'homme' are not empty abstractions; they are the keys to his work. Man's fundamental duality—expressed in an unexampled wealth of precise and sensuous images—is the theme both of his verse poems, *Les Fleurs du Mal*, and of his prose poems, *Le Spleen de Paris*.

In the development of the prose poem,[1] a distinctive

---

[1] The *poème en prose* began to take its place as a definite *genre* in French literature towards the middle of the nineteenth century. It was, like the *vers libre* (first used somewhat later by Rimbaud), part of a general reaction against the constraints of established patterns of rhyme and metre. Although the prose poem is not composed according to any defined set of rules, Baudelaire's practice has shown that it need not be shapeless or fragmentary: it can be a complete and self-contained whole, whose coherence depends not on an obedience to literary canons but on sincerity of tone, mood and feeling. The prose poem was used by Baudelaire's immediate successors, in particular, by Mallarmé in the first book of *Divagations*, Rimbaud in the *Illuminations*, Lautréamont in the *Chants de Maldoror*, and Laforgue in the *Moralités Légendaires*; and in more recent times by numerous writers, notably Claudel, Gide, Max Jacob, Léon-Paul Fargue, Saint-John Perse, Reverdy, Eluard, Breton, René Char. Henri Michaux, one of the most original poets in France to-day, writes almost exclusively in this form.

feature of the period, Baudelaire is again seen to be the first and most important of modern French poets. His starting point was Aloysius Bertrand's *Gaspard de la Nuit* (1842) and he fully acknowledged his debt in the preface to *Le Spleen de Paris*. Baudelaire's style is, however, infinitely more vigorous and flexible than that of his model, and is admirably suited to the expression of a modern sensibility. Instead of Bertrand's medieval figures and his objective, Parnassian-like pictures, we have familiar figures of nineteenth-century Paris through whom Baudelaire expresses personal ideas and feelings. With him we are in a different world (compare, for example, *Le Maçon* with *Le Mauvais Vitrier*)—the modern world of baffled and frustrated energy, to which his mature, critical intelligence has given, in the fifty prose poems of the *Spleen de Paris*, ordered and disciplined form. Baudelaire in fact so changed the original model that he is now generally considered to be the creator of the *poème en prose* as we know it to-day. But his interest was more than a technical one, and his imagination must undoubtedly have been seized by the opening sentence of the preface to *Gaspard de la Nuit*: 'L'Art a toujours deux faces antithétiques, médaille dont, par exemple, un côté accuserait la ressemblance de Paul Rembrandt et le revers celle de Jacques Callot', and by the author's statement that he had envisaged art 'sous cette double personnification'. This duality which Bertrand saw in art, as something external to him, Baudelaire felt as something in man himself; and this is the theme of the *Spleen de Paris* as of the *Fleurs du Mal*. By exploring this theme, Baudelaire has given poetry new qualities of sensuousness and intensity, depth and unity. He insists: 'la première condition nécessaire pour faire un art sain est la croyance à l'unité intégrale'; for although Baudelaire was obsessed by his ideas about *homo duplex*, he was also obsessed by a belief in the unity of life.

Rimbaud's reaction to Baudelaire was expressed with a mixture of adolescent enthusiasm and youthful arrogance in a letter to his friend Paul Demeny (the *Lettre du Voyant* May 15, 1871). In one sentence he hails Baudelaire as 'le premier voyant, roi des poètes, *un vrai Dieu*' and, in the next, adds: 'Encore a-t-il vécu dans un milieu trop artiste; et la forme si vantée en lui est mesquine: les inventions d'inconnu réclament des formes nouvelles'. This letter (surely the most remarkable letter in any literature) was written by a boy of sixteen who was already a poet of genius, and in it Rimbaud showed not only a surprising awareness of Baudelaire's originality, but also of his own. He realized, however, that the work he himself had to produce would be different from that of Baudelaire—indeed, from that of any other poet— and even more revolutionary. He felt that Baudelaire, great as he was, had not gone far enough. He had used words as a means of self-knowledge: Rimbaud decided to use not only words but *himself* in the discovery of the unknown. So he emphasizes, in the *Lettre du Voyant*, that for the true poet complete self-knowledge, although essential, is only a beginning. He continues: 'Le Poète se fait *voyant* par un long, immense et raisonné *dérèglement* de *tous les sens*. Toutes les formes d'amour, de souffrance, de folie; il cherche lui-même, il épuise en lui tous les poisons, pour n'en garder que les quintessences. Ineffable torture où il a besoin de toute la foi, de toute la force surhumaine, où il devient entre tous le grand malade, le grand criminel, le grand maudit, — et le suprême Savant! — Car il arrive à l'*inconnu*!'

Some critics consider this passage the most important Rimbaud ever wrote, and they have seen his work as a conscious and systematic attempt to put this amazing state- ment into practice. Interpreted in this way, Rimbaud is seen as a Promethean-like figure, a 'voleur de feu', a seeker of absolute knowledge, and so a rival of God himself.[1] It does

[1] Rimbaud's work, all of which was written between the ages of sixteen and nineteen, and the mystery of his sudden renunciation of poetry for the life of a trader in the deserts of Abyssinia, have propounded a riddle which no critic has yet 'solved'. His work is so unusual that the most extreme interpre- tations seem justified; but each of them is partial and incomplete. Critics have shown Rimbaud to be a Pagan and a Catholic, a 'voyou' and a 'voyant',

not, however, diminish Rimbaud's real stature—rather the contrary in fact—if we view him from a human perspective, and remember what his friend Ernest Delahaye wrote in the preface to the *Œuvres de Jean-Arthur Rimbaud* (1898): 'Au lecteur, maintenant, d'admirer, comme il convient, le poète; en n'oubliant jamais, au cours des feuillets, que l'œuvre lue, si géniale soit-elle, sort d'un cerveau de seulement quinze, seize, dix-sept, dix-huit ans d'âge réel'. These words, which seem to suggest the right approach to Rimbaud, should make us critical of interpretations which stress too much the rational elements in his work, and his conscious application of the *Voyant* theory. It is true that he was a conscious artist, and we can trace in his work a surprisingly rapid development in technique. It is probable that, like Baudelaire, he deliberately cultivated hallucinations and other abnormal states of mind; but the most striking thing about his work is its spontaneous quality. It is significant that this is what Rimbaud himself put first in the *Lettre du Voyant*: 'Car JE est un autre. Si le cuivre s'éveille clairon, il n'y a rien de sa faute. Cela m'est évident: j'assiste à l'éclosion de ma pensée: je la regarde, je l'écoute: je lance un coup d'archet: la symphonie fait son remuement dans les profondeurs, ou vient d'un bond sur la scène'.[1]

There he defines perfectly the urgency and immediacy of his writing. Descriptive links, similes and comparisons, to which we are accustomed, are often omitted; and the intermediate images which normally connect the moment of experience to the moment of expression undergo a kind of telescoping.

a Marxist and a Surrealist, a pervert and a convert. They have compared him to Julien Sorel, Villon, Faust, Prometheus, Icarus, Peer Gynt, Adam, the Good Samaritan, John the Baptist, Job, Joan of Arc, the two Saints Theresa, the four Evangelists, Ezekiel, Isaiah, the Messiah, the Devil, God, Orestes. The critics dominate the stage and play out their drama while Rimbaud (if yet another comparison may be permitted) is left, like the child Astyanax, in the wings—and forgotten.

[1] Two days previously he had written to his school-teacher, Georges Izambard, a letter in which he also stressed the same quality of spontaneity: 'C'est faux de dire: Je pense. On devrait dire: On me pense', and again, 'JE est un autre. Tant pis pour le bois qui se trouve violon'. These two letters contain, in an uncoordinated form, most of what we know about Rimbaud's 'theory' of poetry.

His poems come to his mind ready formed and spring 'd'un bond sur la scène'; and his words are as fresh and pure as if he had created them instinctively for his own immediate needs. They rise from the 'profondeurs', from the tumultuous and undisciplined forces of the unconscious mind, from the forgotten depths of childhood. Baudelaire had looked back to his childhood and realized that its 'vert paradis' could never be relived but only recalled: Rimbaud's unique achievement is to have expressed in mature and beautifully articulate language the experiences of childhood while he was actually experiencing them. In doing so he rediscovered, and renewed, the source of all poetry.

The themes of Rimbaud's early poems, *Poésies*, are varied; but the style is always simple and direct. It is as if he were possessed by a succession of intense feelings which he must at all costs express, and the violence of his emotions produces what might be called a muscular lyricism. This physical quality is particularly evident in *Bal des Pendus*, where vowels and consonants clash in a dance as wild as that of the skeletons swinging in the wind, and in *Paris se repeuple* (*L'Orgie parisienne*), where Rimbaud seems to spit out his hatred and scorn at the cowardly bourgeois returning to Paris after the Commune, and to whip them with his words:

> Le Poète prendra le sanglot des Infâmes,
> La haine des Forçats, la clameur des Maudits;
> Et ses rayons d'amour flagelleront les Femmes.
> Ses strophes bondiront: Voilà! voilà! bandits!

His emotions have an 'absolute' quality because they are uncomplicated by reflection. This is true even for a longer and apparently more complex poem, *Le Bateau Ivre*. Rimbaud *is* the *bateau ivre*:[1] he and the symbol are completely identified. All is here—the break with our conventions, the journey towards the unknown, the extreme emotions expressed by contrasted images and rhythms, the innumerable visions—

[1] Baudelaire had described himself as 'un vaisseau qui souffre'.

some dangerous and terrifying, some beautiful and reassuring —culminating in the 'future Vigueur', and the longing for its appearance as a bright beating of wings 'Million d'oiseaux d'or', the abrupt drop in tension, the tiredness and frustration, and the final renunciation of impossible dreams—yet all is united by a single force which rises in a crescendo of wave-like rhythms, then suddenly dies down and returns, its strength spent, to the world of childhood:

> Si je désire une eau d'Europe, c'est la flache
> Noire et froide où vers le crépuscule embaumé
> Un enfant accroupi plein de tristesses, lâche
> Un bateau frêle comme un papillon de mai.

The *Illuminations*,[1] a volume consisting almost entirely of prose poems, form an interlude between the 'physical' period of the *Poésies* and *Une Saison en Enfer*,[2] where Rimbaud engages in a spiritual struggle 'aussi brutal que la bataille d'hommes'. They are more complex in substance than the

[1] Verlaine wrote in his preface to the first edition of the *Illuminations* (1886): 'Le mot *Illuminations* est anglais et veut dire gravures coloriées — *coloured plates*'. Some of the poems do in fact resemble the illustrations of books read in childhood, some are hallucinations in which the logic and laws of the ordinary world have no place, some appear to be genuine illuminations, and some unite all these aspects of Rimbaud's experience.

[2] Rimbaud's works are discussed here in their traditional order: *Poésies, Illuminations, Une Saison en Enfer*. In a recent study, *Rimbaud et le Problème des Illuminations* (Mercure de France, 1949), Henry de Bouillane de Lacoste endeavours to prove, by an examination of Rimbaud's handwriting, that the *Illuminations* were composed between 1873 and 1875, that is, *after* the *Saison en Enfer*—a thesis which, if true, would invalidate, in part at least, every existing interpretation of Rimbaud's work. It is, however, extremely difficult to date handwriting with absolute accuracy, especially that of Rimbaud which changed so rapidly and which at times resembled closely that of Verlaine. Some French critics, among them André Breton, have suggested that the material examined by Bouillane de Lacoste did not consist of original manuscripts but of copies made by Rimbaud a year or two after he had composed the first version of the poems. The small number and the relative unimportance of the corrections support this view. Bouillane de Lacoste also uses, for example, the title *Vingt Ans* (one of the *Illuminations*) to show that it was written when Rimbaud was twenty, i.e. after *Une Saison en Enfer*. But Rimbaud, in his poetry, frequently suggested that he was older than he was, as in *Roman* (written just before he was sixteen) when he exclaims 'On n'est pas sérieux, quand on a dix-sept ans'. Most important of all, however, the internal evidence—particularly the sections of the *Illuminations* entitled *Ville* and *Villes*, and the section of *Une Saison en Enfer* entitled *Alchimie du Verbe*—refutes this new interpretation of Rimbaud's work.

Poésies, yet their expression is even more direct, and of an exceptional purity. Rimbaud's poetry, which before had been directed against the external world in a kind of physical assault on our civilization, is now concentrated on his own problems. The *Illuminations* are full of the contrasts which give his vision its peculiar richness: the real world and an unreal world in *Villes*, destruction and creation in *Après le Déluge*, life and death in *Conte*, the nostalgia for a lost paradise and the impatience for fresh adventures in *Vies* and *Jeunesse*. Throughout all of them we are conscious of a clash between spiritual and physical forces. The *Illuminations* are a drama played out in an imaginary world, an 'opéra fabuleux' says Rimbaud, which takes place on a stage set in mid-air, where our laws and perspectives are no longer valid. In it Rimbaud assumes all the rôles and, speaking with what to him are magic words, acts in imagination a serious drama—his own. The conflicts in the drama are *his*, but because they are disguised they can be borne. By this device—no doubt an unconscious one—and by brilliant technical skill, Rimbaud achieves a marvellous, but precarious, equilibrium: 'J'ai tendu des cordes de clocher à clocher; des guirlandes de fenêtre à fenêtre; des chaînes d'or d'étoile à étoile, et je danse'.

The conflicts which in *Poésies* Rimbaud succeeded in projecting onto the outside world, and which are disguised and played out in the dream world of the *Illuminations*, are lived through in *Une Saison en Enfer*. The stage is now Rimbaud's mind and the actors are unmasked. 'A moi!' he cries, and appears without the alibi of any disguise. The 'savage pageant' of the *Illuminations* has become his inner personal drama. Constant and violent oppositions of tone and rhythm are evidence of the profound conflict which forms the substance of *Une Saison en Enfer*. It is a spiritual combat in which the protagonists are good and evil, guilt and innocence, God and Satan, the varying forms of a dualism which Western man accepts but which Rimbaud vehemently rejects. In place of this civilization, with its limitations and its arbitrary divisions born from our fear of life, he demands 'la

vraie vie' and 'la liberté dans le salut'. In the passage given in
the anthology from *Mauvais Sang*, he denounces all those who
represent or accept the institutions and beliefs of Western
civilization: merchants, magistrates, soldiers, rulers, teachers,
priests—everyone—for we are all responsible for the chaos
of our world. He sees himself facing a firing squad composed
of these hated people he has condemned; but he knows that
he is innocent, and he speaks ironically of their 'light' to which
he has closed his eyes. He knows that *they* are the criminals,
for these people who encircle and judge him are the adults
who have deformed or destroyed the vision of childhood
which he, in his poetry, has kept pure and intact. He is
finally forced to grapple with reality and live in the world of
those he had castigated with the whole weight of his genius;
but *Une Saison en Enfer* affirms, in violent and often chaotic
and paradoxical terms, his fundamental integrity and
innocence. 'Apprécions sans vertige l'étendue de mon inno-
cence' is a recurrent note; and at the end Rimbaud leaves
behind him the stunted, barren tree of good and evil. Armed
with a 'burning patience' he prepares to enter the 'splendid
cities' and possess *la vérité dans une âme et un corps*. The
lyrical drama ends on this confident affirmation. But
Rimbaud's struggle was so profound and intense, and the
issues with which he confronts us are presented with such
clarity and power, that *Une Saison en Enfer* is more than the
poetic analysis of an individual problem: it has a universal
significance.

Baudelaire had claimed that *Les Fleurs du Mal*, that poetry,
was 'absolument innocent', but he never made the same
claim for man or for himself. While expressing the conflict
between 'Spleen' and 'Idéal', he accepted the conditions that
produced it: 'Tout homme qui n'accepte pas les conditions
de la vie vend son âme'. He believed in original sin and that
even a 'true' civilization could never entirely efface it.[1] But

---

[1] 'Théorie de la vraie civilisation. Elle n'est pas dans le gaz, ni dans la
vapeur, ni dans les tables tournantes, elle est dans la diminution des traces du
péché originel.' (*Mon cœur mis à nu*).

Rimbaud rejects all the conditions of our life and makes an absolute demand for 'la vraie vie'. He refuses to accept the duality of good and evil, and declares: 'On nous a promis d'enterrer dans l'ombre l'arbre du bien et du mal, de déporter les honnêtetés tyranniques, afin que nous amenions notre très pur amour'. Baudelaire had believed that man could fulfil himself through art because art is 'innocent': Rimbaud makes the greater claim—that life itself is innocent, and that therefore the possibilities of human as well as of artistic fulfilment are infinite.

It would be difficult to over-estimate the influence of Rimbaud on French literature, both directly through his poetry and indirectly through the enigma and mystery of his life. He seems in the brief space of three or four years to have used brilliantly every technical device and every poetic form— verse, free verse, prose poem—and to have announced most of the themes of contemporary poetry. Writers like the Surrealists, who lacked his genius, have tried to imitate and systematize the discoveries of the *Illuminations*. But no one can imitate *Une Saison en Enfer* and its 'prose de diamant'. Its importance is unique, for here Rimbaud has forced us to reconsider the whole basis of our society not in terms of duality and original sin but in terms of life's unity and innocence. His experience was authentic but, as that of a child (even a child genius) necessarily is, fragmentary and partial. *Une Saison en Enfer*, which for Rimbaud was the end of a poetic and human adventure (and in which he consumed himself) is really only a beginning. What he affirmed there with the outraged and clear-sighted violence of a child has yet to be realized in adult living. Rimbaud's search for an inner sanction in a civilization where the traditional values are failing remains the central problem of our age.

Mallarmé's work appears to have no connection with the world that inspired the sensuous orchestration of Baudelaire's 'correspondances' and Rimbaud's revolutionary lyricism. It is related organically neither to a living classical tradition nor (in any obvious way) to the contemporary world. It lacks substance, and may strike us as a highly refined intellectual game, which is, perhaps, how Mallarmé himself considered it, for he repeatedly refers to literature as a 'jeu'. It is, however, characteristic of his irony that he uses this word to describe a serious and heroic adventure. The 'jeu', sometimes only preciosity, is also the 'Jeu suprême' by which he hoped to express the absolute. Mallarmé's poetry is, in quite a different way however (one less relevant to the vitality of the literary tradition) as revolutionary as that of Baudelaire and Rimbaud.

Their concern was with the mystery of life; his was almost exclusively with the mystery of language. Language is, of course, the concern of all poets for it is their only means of expression, but most poets use it to express an individual sensibility. Mallarmé's concern was of a different kind. He did not wish to express an emotional experience; he wanted to purify words and charge them with infinite possibilities of suggestion, and to do so not, as other poets had done, intuitively, but systematically and scientifically. He declared: '*Nommer* un objet, c'est supprimer les trois quarts de la jouissance du poème qui est faite du bonheur de deviner peu à peu: le *suggérer*, voilà le rêve. C'est le parfait usage de ce mystère qui constitue le symbole'. This 'mystery' is not that of man's 'ciel intérieur'; it is one that can be worked out, almost like a formula, on a purely verbal plane. To Mallarmé, words alone provided the concrete experiences which other poets find first in life, and he talked of them as if they were organisms composed of a 'body' which he could dissect and from which he could detach, or extract, the pure essence: 'Le Mot présente, dans ses voyelles et ses diphtongues comme une chair; et dans ses consonnes, comme une ossature délicate à disséquer'. And in a key passage of his *Avant-Dire* to René Ghil's *Traité du Verbe* he refers to the 'double état de la parole', the one state—'brut ou immédiat'—is the word as used in conversation or descriptive writing, a mere counter; the other—'essentiel'—is the word as used by Mallarmé; the pure poetic word which, by its own life, creates.

These absolute distinctions between words and their 'state' do not exist, but the whole of Mallarmé's work is based on the belief that they can be made to exist, and he endeavoured to dissociate ordinary words, 'les mots de la tribu', as completely as possible from their normal contexts. He tried deliberately and consistently to change the natural grammatical order, to destroy the rhythms and associations words have in everyday use, to deprive them of any 'proche ou concret rappel'.[1] Thus purified, and endowed with a new and unusual power, they would be able to reveal the ultimate mystery; for Mallarmé believed that 'l'explication orphique de la Terre' is the poet's one duty and 'le jeu littéraire par excellence'.

In *Toute l'Ame Résumée*[2] Mallarmé gives a slight, almost playful, expression of the poetic doctrine which he had formulated thirty years previously as "*Peindre, non la chose, mais l'effet qu'elle produit*" and to which he remained faithful all his life. In words that are at once precise and allusive, and with an exquisite refinement of tone and gesture, he initiates us into the mysteries of his technique. The cigar slowly burns to ash which separates from its 'clair baiser de feu' as the smoker produces the smoke-rings; similarly, the original source of inspiration disappears as the poet transforms it into an infinite number of analogies and suggestions. The real must be excluded because it is base and worthless and would spoil the mystery which, according to Mallarmé, is the essence of poetry.

[1] In order to do this he adopted many technical devices, and in his poetry words are used in their strictly etymological sense, and are placed in fresh and unexpected contexts; the adjective is separated from the noun it qualifies; the less active forms of the verb are used; articles and linking words (especially 'comme') are omitted; punctuation is frequently unorthodox, or is suppressed; and there are numerous syntactical inversions.

[2] This sonnet, which accompanied Mallarmé's reply to a journalist's inquiry on the subject 'Le Vers Libre et les Poètes', appeared on August 3, 1895 in *Le Figaro* and was preceded by this note: 'Voici des vers que *par jeu* le poète voulut bien écrire à notre intention pour cette enquête.' *Toute l'Ame Résumée* is one of the last poems Mallarmé wrote: twenty years separate it from *Toast Funèbre*, a more complex and incomparably richer statement of the same *art poétique*. The 'Jeu suprême' is now only a 'jeu'; but the elegant charm and the irony remain—and the fidelity to a poetic ideal.

C

This method is completely successful in short poems where Mallarmé starts, as he often does, from an object—a cigar (*Toute l'Ame Résumée*), a fan (*Autre Eventail*), a vase (*Surgi de la croupe et du bond*), a stained-glass window (*Sainte*). These poems are similar in kind to those of the Parnassians and Mallarmé renews their material by a linguistic ritual rather than by any fresh energizing experience. Objects seem peculiarly suited to this treatment and they are transformed into verbal patterns which, however little they affect our emotions, satisfy us intellectually. Nothing, for example, could be more satisfying in its technical subtlety than the effect of suspended and negated motion, of imprisonment and liberation, produced in *Autre Eventail* where the fan, precisely because it is a 'blanc vol *fermé*', becomes the sceptre of a dream world where all flights are possible. The expression 'blanc vol fermé', in which the whole effect of the poem is fused—nothing happens, so everything is possible—indicates the unique nature of Mallarmé's poetry.

In *Le vierge, le vivace et le bel aujourd'hui*,[1] the swan's flight, like that of the fan, is a 'blanc vol fermé', but with this important difference: the swan has memory. He remembers the unending struggle (expressed by the repetition of the taut 'i' sound, the dominant note of this symphony in white) between two opposed impulses: the one to respond to life and so escape, the other to deny life and remain a prisoner. But the swan must remain for ever fixed in his white immobility, for the world he inhabits is a factitious world from which change has been banished and vitality transformed into a linguistic game. The struggle is a verbal one; the tension is produced by a remarkable scintillation of vowels and consonants and depends on the contradictory meanings which Mallarmé has given to one and the same word. 'Vierge' is a state both of no life and of all possible life; 'blanc' is both absence of

[1] This sonnet, probably written after *L'Après-Midi d'un Faune*, is mentioned first because it expresses with remarkable conciseness Mallarmé's complementary themes of perfection and sterility, which are fused in the image of the swan. Their exact nature is, however, more evident in the two long poems, *Hérodiade* and *L'Après-Midi d'un Faune*, where the subject is a person.

colour and the synthesis of all the colours. As in all Mallarmé's
poems, symbols of absence and sterility are also symbols of
presence and perfection. Like the poet with his unwritten
poems, the swan dreams of the 'vols qui n'ont pas fui',
preferring these, perfect in imagination, to real but imperfect
ones. In his 'songe de mépris' he scorns and ignores the actual
world, for his exile must remain unproductive and he a
'phantom'. Only thus can he enjoy the illusion of being not
'un cygne' as he was at the beginning of the poem but 'le
Cygne' as he is at the end: the ideal Swan, an immortal
image of Mallarmé's poetic and personal drama.

Le vierge, le vivace et le bel aujourd'hui is a more refined
and a more profound refusal of life than that represented by
the Romantics' ivory tower theme. Here, it is not society
that inflicts suffering on the poet but his own natural element
—words;[1] and Mallarmé, instead of taking refuge from the life
they represent, freezes its very source. It is only to words
which evoke a still-life universe that he can give the immor-
tality of his art.

In L'Après-Midi d'un Faune, the refinements of Mallarmé's
style appear natural and more positive. The verse has life
and it expresses—in a tenuous world—real subtleties of feeling
and atmosphere. Both emotionally and technically the poem
is a coherent work and it seems perfectly poised, until we are
surprised by the unusually rich texture and the urgency of the
following passage:

> Tu sais, ma passion, que, pourpre et déjà mûre,
> Chaque grenade éclate et d'abeilles murmure;
> Et notre sang, épris de qui le va saisir,
> Coule pour tout l'essaim éternel du désir.

That we are surprised is some measure of the emotional
aridity of much of Mallarmé's work, and some indication
of what has been sacrificed to his brilliant technical achieve-
ments—and of the extent to which they are technical. More-
over, it is significant that when there is vitality in his verse it

---

[1] They are *his* element as space, the cause of the 'blanche agonie', is the
swan's.

should always be used in the same way as the 'coldness' of *Hérodiade*, namely, to express the sensuousness of passivity. This negative use of what to most poets is positive, and the raw material of their art, suggests that the poise of the *Après-Midi d'un Faune* is a more successful compromise of the same equivocal feelings expressed all through Mallarmé's poetry. It is, in fact, a poem of both 'la chair victorieuse' and 'la frayeur secrète de la chair', a guilty and an innocent interlude in Mallarmé's search for purity and perfection. Here again he plays, as it were, the game of absence-presence, sterility-fertility: the nymphs are invoked and not invoked, to be possessed and not possessed. The ambiguity is essential, for it is only as shadows of life that they can, like the Swan and Hérodiade, achieve immortal life in Mallarmé's art.

It may seem obtuse to point in Mallarmé's work to the absence of certain positive, robust qualities which he never intended should be there, but his experiments with language have often been over-estimated and regarded as some kind of mystical adventure. Whatever their precise nature not all of them were poetically significant. Mallarmé's achievement is considerable but, compared with that of Baudelaire (or Rimbaud), largely a technical one. Baudelaire started from a personal experience of life and gradually developed a style vigorous and supple enough to express it completely. Mallarmé started the other way round—from *words*, which he used not to express human experience but to avoid it, and the result is often a complicated verbal pattern rather than a felt complexity gained through actual living. When Baudelaire exclaimed: 'l'âme lyrique fait des enjambées vastes comme des synthèses', he was not thinking in abstractions, he was feeling as a poet. When Mallarmé declared: 'Fragile, comme est mon apparition terrestre, je ne puis subir que les développements absolument nécessaires pour que l'Univers retrouve, en ce moi, son identité. Ainsi, je viens, à l'heure de la Synthèse, de délimiter l'œuvre qui sera l'image de ce développement', the experience is of such a nature that it could not be expressed in poetry.

Mallarmé said of *Hérodiade* 'cette œuvre solitaire m'avait stérilisé'. Words took a similar revenge. Cut off from their roots in life, they returned to haunt him as abstractions which he could neither use as a poet nor deal with as a philosopher. His evolution was in every way—like that of his own hero *Igitur*—a 'marche inverse'. The experiences of childhood— 'l'enfance retrouvée à volonté'—from which Baudelaire drew his inspiration, and to which all his work is intimately related, became for Mallarmé a closed and sterile world, and, like Igitur in search of life, he goes through corridors '*oubliés depuis l'enfance*', not to its beginning but to its end: in death he seeks the meaning of birth. Mallarmé's heroic, but inverted, adventure led through a labyrinth of abstractions to a world where 'le Livre', the ideal work of which he had always dreamed, need never be written. It could be invoked by the magic of a word. This was the logical conclusion of his principle 'céder l'initiative aux mots'.

Valéry was influenced both by the perfection of Mallarmé's poetry and by his personal integrity; a double influence which he has described as 'une conquête spirituelle décisive'. Starting from the spell exercised by the 'absolute' quality of the poems he grew more and more fascinated by the mind which produced them, so that Mallarmé became for him, as did everything else, an enigma to be solved. Whereas all Mallarmé's efforts had been concentrated on the creation of the poem, Valéry was interested in 'le drame de la génération d'une œuvre'; in the process of creation itself. He regarded a poem simply as an 'exercice', one of the many possible by-products of mental functioning; and his main interest lay in an examination of the working of the mind for its own sake. In this sense, he was, as he himself said, a poet 'malgré lui'.

Valéry dreamed of an absolute mind in the same way that Mallarmé had dreamed of an absolute art. By finding 'l'attitude centrale à partir de laquelle les entreprises de la connaissance et les opérations de l'art sont également possibles', he hoped to endow the Mind with the infinite power which

Mallarmé had striven to attribute to the Word. The drama of Valéry's poetry lies in the subtle interchange between his ideas about this ideal world and those of a world which he knows is relative, and whose only reality is eternal change. The verbal dualisms of Mallarmé's poetry—which sprang from his belief in the 'double état de la parole'—are turned by Valéry into more subtle, but equally artificial, dualities in the mind. The two extremes of Valéry's work are represented by what he calls his pure, absolute self and his impure, relative self; and together they constitute his 'double vie mentale'. His work is in many ways complementary to that of Mallarmé and he transformed his incantatory soliloquy into an intellectual one.

The main theme of Valéry's poetry is that of the human consciousness divided between a desire for endless self-contemplation and a desire for active life, and is best seen in the two long poems *La Jeune Parque* and *Le Cimetière Marin*. The originality of these poems, and of his work in general, lies in the precisely modulated expression of nuances of feelings and ideas which flow, as in a perpetual osmosis, from one of these states to the other. His treatment of such a complex theme is unusually rich and sensitive, but there is, one feels, a certain disparity between a technique which is supremely competent and mature and a constant preoccupation with states of mind which are, after all, only the preliminaries to living. It is true that *La Jeune Parque* and *Le Cimetière Marin* are generally interpreted as representing a final 'triumph of life'; but it is in spite of herself that the Jeune Parque is reconciled to the real earth, and although the poem concludes with praise to the forces of nature she has yet to begin to live. Again, at the end of the *Cimetière Marin*, the accent in 'il faut tenter de vivre!' surely falls on 'tenter'? These poems represent not a triumph but a defeat, the defeat of Valéry's pure absolute self, and both end where most poetry begins. 'Il faudrait vivre deux vies: l'une de préparation totale; l'autre de développement total' Valéry declared. In most of his work we have only the first of these lives.

But just as Mallarmé wrote the sensuous poetry of *L'Après-Midi d'un Faune* as an escape from the sterile *Hérodiade*, so Valéry wrote, after *La Jeune Parque*, a series of short poems, *Charmes*. These poems grow from a centre outwards, as naturally and sensitively as a living organism; and he has described the ease and spontaneity with which he composed them—especially *Aurore* and *Palme*. They are more than just exercises, the product of an accomplished technique; they are more than what Valéry said all poetry should be—a 'fête de l'Intellect': they are expressions of mature and sensitive feeling; and the sensuousness, which runs only in isolated veins through the long poems, reminds us that Valéry drew his vitality not from his intellect but from what he called his 'forêt sensuelle'; in other words, from the raw material which Baudelaire had made available for all subsequent poets. Valéry perhaps owed more to him than he himself recognized.

Valéry occupies a central place—at least in time—in the literature of the last hundred years, and during his maturity he was able to see the work of both Baudelaire and Mallarmé in perspective. As he took bearings in the literary field and 'placed' Baudelaire, he wrote: 'Nous voyons aujourd'hui que la résonance, après plus de soixante ans, de l'œuvre unique et très peu volumineuse de Baudelaire emplit encore toute la sphère poétique, qu'elle est présente aux esprits, impossible à négliger'. The influence of *Les Fleurs du Mal* could not be ignored and it is pervasive in much of Valéry's best poetry. But the terms in which he refers to the two branches of the literary movement which began with Baudelaire indicate the one to which he himself, as Mallarmé's disciple, wished to belong: 'Tandis que Verlaine et Rimbaud ont continué Baudelaire dans l'ordre du sentiment et de la sensation, Mallarmé l'a prolongé dans le domaine de la perfection et de la pureté poétique'.

While one branch of the literary movement was reaching its fulfilment and its end in Mallarmé and Valéry, the other, 'l'ordre du sentiment et de la sensation', had developed a strange offshoot: the Dada movement. In literature the ground had been prepared by many of Baudelaire's successors —first by Rimbaud, Laforgue and Lautréamont, and later by Jarry, Apollinaire, and Max Jacob—but it was the first world war that forced Dada into being. In 1916 it was given its name[1] and some definition and direction by Tristan Tzara, a Rumanian, and Hans Arp, an Alsatian, who were then living as refugee pacifists in Zurich; and in 1919 it rose to a noisy climax when Tzara came to Paris and grouped round him a band of writers which included Breton, Aragon, Soupault and Ribemont-Dessaignes.

Dada, says Tzara, was born from 'un désir d'indépendance, de méfiance envers la communauté', and his seven manifestos are a violent cavalcade of all that Dada sought to abolish— laws, morality and religion; classifications, systems and theories; the past and the future; logic and the rational mind itself; the whole social organism. This extreme reaction to extreme conditions, to the negation of values produced by the war, was a revolt of the individual against everything, including Dada itself—'les vrais Dadas sont contre Dada'. But it also admitted the possibility of creation, and both aspects are stated in Tzara's manifestos: 'Il y a un grand travail destructif, négatif à accomplir. Balayer, nettoyer. La pro- preté de l'individu s'affirme après l'état de folie agressive, complète, d'un monde laissé entre les mains des bandits, qui se déchirent et détruisent les siècles — Il nous reste après le carnage l'espoir d'une humanité purifiée'—a hope never abandoned by Tzara who gave it poetic expression several years later, in L'Homme Approximatif, his most important poem.

While many of Baudelaire's successors had been prepared to

[1] Tzara relates that he found the word 'Dada' by slipping a paper-knife at random between the pages of a Larousse. The word, he said, meant nothing and that is why it was chosen. It is, as Larousse tells us, the child's word for a horse (as well as the adult's for a fad or an obsession) and Dada has indeed often been dismissed as a childish affair. That is partly true, but like the Trojan horse it contained subversive elements; it was anarchical, destructive—a 'protestation aux poings de tout son être en action destructive' and its impact was felt on the whole development of French literature.

affirm with Rimbaud 'Je finis par trouver sacré le désordre de mon esprit' and to re-echo Laforgue's cry 'Aux armes, citoyens! il n'y a plus de RAISON', they had nevertheless continued to seek inspiration in the objective world, to respect reason, and to use more or less intelligible artistic forms. Dada, on the other hand, saw all these as tyrannies and its main attack was therefore directed against reason, 'l'anti-poétique raison'.[1] Tzara thundered: 'Il nous faut des œuvres fortes, droites, précises et à jamais incomprises'; and Dada rejected most previous poetry and sought to replace it by a new, dynamic poetry capable of expressing directly the movement of the unconscious mind. Hence its one positive belief: 'Croyance absolue indiscutable dans chaque dieu produit immédiat de la spontanéité'.

Thus Dada, an extreme—an exasperated—form of Romanticism, proclaimed the absolute value of inspiration, a belief which it is impossible to apply to poetry for it means that language, and indeed form of any kind, is of no importance. Poetry, Tzara maintained, can exist 'en dehors du poème',[2] wherever there is spontaneity and intensity. 'Dada est notre intensité' they exclaimed, thereby stressing one element of poetry to the total neglect of another and equally essential one: expression. These extreme ideas sprang from their conception of the mind as something divided into two separate layers: an upper one, the conscious mind, which can produce only the poetry they called 'poésie moyen d'expression'— and which they rejected; a lower one, the unconscious mind,

[1] They wished to show that art has no fixed, static value and that the written poem is not the aim and end of poetry—'celle-ci pouvant fort bien exister ailleurs'. Hence Aragon's 'poem' *Suicide*, composed by writing down the letters of the alphabet, and 'poems' made by stringing together words drawn from a hat; similarly Picabia's drawings which he effaced as he drew them, and Tzara's reading of an article while an electric bell drowned his voice.

[2] At almost exactly the same time, Apollinaire delared in his lecture *L'Esprit Nouveau*: 'On peut être poète dans tous les domaines: il suffit que l'on aille à la découverte' and he too stresses partial aspects of poetry—surprise and intensity. The Dadaists condemned Apollinaire's futurist and cubist poems, but they praised him for his other experiments with language, and for his avoidance of punctuation, because by attacking conventional standards of clarity and reason he pointed the way to the new poetry, 'poésie activité de l'esprit'.

which (once the rational mind had been destroyed!) would be free to create a new kind of poetry, which they named 'poésie activité de l'esprit'. But no function exists without form, and all poetry, even 'poésie activité de l'esprit', is expression.

In 1921 Breton replaced Tzara as leader of the Dada group, and from the attempts to resolve its dilemmas and dualities began the movement known as Surrealism.[1] This has been best defined by André Breton in his *Premier Manifeste* as 'automatisme psychique pur par lequel on se propose d'ex-primer, soit verbalement, soit par écrit, soit de toute autre manière, le fonctionnement réel de la pensée. Dictée de la pensée, en l'absence de tout contrôle exercé par la raison, en dehors de toute préoccupation esthétique ou morale'. This 'automatisme', as Breton constantly stresses, is concerned with human experience in all its forms. The movement was inter-national and found expression primarily in behaviour and to a less extent in sculpture, painting, the cinema, advertisements, dress, and in literature, to which it added a new technique—automatic writing.[2] Surrealism was never intended to be a precisely formulated æsthetic doctrine: it was a state of mind, an attitude to life, the revolt of the individual in his search for a 'réalité supérieure'. This point cannot be emphasized too strongly for it helps us to understand, if not to accept, the Surrealists' approach to literature. It explains the exces-sive importance they attached to certain limited aspects (often the less important ones) of a major writer, for example the dandyism of Baudelaire; their preference for the Rimbaud of the *Illuminations* rather than the Rimbaud of *Une Saison en Enfer*; and the extraordinary value they found in minor writers like Pétrus Borel, Xavier Forneret, and Jacques Vaché. In the works, and even more in the behaviour, of these writers they found in varying degrees the explosive and liberating

[1] Apollinaire invented the word. He is the immediate predecessor of the Surrealists, and he formulated some of their aims (see the end of *La Jolie Rousse*).

[2] *L'écriture automatique*—or dictation by the unconscious mind—was developed from suggestions contained in the *Chants de Maldoror* and from the free association of ideas used in Freudian psychoanalysis. It was, in effect, the Surrealists' only contribution to literature.

elements[1] which, they believed, would produce 'la résolution future de ces deux états, en apparence si contradictoires, que sont le rêve et la réalité, en une sorte de réalité absolue, de surréalité'. That was the ultimate aim of Surrealism, and literature was only one among *all other* means of achieving it.

The Surrealist manifestos emphasize repeatedly the necessity for the liberation of man, economically and spiritually; the validity of the unconscious mind and its inseparable relationship with our waking existence; and the importance of feeling and intuition, the so-called 'feminine' qualities. Breton's Nadja, 'the beginning of hope', is the symbol of Surrealism. She represents the precarious exaltation of certain exceptional moments in life when the dualities of emotion and thought, imagination and fact, dream and action, are reconciled because they are seen as complementary aspects of one reality. Although the stress seems to fall in the right place—on synthesis, integration, life—the Surrealists never tackled the problem in any mature, responsible manner. What is more serious, over the whole range of their activities from personal relationships to political and literary manifestations, they cultivated the very discords they had diagnosed and claimed to cure. They seem to have believed that manifestos alone could, and would, produce action; and this faith in the magic of words—shared by primitives and children—absolved them from taking any effective action themselves.

As regards their actual achievements in literature, most of what they did, both in substance and form, had been done better by the many predecessors they imitated. Whether we compare their writings with the substantial richness of the world of Baudelaire and Rimbaud, or with the formal perfection of the world of Mallarmé and Valéry, we are struck by a lack of depth and human significance. They could affirm with Baudelaire: 'La vie parisienne est féconde en sujets poétiques et merveilleux: le merveilleux nous enveloppe et nous abreuve comme l'atmosphère'. They, too, had

[1] To which the Surrealists gave, after Hegel and Freud, the name 'humour'.

rediscovered the marvellous in everyday life, of which Breton
says 'le merveilleux est toujours beau, il n'y a même que le
merveilleux qui soit beau', and they exploited all the aspects
it assumes in our urban civilization. But they felt it less
intensely than Baudelaire, and they lacked his power to
communicate it fully in artistic form. The same can be said
when we compare their 'hallucinations' with those of Rimbaud.
Hallucinations, which were for him 'illuminations', a strange
and intense way of seeing and feeling, were for the Surrealists
the products of an intellectual game consciously and deliber-
ately practised. It is characteristic of their artificial attitude to
life that they preferred what Benjamin Fondane has called
the 'terrible *discours*' of Lautréamont to the 'atroce *expérience*'
of Rimbaud.

Surrealism produced few coherent poetic forms—that
after all was not its purpose—but it was undoubtedly success-
ful as a literary polemic and a perhaps necessary social irritant.
Even its famous 'automatic writing' was, like literature itself,
only a means to an end: to provoke and maintain a state of
emotional exaltation, to protest and to revolt; and these it
could do most effectively through extra-literary activities
and by writing *about* Surrealism, that is, by pamphlets and
manifestos. Apart from some important exceptions, in
particular the poetry of Eluard,[1] its most notable achieve-
ments are in prose.

To some extent, Surrealism gave new life to themes which
our machine age is in danger of forgetting—childhood, the
primitive, the strange, the wonderful, the spiritually possible.
But its impact is not that of an organic whole; it is felt only
in the highly charged potential of isolated images, in what
Jacques Vaché called 'une collision flamboyante de mots

---

[1] It is significant to observe that Eluard was careful to distinguish between
the products of automatic writing and genuine poetry. In the preface to *Les
Dessous d'une vie ou la Pyramide humaine* he writes: 'Il est extrêmement souhai-
table que l'on n'établisse pas une confusion entre les différents textes de ce
livre: rêves, textes surréalistes et poèmes' and this important distinction is
further emphasized in the same preface by his definition of a poem as 'la
conséquence d'une volonté assez bien définie, l'écho d'un espoir ou d'un
désespoir formulé'.

rares'. Surrealism may now be dead as a movement, but it is still pervasive as an influence. Many poets writing in France to-day have at some time in their lives been Surrealists—Aragon, Queneau, Soupault, Prévert, Char— and its effect can also be seen in the work of other writers who remained outside the movement, especially in that of Michaux and Supervielle. For good and for ill, Surrealism was a ferment, and a fertilizing power in the period between the two wars.

The second world war, and in particular the catastrophe of 1940, created in France a very different climate from that induced by the Surrealists. The dangerous conditions forced writers into co-operation, and even acted as a stimulus which for a time seemed to promise a literary revival. *Les Editions de Minuit*, under the direction of Pierre de Lescure, Jean Bruller (Vercors), Jean Paulhan and Madame Desvignes, was the most important clandestine press and, between February 1942, the date of its foundation, and the liberation of Paris, forty-three texts, which included works by Aragon (François la Colère), Mauriac (Forez), Jean Cassou (Jean Noir), and Eluard (Jean du Haut)[1], were published and distributed—a remarkable achievement. The chief reviews were *Confluences* (Lyons) and *Poésie 40-44* (Villeneuve-lès-Avignon) and, in North Africa, *Fontaine* and *L'Arche* (Algiers). The ideal of the resistance writers was stated in a manifesto by Pierre de Lescure which appeared in the *Edition de Minuit's* first publication, Vercor's *Le Silence de la Mer*: 'Il existe encore en France des écrivains qui ne connaissent pas les antichambres et refusent les mots d'ordre. Ils sentent profondément que la pensée doit s'exprimer. Pour agir sur d'autres pensées, sans doute, mais surtout parce que, s'il ne s'exprime pas, l'esprit meurt. ... Nous entendons préserver notre vie intérieure et servir librement notre art'.

[1] The name in brackets is the name, or one of the names, used by these writers during the Occupation.

There is no doubt that the texts published by the *Éditions de Minuit* and other clandestine periodicals and reviews came near to achieving that ideal and, for the necessarily limited public which they reached during the Occupation, they were a sign of man's one indestructible freedom at a time when all other freedoms were being suppressed. The poetry published in these reviews was, in Aragon's words, 'une arme pour l'homme désarmé'. With its few simple themes, expressed in a language all could understand, it had a direct, 'human' appeal which that of the Surrealists, in spite of their cry 'La poésie doit être faite par tous. Non par un', could never have. It is understandable that when the writings of the occupation period became available to the general public after the Liberation, they should have been received with generous praise. Gide, usually a sensitive critic, writing at the beginning of 1942 in a newspaper of the unoccupied zone, had already prophesied, after reading Aragon's *Le Crève-Cœur*, a renaissance of French poetry. Readers everywhere tended to welcome almost without criticism anything written clandestinely or in a prisoner-of-war or concentration camp. The critics, too, found themselves forced, by the profound moral problems and divisions left by the Occupation, to consider matters which they felt were more immediately urgent than the criticism of literature, and to ask fundamental questions about the relationship of literature to life—questions usually left to the philosophers. The critical instinct has since reasserted itself, and a number of poets and writers, who in the months following the Liberation were considered important, appear to-day in a different perspective. Much of their work is seen to have only a documentary interest and a transient value; it was too closely related to the events that inspired it, a 'poésie de circonstance' lacking permanent value because it was—to use a recently fashionable word—*engagée*.

It remained for a poet, Pierre Reverdy, to sum up the new perspective: 'Non, un homme réellement en danger ne réagit pas en écrivain.... Que le poète aille à la barricade, c'est bien — c'est mieux que bien — mais il ne peut aller à la

barricade et chanter la barricade en même temps. Il faut qu'il
la chante avant ou après. Avant, c'est plus prudent, ce qui
revient bien à dire que l'homme est d'autant plus engagé que
le poète l'est moins'. And Pierre Jean Jouve, who has described
the poet as 'l'œil de la catastrophe', says: 'A travers toute
participation, le poète doit se reprendre constamment à lui-
même, revenir à ses sources, dépasser ce qu'il voit par ce
qu'il souffre'. Statements such as these, although expressed
in general terms, might well serve as a guide for a critical
examination of the works of a period to which we are still
so close.

Looking back, we see Baudelaire as the last poet who, from
spiritual disorder and confusion, succeeded in achieving—in
his poetry, if not in his life—equilibrium, coherence, harmony.
None of his successors, except perhaps Rimbaud, is as great
as he and, since the publication of the *Fleurs du Mal*, the poetic
stream, although in places it may have deepened, has become
steadily narrower. It would, indeed, be surprising if the
literature of a period whose context is the industrial revolu-
tion and two world wars did not express the profound dis-
integration which these events have produced; and many of
the poems in this anthology are valuable precisely because
they are sensitive records (and warnings) of a progressive
impoverishment in our civilization. Yet it would be a mistake
to regard the period since Baudelaire as one of decadence. A
large number of intrinsically good works, both verse poems and
prose poems, have been written in it; and these do not confine
themselves to examining the implications of our predicament
in the contemporary world: they also explore the possibilities
of 'exorcising' it. Poetry, since Baudelaire, reflects both the
present moral confusion—the only spiritual environment
society has left the poet—and the striving towards a new
synthesis. It is characterized not only by the rejection of a
purely formal order based on the observance of external
laws, but also by the search for an inner order, for a complete
integration which we can accept with our feelings as well as
with our reason.

INTRODUCTION TO THE SECOND
EDITION

DURING the last twelve years there have been no major changes in French poetry. No new poetic schools or movements have been formed, and no one poet has emerged with sufficient stature to dominate the contemporary scene. None of the living poets can be considered as leaders in this sense, though André Breton, it is true, still has a small following. Of the poets who have died—Eluard, Claudel, Supervielle, Reverdy, Cocteau and Tzara—only Eluard was closely associated with a literary movement, Surrealism; and only Tzara could claim to have been the leader of one, Dada: and both of these take us back some forty years. To-day, poets in France continue to exist and write, if not in isolation from one another, at least as quite separate individuals. The experimental nature of their work, and the great variety of their styles (ranging from the ceremonious rhetoric of Saint-John Perse to the broken, staccato sentences of André du Bouchet), make it almost impossible to generalize about form or content, trends, subjects and themes. At the same time, one is conscious that something new, if imponderable, is happening. In the work of the older, as well as the younger poets, there are signs that they may be outgrowing the influence of Baudelaire, and their response to experience is more positive, though still complex. If one dare, after all, risk a generalization, one might say that there is now a trend away from a poetry that protests and revolts towards a poetry that resolves and reconciles.

This is apparent in even such an extreme case as Henri Michaux who, though engaged for so long in the exploration of his own inner world, has recently written 'pour en sortir', as if he were seeking to re-establish relationships with others and with the outside world. To the bravado and panache of Baudelaire's cry 'Plonger au fond du gouffre...' (a cry that

D

1 ANTHOLOGY OF MODERN FRENCH POETRY

has determined the direction of French poetry for the past hundred years) he has replied with *Connaissance par les gouffres*, and a series of other volumes (some of them being the result of his experiments with mescalin and other drugs) that contain new images, new visions, and wisdom. Michaux, like his diminutive hero Plume, has suffered from the bludgeoning forces of an absurd world, but his tenacity, courage and humour have enabled him to survive and to become again (to quote from one of his latest works) 'bon pilote de soi-même'.

Another example can be found in Pierre Jean Jouve, whose work so often seems like an incessant self-analysis in preparation for death, which he once evoked as 'un grand jour de calme d'épousés, le monde heureux, les fils réconciliés'. But the reconciliation which, in the earlier volumes, was always projected into the future is, in the recent work, being sought, and to some extent found, in the *present*. He has shown a willingness to break down barriers and to communicate, and his work has become progressively more accessible, and more lyrical. Not long ago, he defined art as a means of preparing 'l'àccord, l'harmonie avec une partie transitoire de l'univers'; and in a recent poem this 'harmony', in the musical as well as in the metaphysical sense, is perceived as an 'air magique' an 'air si rare au milieu des formes tragiques'.

Like Michaux and Jouve, Saint-John Perse is acutely conscious of man as the *Étranger*, exiled in the modern world; but he has also declared that he is writing 'pour mieux vivre, et plus loin'. Instead of rebelling against the human condition, he accepts it, and seeks to build, paradoxically, with what is frail and ephemeral:

> 'avec les choses les plus frêles, avec les choses les plus
> vaines, la simple chose, la simple chose que voilà - - -'

Man is for him both an *Etranger* and a Conqueror, and it is his very solitude in the world that arouses in him a desire to live. The theme of praise, which in Saint-John Perse's poetry has always alternated with the theme of exile, has become more pronounced in his latest works. In *Amers* he sings not only of man's solitude, but also of love—a 'grâce recouvrée'. *Amers* is a hymn of praise addressed to the sea, to the sea as a symbol of life itself, to which man must be reconciled. In his Nobel Prize speech, Saint-John Perse speaks of the poet as a mediator between temporal man and man as a spiritual being, and he reaffirms his belief that poetry is not a 'mode de connaissance' but a 'mode de vie — et de vie intégrale'.

Certain of the younger poets are even more conscious of man's isolation and apparent helplessness in the modern world; but they are also more conscious of his inexhaustible resources in confronting it. André Frénaud, for example, whose work is characterized by a 'dialectical' movement in which negation is followed by affirmation, declares at the end of his poem *Autoportrait*:

> Se niant lentement s'élève
> Un homme porte-lumière.

Although throughout his work there is protestation and revolt, Frénaud is seeking a means of reconciliation with his environment, with people, and with the 'nature contradic- toire' of his own self. He does more than merely talk, in metaphysical terms, about man's duality, and his destiny; he persistently endeavours to accept, and to resolve, the conflicts of ambivalent emotions which are for the individual an immediate reality. The title of his last volume *Il n'y a pas de paradis*, and the title of one of the poems in it, *Pour réconcilier*, might indeed be taken together to suggest the double theme which runs through contemporary French poetry.

Yves Bonnefoy also exclaims 'il n'y a pas de ciel'; but he too seeks to reconstruct and, in words reminiscent of Saint- John Perse, he writes 'Cette feuille brisée, verte et noire, salie, cette feuille, qui montre dans sa blessure toute la pro- fondeur de ce qui est, cette feuille infinie est présence pure, et par conséquent mon salut'. His work, though very different from that of Frénaud, has a similar rhythm that moves through negation to affirmation. This is illustrated in the conflicting emotions of the strange complex figure of Douve, who dies in order, Phoenix-like, to be born again and rise triumphant.

The poetry of Bonnefoy is related to the verbal, 'eloquent' poetry of Claudel, Saint-John Perse and Jouve (whose disciple he once was); but that of André du Bouchet derives from Reverdy, Eluard and Char. He represents, in both form and content, a different, yet complementary aspect of French poetry; yet his work is linked to that of Bonnefoy by a similar force which, as he himself says, 'perd et possède, et perd pour respirer'. In André du Bouchet's poetry, the poet plays no heroic role; he seeks only to find his exact place, to situate himself, in a world where man seems to be little more than an object among other objects. Instead of exploring the abyss, the unconscious, 'l'espace du dedans', he dares to explore again (but as if for the first time) the world we call 'real'; and for him the humblest thing, such as 'la paille' with its golden light, is the symbol of his adventure.

In the present context, René Char's poetry has a special significance, both historical and literary. He stands between the generation represented by the three major poets—Saint-John Perse, Jouve and Michaux—and the generation of younger writers represented by Yves Bonnefoy and André du Bouchet. Where so many former Surrealists had failed, he succeeded in showing (during the Resistance period in the last war) that 'l'action' could be 'la soeur du rêve', and in expressing this reconciliation in poetic form. Since that time, in a series of works which he has defined as 'des bouts d'existence incorruptibles', he has also shown that certain human and moral qualities can acquire esthetic virtue. The very substance of his poetry has become (to quote one of his observations about Heraclitus) 'l'exaltante alliance des contraires'. The subjects of his poems are at once illuminated by light and threatened by shadows, and they are presented at the most tense, yet most precarious, moment of their existence. Even more than his fellow poets, Char is aware of the plight of man who 'd'un pas de somnambule, marche vers les mines meurtrières, conduit par le chant des inventeurs'. In this world, where the sirens' songs are those of science and war, Char sees the poet not as a prophet or seer, but as 'le magicien de l'insécurité', and 'le veilleur éphémère du monde à la lisière de la peur', a role both modest and ambitious. His faith in man, as in the poet himself, is made up of uncertainty as well as of the assurance that is felt in all his poems.

Char's work is fully representative of contemporary French poetry not only because it expresses new themes, but also because it embodies a persistent conflict and opposition. This could perhaps be summed up by a formula, which, as with so many formulas, can be expressed better in French than in English: *Pouvoir de la Poésie: limites du poème.* The first part of the formula refers to the belief, held by many poets since Baudelaire, in the supernatural power of poetry, to the idea of poetry as a metaphysical adventure and as a means—or rather *the* means—of knowledge and truth; the second part suggests the reality that confronts a poet when he thinks not in abstract terms and entities about Poetry, but when he feels in a precise, concrete way about poems.

The metaphysical creed, or *art poétique*, formulated by Baudelaire and Rimbaud, has certainly resulted in 'du nouveau', in new images and themes, and above all in a heightened inner tension. But these developments have sometimes been achieved at the expense of coherence and structure, and of communication with those who wish to read poetry, or rather—poems. The speculations of contemporary French poets, as well as their poems, suggest that while they are striving to preserve the fresh qualities which Baudelaire and his successors introduced into the literary tradition, they are also searching for a less ambitious, and more human, conception of poetry and the poet's function.

C. A. H.

UNIVERSITY OF SOUTHAMPTON
March, 1964

CHARLES BAUDELAIRE

AU LECTEUR

LA sottise, l'erreur, le péché, la lésine,
Occupent nos esprits et travaillent nos corps,
Et nous alimentons nos aimables remords,
Comme les mendiants nourrissent leur vermine.

Nos péchés sont têtus, nos repentirs sont lâches;
Nous nous faisons payer grassement nos aveux,
Et nous rentrons gaiement dans le chemin bourbeux,
Croyant par de vils pleurs laver toutes nos taches.

Sur l'oreiller du mal c'est Satan Trismégiste
Qui berce longuement notre esprit enchanté,
Et le riche métal de notre volonté
Est tout vaporisé par ce savant chimiste.

C'est le Diable qui tient les fils qui nous remuent!
Aux objets répugnants nous trouvons des appas;
Chaque jour vers l'Enfer nous descendons d'un pas,
Sans horreur, à travers des ténèbres qui puent.

Ainsi qu'un débauché pauvre qui baise et mange
Le sein martyrisé d'une antique catin,
Nous volons au passage un plaisir clandestin
Que nous pressons bien fort comme une vieille orange.

Serré, fourmillant, comme un million d'helminthes,
Dans nos cerveaux ribote un peuple de Démons,
Et, quand nous respirons, la Mort dans nos poumons
Descend, fleuve invisible, avec de sourdes plaintes.

Si le viol, le poison, le poignard, l'incendie,
N'ont pas encor brodé de leurs plaisants dessins
Le canevas banal de nos piteux destins,
C'est que notre âme, hélas ! n'est pas assez hardie.

Mais parmi les chacals, les panthères, les lices,
Les singes, les scorpions, les vautours, les serpents,
Les monstres glapissants, hurlants, grognants, rampants,
Dans la ménagerie infâme de nos vices,

Il en est un plus laid, plus méchant, plus immonde !
Quoiqu'il ne pousse ni grands gestes ni grands cris,
Il ferait volontiers de la terre un débris
Et dans un bâillement avalerait le monde;

C'est l'Ennui ! — l'œil chargé d'un pleur involontaire,
Il rêve d'échafauds en fumant son houka.
Tu le connais, lecteur, ce monstre délicat,
— Hypocrite lecteur, — mon semblable, — mon frère !

Les Fleurs du Mal

CORRESPONDANCES

LA Nature est un temple où de vivants piliers
Laissent parfois sortir de confuses paroles;
L'homme y passe à travers des forêts de symboles
Qui l'observent avec des regards familiers.

Comme de longs échos qui de loin se confondent
Dans une ténébreuse et profonde unité,
Vaste comme la nuit et comme la clarté,
Les parfums, les couleurs et les sons se répondent.

Il est des parfums frais comme des chairs d'enfants,
Doux comme les hautbois, verts comme les prairies,
— Et d'autres, corrompus, riches et triomphants,

Ayant l'expansion des choses infinies,
Comme l'ambre, le musc, le benjoin et l'encens,
Qui chantent les transports de l'esprit et des sens.

Les Fleurs du Mal, Spleen et Idéal

LA VIE ANTÉRIEURE

J'AI longtemps habité sous de vastes portiques
Que les soleils marins teignaient de mille feux,
Et que leurs grands piliers, droits et majestueux,
Rendaient pareils, le soir, aux grottes basaltiques.

Les houles, en roulant les images des cieux,
Mêlaient d'une façon solennelle et mystique
Les tout-puissants accords de leur riche musique
Aux couleurs du couchant reflété par mes yeux.

C'est là que j'ai vécu dans les voluptés calmes,
Au milieu de l'azur, des vagues, des splendeurs
Et des esclaves nus, tout imprégnés d'odeurs,

Qui me rafraîchissaient le front avec des palmes,
Et dont l'unique soin était d'approfondir
Le secret douloureux qui me faisait languir.

Les Fleurs du Mal, Spleen et Idéal

LA CHEVELURE

O TOISON, moutonnant jusque sur l'encolure!
O boucles! O parfum chargé de nonchaloir!
Extase! Pour peupler ce soir l'alcôve obscure
Des souvenirs dormant dans cette chevelure,
Je la veux agiter dans l'air comme un mouchoir!

La langoureuse Asie et la brûlante Afrique,
Tout un monde lointain, absent, presque défunt,
Vit dans tes profondeurs, forêt aromatique!
Comme d'autres esprits voguent sur la musique,
Le mien, ô mon amour! nage sur ton parfum.

J'irai là-bas où l'arbre et l'homme, pleins de sève,
Se pâment longuement sous l'ardeur des climats;
Fortes tresses, soyez la houle qui m'enlève!
Tu contiens, mer d'ébène, un éblouissant rêve
De voiles, de rameurs, de flammes et de mâts:

Un port retentissant où mon âme peut boire
A grands flots le parfum, le son et la couleur;
Où les vaisseaux, glissant dans l'or et dans la moire,
Ouvrent leurs vastes bras pour embrasser la gloire
D'un ciel pur où frémit l'éternelle chaleur.

Je plongerai ma tête amoureuse d'ivresse
Dans ce noir océan où l'autre est enfermé;
Et mon esprit subtil que le roulis caresse
Saura vous retrouver, ô féconde paresse!
Infinis bercements du loisir embaumé!

Cheveux bleus, pavillon de ténèbres tendues,
Vous me rendez l'azur du ciel immense et rond;
Sur les bords duvetés de vos mèches tordues
Je m'enivre ardemment des senteurs confondues
De l'huile de coco, du musc et du goudron.

Longtemps! toujours! ma main dans ta crinière lourde
Sèmera le rubis, la perle et le saphir,
Afin qu'à mon désir tu ne sois jamais sourde!
N'es-tu pas l'oasis où je rêve, et la gourde
Où je hume à longs traits le vin du souvenir?

Les Fleurs du Mal, Spleen et Idéal

L'INVITATION AU VOYAGE

Mon enfant, ma sœur,
Songe à la douceur
D'aller là-bas vivre ensemble !
Aimer à loisir,
Aimer et mourir
Au pays qui te ressemble
Les soleils mouillés
De ces ciels brouillés
Pour mon esprit ont les charmes
Si mystérieux
De tes traîtres yeux,
Brillant à travers leurs larmes.

Là, tout n'est qu'ordre et beauté,
Luxe, calme et volupté.

Des meubles luisants,
Polis par les ans,
Décoreraient notre chambre ;
Les plus rares fleurs
Mêlant leurs odeurs
Aux vagues senteurs de l'ambre,
Les riches plafonds,
Les miroirs profonds,
La splendeur orientale,
Tout y parlerait
A l'âme en secret
Sa douce langue natale.

Là, tout n'est qu'ordre et beauté,
Luxe, calme et volupté.

Vois sur ces canaux
Dormir ces vaisseaux
Dont l'humeur est vagabonde;
C'est pour assouvir
Ton moindre désir
Qu'ils viennent du bout du monde.
— Les soleils couchants
Revêtent les champs,
Les canaux, la ville entière,
D'hyacinthe et d'or;
Le monde s'endort
Dans une chaude lumière.

Là, tout n'est qu'ordre et beauté,
Luxe, calme et volupté.

Les Fleurs du Mal, Spleen et Idéal

OBSESSION

GRANDS bois, vous m'effrayez comme des cathédrales;
Vous hurlez comme l'orgue; et dans nos cœurs maudits,
Chambres d'éternel deuil où vibrent de vieux râles,
Répondent les échos de vos *De profundis*.

Je te hais, Océan! tes bonds et tes tumultes,
Mon esprit les retrouve en lui; ce rire amer
De l'homme vaincu, plein de sanglots et d'insultes,
Je l'entends dans le rire énorme de la mer.

Comme tu me plairais, ô nuit! sans ces étoiles
Dont la lumière parle un langage connu!
Car je cherche le vide, et le noir, et le nu!

Mais les ténèbres sont elles - mêmes des toiles
Où vivent, jaillissant de mon œil par milliers,
Des êtres disparus aux regards familiers.

Les Fleurs du Mal, Spleen et Idéal

LE GOUT DU NÉANT

MORNE esprit, autrefois amoureux de la lutte,
L'Espoir, dont l'éperon attisait ton ardeur,
Ne veut plus t'enfourcher! Couche-toi sans pudeur,
Vieux cheval dont le pied à chaque obstacle butte.

Résigne-toi, mon cœur; dors ton sommeil de brute.

Esprit vaincu, fourbu! Pour toi, vieux maraudeur,
L'amour n'a plus de goût, non plus que la dispute;
Adieu donc, chants du cuivre et soupirs de la flûte!
Plaisirs, ne tentez plus un cœur sombre et boudeur!

Le Printemps adorable a perdu son odeur!

Et le Temps m'engloutit minute par minute,
Comme la neige immense un corps pris de roideur;
Je contemple d'en haut le globe en sa rondeur
Et je n'y cherche plus l'abri d'une cahute.

Avalanche, veux-tu m'emporter dans ta chute?

Les Fleurs du Mal, Spleen et Idéa

LE CYGNE

I

ANDROMAQUE, je pense à vous! Ce petit fleuve,
Pauvre et triste miroir où jadis resplendit
L'immense majesté de vos douleurs de veuve,
Ce Simoïs menteur qui par vos pleurs grandit,

A fécondé soudain ma mémoire fertile,
Comme je traversais le nouveau Carrousel.
Le vieux Paris n'est plus (la forme d'une ville
Change plus vite, hélas! que le cœur d'un mortel);

Je ne vois qu'en esprit tout ce camp de baraques,
Ces tas de chapiteaux ébauchés et de fûts,
Les herbes, les gros blocs verdis par l'eau des flaques,
Et, brillant aux carreaux, le bric-à-brac confus.

Là s'étalait jadis une ménagerie;
Là je vis, un matin, à l'heure où sous les cieux
Froids et clairs le Travail s'éveille, où la voirie
Pousse un sombre ouragan dans l'air silencieux,

Un cygne qui s'était évadé de sa cage,
Et, de ses pieds palmés frottant le pavé sec,
Sur le sol raboteux traînait son blanc plumage.
Près d'un ruisseau sans eau la bête ouvrant le bec

Baignait nerveusement ses ailes dans la poudre,
Et disait, le cœur plein de son beau lac natal:
'Eau, quand donc pleuvras-tu? quand tonneras-tu, foudre?'
Je vois ce malheureux, mythe étrange et fatal,

Vers le ciel quelquefois, comme l'homme d'Ovide,
Vers le ciel ironique et cruellement bleu,
Sur son cou convulsif tendant sa tête avide,
Comme s'il adressait des reproches à Dieu!

II

Paris change! mais rien dans ma mélancolie
N'a bougé! palais neufs, échafaudages, blocs,
Vieux faubourgs, tout pour moi devient allégorie,
Et mes chers souvenirs sont plus lourds que des rocs.

Aussi devant ce Louvre une image m'opprime:
Je pense à mon grand cygne, avec ses gestes fous,
Comme les exilés, ridicule et sublime,
Et rongé d'un désir sans trêve! et puis à vous,

Andromaque, des bras d'un grand époux tombée,
Vil bétail, sous la main du superbe Pyrrhus,
Auprès d'un tombeau vide en extase courbée;
Veuve d'Hector, hélas! et femme d'Hélénus!

Je pense à la négresse, amaigrie et phtisique,
Piétinant dans la boue, et cherchant, l'œil hagard,
Les cocotiers absents de la superbe Afrique
Derrière la muraille immense du brouillard;

A quiconque a perdu ce qui ne se retrouve
Jamais, jamais! à ceux qui s'abreuvent de pleurs
Et tettent la Douleur comme une bonne louve!
Aux maigres orphelins séchant comme des fleurs!

Ainsi dans la forêt ou mon esprit s'exile
Un vieux Souvenir sonne à plein souffle du cor!
Je pense aux matelots oubliés dans une île,
Aux captifs, aux vaincus! ... à bien d'autres encor!

Les Fleurs du Mal, Tableaux Parisiens

LE CRÉPUSCULE DU MATIN

La diane chantait dans les cours des casernes,
Et le vent du matin soufflait sur les lanternes.

C'etait l'heure où l'essaim des rêves malfaisants
Tord sur leurs oreillers les bruns adolescents;
Ou, comme un œil sanglant qui palpite et qui bouge,
La lampe sur le jour fait une tache rouge;
Où l'âme, sous le poids du corps revêche et lourd,
Imite les combats de la lampe et du jour.
Comme un visage en pleurs que les brises essuient,
L'air est plein du frisson des choses qui s'enfuient,
Et l'homme est las d'écrire et la femme d'aimer.

Les maisons çà et là commençaient à fumer.
Les femmes de plaisir, la paupière livide,
Bouche ouverte, dormaient de leur sommeil stupide;
Les pauvresses, traînant leurs seins maigres et froids,
Soufflaient sur leurs tisons et soufflaient sur leurs doigts.
C'était l'heure où parmi le froid et la lésine
S'aggravent les douleurs des femmes en gésine;
Comme un sanglot coupé par un sang écumeux
Le chant du coq au loin déchirait l'air brumeux;
Une mer de brouillards baignait les édifices,
Et les agonisants dans le fond des hospices
Poussaient leur dernier râle en hoquets inégaux.
Les débauchés rentraient, brisés par leurs travaux.

L'aurore grelottante en robe rose et verte
S'avançait lentement sur la Seine déserte,
Et le sombre Paris, en se frottant les yeux,
Empoignait ses outils, vieillard laborieux.

Les Fleurs du Mal, Tableaux Parisiens

UN VOYAGE A CYTHÈRE

MON cœur, comme un oiseau, voltigeait tout joyeux
Et planait librement à l'entour des cordages;
Le naivre roulait sous un ciel sans nuages,
Comme un ange enivré d'un soleil radieux.

Quelle est cette île triste et noire? — C'est Cythère,
Nous dit-on, un pays fameux dans les chansons,
Eldorado banal de tous les vieux garçons.
Regardez, après tout, c'est une pauvre terre.

— Ile des doux secrets et des fêtes du cœur!
De l'antique Vénus le superbe fantôme
Au-dessus de tes mers plane comme un arome,
Et charge les esprits d'amour et de langueur.

Belle île aux myrtes verts, pleine de fleurs écloses,
Vénérée à jamais par toute nation,
Où les soupirs des cœurs en adoration
Roulent comme l'encens sur un jardin de roses

Ou le roucoulement éternel d'un ramier!
— Cythère n'était plus qu'un terrain des plus maigres,
Un désert rocailleux troublé par des cris aigres.
J'entrevoyais pourtant un objet singulier!

Ce n'était pas un temple aux ombres bocagères,
Où la jeune prêtresse, amoureuse des fleurs,
Allait, le corps brûlé de secrètes chaleurs,
Entre-bâillant sa robe aux brises passagères;

Mais voilà qu'en rasant la côte d'assez près
Pour troubler les oiseaux avec nos voiles blanches,
Nous vîmes que c'était un gibet à trois branches,
Du ciel se détachant en noir, comme un cyprès.

De féroces oiseaux perchés sur leur pâture
Détruisaient avec rage un pendu déjà mûr,
Chacun plantant, comme un outil, son bec impur
Dans tous les coins saignants de cette pourriture;

Les yeux étaient deux trous, et du ventre effondré
Les intestins pesants lui coulaient sur les cuisses,
Et ses bourreaux, gorgés de hideuses délices,
L'avaient à coups de bec absolument châtré.

Sous les pieds, un troupeau de jaloux quadrupèdes,
Le museau relevé, tournoyait et rôdait;
Une plus grande bête au milieu s'agitait
Comme un exécuteur entouré de ses aides.

Habitant de Cythère, enfant d'un ciel si beau,
Silencieusement tu souffrais ces insultes
En expiation de tes infâmes cultes
Et des péchés qui t'ont interdit le tombeau.

E

Ridicule pendu, tes douleurs sont les miennes !
Je sentis, à l'aspect de tes membres flottants,
Comme un vomissement, remonter vers mes dents
Le long fleuve de fiel des douleurs anciennes ;

Devant toi, pauvre diable au souvenir si cher,
J'ai senti tous les becs et toutes les mâchoires
Des corbeaux lancinants et des panthères noires
Qui jadis aimaient tant à triturer ma chair.

— Le ciel était charmant, la mer était unie ;
Pour moi tout était noir et sanglant désormais,
Hélas ! et j'avais, comme en un suaire épais,
Le cœur enseveli dans cette allégorie.

Dans ton île, ô Vénus ! je n'ai trouvé debout
Qu'un gibet symbolique où pendait mon image...
— Ah ! Seigneur ! donnez-moi la force et le courage
De contempler mon cœur et mon corps sans dégoût !

Les Fleurs du Mal, Fleurs du Mal

LE RÊVE D'UN CURIEUX

CONNAIS-TU, comme moi, la douleur savoureuse,
Et de toi fais-tu dire : 'Oh ! l'homme singulier !'
— J'allais mourir. C'était dans mon âme amoureuse,
Désir mêlé d'horreur, un mal particulier ;

Angoisse et vif espoir, sans humeur factieuse.
Plus allait se vidant le fatal sablier,
Plus ma torture était âpre et délicieuse ;
Tout mon cœur s'arrachait au monde familier.

J'étais comme l'enfant avide du spectacle,
Haïssant le rideau comme on hait un obstacle...
Enfin la vérité froide se révéla :

J'étais mort sans surprise, et la terrible aurore
M'enveloppait. — Eh quoi ! n'est-ce donc que cela ?
La toile était levée et j'attendais encore.

Les Fleurs du Mal, La Mort

LA CHAMBRE DOUBLE

UNE chambre qui ressemble à une rêverie, une chambre véritablement *spirituelle*, où l'atmosphère stagnante est légèrement teintée de rose et de bleu.

L'âme y prend un bain de paresse, aromatisé par le regret et le désir. — C'est quelque chose de crépusculaire, de bleuâtre et de rosâtre ; un rêve de volupté pendant une éclipse.

Les meubles ont des formes allongées, prostrées, alanguies. Les meubles ont l'air de rêver ; on les dirait doués d'une vie somnambulique, comme le végétal et le minéral. Les étoffes parlent une langue muette, comme les fleurs, comme les ciels, comme les soleils couchants.

Sur les murs nulle abomination artistique. Relativement au rêve pur, à l'impression non analysée, l'art défini, l'art positif est un blasphème. Ici, tout a la suffisante clarté et la délicieuse obscurité de l'harmonie.

Une senteur infinitésimale du choix le plus exquis, à laquelle se mêle une très-légère humidité, nage dans cette atmosphère, où l'esprit sommeillant est bercé par des sensations de serre chaude.

La mousseline pleut abondamment devant les fenêtres et devant le lit ; elle s'épanche en cascades neigeuses. Sur ce lit est couchée l'Idole, la souveraine des rêves. Mais comment est-elle ici ? Qui l'a amenée ? quel pouvoir magique l'a installée sur ce trône de rêverie et de volupté ? Qu'importe ? la voilà ! je la reconnais.

Voilà bien ces yeux dont la flamme traverse le crépuscule ; ces subtiles et terribles *mirettes*, que je reconnais à leur effrayante malice ! Elles attirent, elles subjuguent, elles dévorent le regard de l'imprudent qui les contemple. Je les ai souvent étudiées, ces étoiles noires qui commandent la curiosité et l'admiration.

A quel démon bienveillant dois-je d'être ainsi entouré de mystère, de silence, de paix et de parfums? O béatitude! ce que nous nommons généralement la vie, même dans son expansion la plus heureuse, n'a rien de commun avec cette vie suprême dont j'ai maintenant connaissance et que je savoure minute par minute, seconde par seconde!

Non! il n'est plus de minutes, il n'est plus de secondes! Le temps a disparu; c'est l'Éternité qui règne, une éternité de délices!

Mais un coup terrible, lourd, a retenti à la porte, et, comme dans les rêves infernaux, il m'a semblé que je recevais un coup de pioche dans l'estomac.

Et puis un Spectre est entré. C'est un huissier qui vient me torturer au nom de la loi; une infâme concubine qui vient crier misère et ajouter les trivialités de sa vie aux douleurs de la mienne; ou bien le saute-ruisseau d'un directeur de journal qui réclame la suite du manuscrit.

La chambre paradisiaque, l'idole, la souveraine des rêves, la *Sylphide*, comme disait le grand René, toute cette magie a disparu au coup brutal frappé par le Spectre.

Horreur! je me souviens! je me souviens! Oui! ce taudis, ce séjour de l'éternel ennui, est bien le mien. Voici les meubles sots, poudreux, écornés; la cheminée sans flamme et sans braise, souillée de crachats; les tristes fenêtres où la pluie a tracé des sillons dans la poussière; les manuscrits, raturés ou incomplets; l'almanach où le crayon a marqué les dates sinistres!

Et ce parfum d'un autre monde, dont je m'enivrais avec une sensibilité perfectionnée, hélas! il est remplacé par une fétide odeur de tabac mêlée à je ne sais quelle nauséabonde moisissure. On respire ici maintenant le ranci de la désolation.

Dans ce monde étroit, mais si plein de dégoût, un seul objet connu me sourit: la fiole de laudanum; une vieille et terrible amie; comme toutes les amies, hélas! féconde en caresses et en traîtrises.

Oh ! oui ! le Temps a reparu ; le Temps règne en souverain maintenant, et avec le hideux vieillard est revenu tout son démoniaque cortège de Souvenirs, de Regrets, de Spasmes, de Peurs, d'Angoisses, de Cauchemars, de Colères et de Névroses.

Je vous assure que les secondes maintenant sont fortement et solennellement accentuées, et chacune, en jaillissant de la pendule, dit: — 'Je suis la Vie, l'insupportable, l'implacable Vie !'

Il n'y a qu'une Seconde dans la vie humaine qui ait mission d'annoncer une bonne nouvelle, la *bonne nouvelle* qui cause à chacun une inexplicable peur.

Oui ! le Temps règne ; il a repris sa brutale dictature. Et il me pousse, comme si j'étais un bœuf, avec son double aiguillon. — 'Et hue donc ! bourrique ! Sue donc, esclave ! Vis donc, damné !'

Le Spleen de Paris

LE MAUVAIS VITRIER

Il y a des natures purement contemplatives et tout à fait impropres à l'action, qui cependant, sous une impulsion mystérieuse et inconnue, agissent quelquefois avec une rapidité dont elles se seraient crues elles-mêmes incapables.

Tel qui, craignant de trouver chez son concierge une nouvelle chagrinante, rôde lâchement une heure devant sa porte sans oser rentrer, tel qui garde quinze jours une lettre sans la décacheter, ou ne se résigne qu'au bout de six mois à opérer une démarche nécessaire depuis un an, se sentent quelquefois brusquement précipités vers l'action par une force irrésistible, comme la flèche d'un arc. Le moraliste et le médecin, qui prétendent tout savoir, ne peuvent pas expliquer d'où vient si subitement une si folle énergie à ces âmes paresseuses et voluptueuses, et comment, incapables d'accomplir les choses les plus simples et les plus nécessaires, elles trouvent à une certaine minute un courage de luxe pour exécuter les actes les plus absurdes et souvent même les plus dangereux.

Un de mes amis, le plus inoffensif rêveur qui ait existé, a mis une fois le feu à une forêt pour voir, disait-il, si le feu prenait avec autant de facilité qu'on l'affirme généralement. Dix fois de suite, l'expérience manqua; mais, à la onzième, elle réussit beaucoup trop bien.

Un autre allumera un cigare à côté d'un tonneau de poudre, *pour voir, pour savoir, pour tenter la destinée*, pour se contraindre lui-même à faire preuve d'énergie, pour faire le joueur, pour connaître les plaisirs de l'anxiété, pour rien, par caprice, par désœuvrement.

C'est une espèce d'énergie qui jaillit de l'ennui et de la rêverie; et ceux en qui elle se manifeste si opinément sont, en général, comme je l'ai dit, les plus indolents et les plus rêveurs des êtres.

Un autre, timide à ce point qu'il baisse les yeux même devant les regards des hommes, à ce point qu'il lui faut rassembler toute sa pauvre volonté pour entrer dans un café ou passer devant le bureau d'un théâtre, où les contrôleurs lui paraissent investis de la majesté de Minos, d'Éaque et de Rhadamanthe, sautera brusquement au cou d'un vieillard qui passe à côte de lui et l'embrassera avec enthousiasme devant la foule étonnée.

Pourquoi? Parce que... parce que cette physionomie lui était irrésistiblement sympathique? Peut-être; mais il est plus légitime de supposer que lui-même il ne sait pas pourquoi.

J'ai été plus d'une fois victime de ces crises et de ces élans, qui nous autorisent à croire que des Démons malicieux se glissent en nous et nous font accomplir, à notre insu, leurs plus absurdes volontés.

Un matin je m'étais levé maussade, triste, fatigué d'oisiveté, et poussé, me semblait-il, à faire quelque chose de grand, une action d'éclat; et j'ouvris la fenêtre, hélas !

(Observez, je vous prie, que l'esprit de mystification qui, chez quelques personnes, n'est pas le résultat d'un travail ou d'une combinaison, mais d'une inspiration fortuite, participe beaucoup, ne fût-ce que par l'ardeur du désir, de cette humeur, hystérique selon les médecins, satanique selon ceux qui pensent un peu mieux que les médecins, qui nous pousse sans résistance vers une foule d'actions dangereuses ou inconvenantes.)

La première personne que j'aperçus dans la rue, ce fut un vitrier dont le cri perçant, discordant, monta jusqu'à moi à travers la lourde et sale atmosphère parisienne. Il me serait d'ailleurs impossible de dire pourquoi je fus pris à l'égard de ce pauvre homme d'une haine aussi soudaine que despotique.

'— Hé! hé!' et je lui criai de monter. Cependant je réfléchissais, non sans quelque gaieté, que, la chambre étant au sixième étage et l'escalier fort étroit, l'homme devait éprouver quelque peine à opérer son ascension et accrocher en maint endroit les angles de sa fragile marchandise.

Enfin il parut: j'examinai curieusement toutes ses vitres, et je lui dis: 'Comment! vous n'avez pas de verres de couleur? des verres roses, rouges, bleus, des vitres magiques, des vitres de paradis? Impudent que vous êtes! vous osez vous promener dans des quartiers pauvres, et vous n'avez pas même de vitres qui fassent voir la vie en beau!' Et je le poussai vivement vers l'escalier, où il trébucha en grognant.

Je m'approchai du balcon et je me saisis d'un petit pot de fleurs, et quand l'homme reparut au débouché de la porte, je laissai tomber perpendiculairement mon engin de guerre sur le rebord postérieur de ses crochets; et le choc le renversant, il acheva de briser sous son dos toute sa pauvre fortune ambulatoire qui rendit le bruit éclatant d'un palais de cristal crevé par la foudre.

Et, ivre de ma folie, je lui criai furieusement: 'La vie en beau! la vie en beau!'

Ces plaisanteries nerveuses ne sont pas sans péril, et on peut souvent les payer cher. Mais qu'importe l'éternité de la damnation à qui a trouvé dans une seconde l'infini de la jouissance?

Le Spleen de Paris

ENIVREZ-VOUS

Il faut être toujours ivre. Tout est là: c'est l'unique question. Pour ne pas sentir l'horrible fardeau du Temps qui brise vos épaules et vous penche vers la terre, il faut vous enivrer sans trêve.

Mais de quoi? De vin, de poésie ou de vertu, à votre guise. Mais enivrez-vous.

Et si quelquefois, sur les marches d'un palais, sur l'herbe verte d'un fossé, dans la solitude morne de votre chambre, vous vous réveillez, l'ivresse déjà diminuée ou disparue, demandez au vent, à la vague, à l'étoile, à l'oiseau, à l'horloge, à tout ce qui fuit, à tout ce qui gémit, à tout ce qui roule, à tout ce qui chante, à tout ce qui parle, demandez quelle heure il est; et le vent, la vague, l'étoile, l'oiseau, l'horloge, vous répondront: 'Il est l'heure de s'enivrer! Pour n'être pas les esclaves martyrisés du Temps, enivrez-vous sans cesse! De vin, de poésie ou de vertu, à votre guise'.

Le Spleen de Paris

CHARLES CROS

L'ORGUE

Sous un roi d'Allemagne, ancien,
Est mort Gottlieb le musicien.
    On l'a cloué sous les planches.
        Hou! hou! hou!
    Le vent souffle dans les branches.

Il est mort pour avoir aimé
La petite Rose-de-Mai.
    Les filles ne sont pas franches.
        Hou! hou! hou!
    Le vent souffle dans les branches.

Elle s'est mariée, un jour,
Avec un autre, sans amour.
    'Repassez les robes blanches!'
        Hou! hou! hou!
    Le vent souffle dans les branches.

Quand à l'église ils sont venus,
Gottlieb à l'orgue n'était plus,
    Comme les autres dimanches.
        Hou! hou! hou!
    Le vent souffle dans les branches.

Car depuis lors, à minuit noir,
Dans la forêt on peut le voir
    A l'époque des pervenches.
        Hou! hou! hou!
    Le vent souffle dans les branches.

Son orgue a les pins pour tuyaux.
Il fait peur aux petits oiseaux.
Morts d'amour ont leurs revanches.
Hou! hou! hou!
Le vent souffle dans les branches.

Le Coffret de Santal

LE HARENG SAUR

Il était un grand mur blanc — nu, nu, nu,
Contre le mur une échelle — haute, haute, haute,
Et, par terre, un hareng saur — sec, sec, sec.

Il vient, tenant dans ses mains — sales, sales, sales,
Un marteau lourd, un grand clou — pointu, pointu, pointu,
Un peloton de ficelle — gros, gros, gros.

Alors il monte à l'échelle — haute, haute, haute,
Et plante le clou pointu — toc, toc, toc,
Tout en haut du grand mur blanc — nu, nu, nu.

Il laisse aller le marteau — qui tombe, qui tombe, qui tombe,
Attache au clou la ficelle — longue, longue, longue,
Et, au bout, le hareng saur — sec, sec, sec.

Il redescend de l'échelle — haute, haute, haute,
L'emporte avec le marteau — lourd, lourd, lourd,
Et puis, il s'en va ailleurs — loin, loin, loin.

Et, depuis, le hareng saur—sec, sec, sec,
Au bout de cette ficelle — longue, longue, longue,
Très lentement se balance — toujours, toujours, toujours.

J'ai composé cette histoire — simple, simple, simple,
Pour mettre en fureur les gens — graves, graves, graves,
Et amuser les enfants — petits, petits, petits.

Le Coffret de Santal

BALLADE DES MAUVAISES PERSONNES

QU'ON vive dans les étincelles
Ou qu'on dorme sur le gazon
Au bruit des rateaux et des pelles,
On entend mâles et femelles
Prêtes à toute trahison,
Les personnes perpétuelles
Aiguisant leurs griffes cruelles,
    Les personnes qui ont raison.

Elles rêvent (choses nouvelles !)
Le pistolet et le poison.
Elles ont des chants de crécelles,
Elles n'ont rien dans leurs cervelles
Ni dans le cœur aucun tison,
Froissant les fleurs sous leurs semelles
Et courant des routes (lesquelles ?),
    Les personnes qui ont raison.

Malgré tant d'injures mortelles
Les roses poussent à foison
Et les seins gonflent les dentelles
Et rose est encor l'horizon ;
Roses sont Marie et Suzon !
Mais, les autres, que veulent-elles ?
Elles ne sont vraiment pas belles,
    Les personnes qui ont raison.

ENVOI

Prince, qui, gracieux, excelles
A nous tirer de la prison,
Chasse au loin par tes ritournelles
    Les personnes qui ont raison.

Le Collier de Griffes

STÉPHANE MALLARMÉ

BRISE MARINE

LA chair est triste, hélas ! et j'ai lu tous les livres.
Fuir ! là-bas fuir ! Je sens que des oiseaux sont ivres
D'être parmi l'écume inconnue et les cieux !
Rien, ni les vieux jardins reflétés par les yeux
Ne retiendra ce cœur qui dans la mer se trempe
Ô nuits ! ni la clarté déserte de ma lampe
Sur le vide papier que la blancheur défend
Et ni la jeune femme allaitant son enfant.
Je partirai ! Steamer balançant ta mâture,
Lève l'ancre pour une exotique nature !

Un Ennui, désolé par les cruels espoirs,
Croit encore à l'adieu suprême des mouchoirs !
Et, peut-être, les mâts, invitant les orages
Sont-ils de ceux qu'un vent penche sur les naufrages
Perdus, sans mâts, sans mâts, ni fertiles îlots . . .
Mais, ô mon cœur, entends le chant des matelots !

L'APRÈS-MIDI D'UN FAUNE

Eglogue

LE FAUNE

CES nymphes, je les veux perpétuer.

                                        Si clair,
Leur incarnat léger, qu'il voltige dans l'air
Assoupi de sommeils touffus.

Aimai-je un rêve?
Mon doute, amas de nuit ancienne, s'achève
En maint rameau subtil, qui, demeuré les vrais
Bois mêmes, prouve, hélas! que bien seul je m'offrais
Pour triomphe la faute idéale de roses.
Réfléchissons...

ou si les femmes dont tu gloses
Figurent un souhait de tes sens fabuleux!
Faune, l'illusion s'échappe des yeux bleus
Et froids, comme une source en pleurs, de la plus chaste:
Mais, l'autre tout soupirs, dis-tu qu'elle contraste
Comme brise du jour chaude dans ta toison?
Que non! par l'immobile et lasse pâmoison
Suffoquant de chaleurs le matin frais s'il lutte,
Ne murmure point d'eau que ne verse ma flûte
Au bosquet arrosé d'accords; et le seul vent
Hors des deux tuyaux prompt à s'exhaler avant
Qu'il disperse le son dans une pluie aride,
C'est, à l'horizon pas remué d'une ride,
Le visible et serein souffle artificiel
De l'inspiration, qui regagne le ciel.

Ô bords siciliens d'un calme marécage
Qu'à l'envi des soleils ma vanité saccage,
Tacites sous les fleurs d'étincelles, CONTEZ
'Que je coupais ici les creux roseaux domptés
'Par le talent; quand, sur l'or glauque de lointaines
'Verdures dédiant leur vigne à des fontaines,
'Ondoie une blancheur animale au repos:
'Et qu'au prélude lent où naissent les pipeaux
'Ce vol de cygnes, non! de naïades se sauve
'Ou plonge...'

Inerte, tout brûle dans l'heure fauve
Sans marquer par quel art ensemble détala
Trop d'hymen souhaité de qui cherche le la:

Alors m'éveillerais-je à la ferveur première,
Droit et seul, sous un flot antique de lumière,
Lys ! et l'un de vous tous pour l'ingénuité.

Autre que ce doux rien par leur lèvre ébruité,
Le baiser, qui tout bas des perfides assure,
Mon sein, vierge de preuve, atteste une morsure
Mystérieuse, due à quelque auguste dent;
Mais, bast ! arcane tel élut pour confident
Le jonc vaste et jumeau dont sous l'azur on joue:
Qui, détournant à soi le trouble de la joue,
Rêve, dans un solo long, que nous amusions
La beauté d'alentour par des confusions
Fausses entre elle-même et notre chant crédule;
Et de faire aussi haut que l'amour se module
Évanouir du songe ordinaire de dos
Ou de flanc pur suivis avec mes regards clos,
Une sonore, vaine et monotone ligne.

Tâche donc, instrument des fuites, ô maligne
Syrinx, de refleurir aux lacs où tu m'attends !
Moi, de ma rumeur fier, je vais parler longtemps
Des déesses; et par d'idolâtres peintures,
A leur ombre enlever encore des ceintures:
Ainsi, quand des raisins j'ai sucé la clarté,
Pour bannir un regret par ma feinte écarté,
Rieur, j'élève au ciel d'été la grappe vide
Et, soufflant dans ses peaux lumineuses, avide
D'ivresse, jusqu'au soir je regarde au travers.

Ô nymphes, regonflons des SOUVENIRS divers.
'*Mon œil, trouant les joncs, dardait chaque encolure*
'*Immortelle, qui noie en l'onde sa brûlure*
'*Avec un cri de rage au ciel de la forêt;*
'*Et le splendide bain de cheveux disparaît*
'*Dans les clartés et les frissons, ô pierreries!*

'J'accours; quand, à mes pieds, s'entrejoignent (meurtries
'De la langueur goûtée à ce mal d'être deux)
'Des dormeuses parmi leurs seuls bras hasardeux;
'Je les ravis, sans les désenlacer, et vole
'A ce massif, haï par l'ombrage frivole,
'De roses tarissant tout parfum au soleil,
'Où notre ébat au jour consumé soit pareil.'
Je t'adore, courroux des vierges, ô délice
Farouche du sacré fardeau nu qui se glisse
Pour fuir ma lèvre en feu buvant, comme un éclair
Tressaille ! la frayeur secrète de la chair:
Des pieds de l'inhumaine au cœur de la timide
Que délaisse à la fois une innocence, humide
De larmes folles ou de moins tristes vapeurs.
'Mon crime, c'est d'avoir, gai de vaincre ces peurs
'Traîtresses, divisé la touffe échevelée
'De baisers que les dieux gardaient si bien mêlée:
'Car, à peine j'allais cacher un rire ardent
'Sous les replis heureux d'une seule (gardant
'Par un doigt simple, afin que sa candeur de plume
'Se teignît à l'emoi de sa sœur qui s'allume,
'La petite, naïve et ne rougissant pas:)
'Que de mes bras, défaits par de vagues trépas,
'Cette proie, à jamais ingrate se délivre
'Sans pitié du sanglot dont j'étais encore ivre.'

Tant pis ! vers le bonheur d'autres m'entraîneront
Par leur tresse nouée aux cornes de mon front:
Tu sais, ma passion, que, pourpre et déjà mûre,
Chaque grenade éclate et d'abeilles murmure;
Et notre sang, épris de qui le va saisir,
Coule pour tout l'essaim éternel du désir.
A l'heure où ce bois d'or et de cendres se teinte
Une fête s'exalte en la feuillée éteinte:

Etna! c'est parmi toi visité de Vénus
Sur ta lave posant ses talons ingénus,
Quand tonne un somme triste ou s'épuise la flamme.
Je tiens la reine!

      Ô sûr châtiment...

                  Non, mais l'âme
De paroles vacante et ce corps alourdi
Tard succombent au fier silence de midi:
Sans plus il faut dormir en l'oubli du blasphème,
Sur le sable altéré gisant et comme j'aime
Ouvrir ma bouche à l'astre efficace des vins!

Couple, adieu; je vais voir l'ombre que tu devins.

TOAST FUNÈBRE

O DE notre bonheur, toi, le fatal emblème!

Salut de la démence et libation blême,
Ne crois pas qu'au magique espoir du corridor
J'offre ma coupe vide où souffre un monstre d'or!
Ton apparition ne va pas me suffire:
Car je t'ai mis, moi-même, en un lieu de porphyre.
Le rite est pour les mains d'éteindre le flambeau
Contre le fer épais des portes du tombeau:
Et l'on ignore mal, élu pour notre fête
Très simple de chanter l'absence du poète,
Que ce beau monument l'enferme tout entier.
Si ce n'est que la gloire ardente du métier,
Jusqu'à l'heure commune et vile de la cendre,
Par le carreau qu'allume un soir fier d'y descendre,
Retourne vers les feux du pur soleil mortel!

Magnifique, total et solitaire, tel
Tremble de s'exhaler le faux orgueil des hommes.
Cette foule hagarde! elle annonce: Nous sommes
La triste opacité de nos spectres futurs.
Mais le blason des deuils épars sur de vains murs
J'ai méprisé l'horreur lucide d'une larme,
   Quand, sourd même à mon vers sacré qui ne l'alarme,
Quelqu'un de ces passants, fier, aveugle et muet,
Hôte de son linceul vague, se transmuait
En le vierge héros de l'attente posthume.
Vaste gouffre apporté dans l'amas de la brume
Par l'irascible vent des mots qu'il n'a pas dits,
Le néant à cet Homme aboli de jadis:
'Souvenirs d'horizons, qu'est-ce, ô toi, que la Terre?'
Hurle ce songe; et, voix dont la clarté s'altère,
L'espace a pour jouet le cri: 'Je ne sais pas!'

Le Maître, par un œil profond, a, sur ses pas,
Apaisé de l'éden l'inquiète merveille
Dont le frisson final, dans sa voix seule, éveille
Pour la Rose et le Lys le mystère d'un nom.
Est-il de ce destin rien qui demeure, non?
Ô vous tous, oubliez une croyance sombre.
Le splendide génie éternel n'a pas d'ombre.
Moi, de votre désir soucieux, je veux voir,
A qui s'évanouit, hier, dans le devoir
Idéal que nous font les jardins de cet astre,
Survivre pour l'honneur du tranquille désastre
Une agitation solennelle par l'air
De paroles, pourpre ivre et grand calice clair,
Que, pluie et diamant, le regard diaphane
Resté là sur ces fleurs dont nulle ne se fane,
Isole parmi l'heure et le rayon du jour!

C'est de nos vrais bosquets déjà tout le séjour,
Où le poète pur a pour geste humble et large
De l'interdire au rêve, ennemi de sa charge:

F

Afin que le matin de son repos altier,
Quand la mort ancienne est comme pour Gautier
De n'ouvrir pas les yeux sacrés et de se taire,
Surgisse, de l'allée ornement tributaire,
Le sépulcre solide où gît toute ce qui nuit,
Et l'avare silence et la massive nuit.

AUTRE ÉVENTAIL
de Mademoiselle Mallarmé.

O RÊVEUSE, pour que je plonge
Au pur délice sans chemin,
Sache, par un subtil mensonge,
Garder mon aile dans ta main.

Une fraîcheur de crépuscule
Te vient à chaque battement
Dont le coup prisonnier recule
L'horizon délicatement.

Vertige! voici que frissonne
L'espace comme un grand baiser
Qui, fou de naître pour personne,
Ne peut jaillir ni s'apaiser.

Sens-tu le paradis farouche
Ainsi qu'un rire enseveli
Se couler du coin de ta bouche
Au fond de l'unanime pli!

Le sceptre des rivages roses
Stagnants sur les soirs d'or, ce l'est,
Ce blanc vol fermé que tu poses
Contre le feu d'un bracelet.

Le vierge, le vivace et le bel aujourd'hui
Va-t-il nous déchirer avec un coup d'aile ivre
Ce lac dur oublié que hante sous le givre
Le transparent glacier des vols qui n'ont pas fui !

Un cygne d'autrefois se souvient que c'est lui
Magnifique mais qui sans espoir se délivre
Pour n'avoir pas chanté la région où vivre
Quand du stérile hiver a resplendi l'ennui.

Tout son col secouera cette blanche agonie
Par l'espace infligée à l'oiseau qui le nie,
Mais non l'horreur du sol où le plumage est pris.

Fantôme qu'à ce lieu son pur éclat assigne,
Il s'immobilise au songe froid de mépris
Que vêt parmi l'exil inutile le Cygne.

LE TOMBEAU D'EDGAR POE

Tel qu'en Lui-même enfin l'éternité le change,
Le Poëte suscite avec un glaive nu
Son siècle épouvanté de n'avoir pas connu
Que la mort triomphait dans cette voix étrange !

Eux, comme un vil sursaut d'hydre oyant jadis l'ange
Donner un sens plus pur aux mots de la tribu
Proclamèrent très haut le sortilège bu
Dans le flot sans honneur de quelque noir mélange.

Du sol et de la nue hostiles, ô grief !
Si notre idée avec ne sculpte un bas-relief
Dont la tombe de Poe éblouissante s'orne,

Calme bloc ici-bas chu d'un désastre obscur,
Que ce granit du moins montre à jamais sa borne
Aux noirs vols du Blasphème épars dans le futur.

Au seul souci de voyager
Outre une Inde splendide et trouble
— Ce salut soit le messager
Du temps, cap que ta poupe double

Comme sur quelque vergue bas
Plongeante avec la caravelle
Écumait toujours en ébats
Un oiseau d'annonce nouvelle

Qui criait monotonement
Sans que la barre ne varie
Un inutile gisement
Nuit, désespoir et pierrerie

Par son chant reflété jusqu'au
Sourire du pâle Vasco.

Toute l'âme résumée
Quand lente nous l'expirons
Dans plusieurs ronds de fumée
Abolis en autres ronds

Atteste quelque cigare
Brûlant savamment pour peu
Que la cendre se sépare
De son clair baiser de feu

Ainsi le chœur des romances
A la lèvre vole-t-il
Exclus-en si tu commences
Le réel parce que vil

Le sens trop précis rature
Ta vague littérature.

PAUL VERLAINE

MONSIEUR PRUDHOMME

IL est grave: il est maire et père de famille.
Son faux-col engloutit son oreille. Ses yeux
Dans un rêve sans fin flottent, insoucieux,
Et le printemps en fleur sur ses pantoufles brille.

Que lui fait l'astre d'or, que lui fait la charmille
Où l'oiseau chante à l'ombre, et que lui font les cieux,
Et les prés verts et les gazons silencieux?
Monsieur Prudhomme songe à marier sa fille

Avec monsieur Machin, un jeune homme cossu.
Il est juste-milieu, botaniste et pansu.
Quant aux faiseurs de vers, ces vauriens, ces maroufles,

Ces fainéants barbus, mal peignés, il les a
Plus en horreur que son éternel coryza,
Et le printemps en fleur brille sur ses pantoufles.

Poèmes Saturniens

COLLOQUE SENTIMENTAL

DANS le vieux parc solitaire et glacé
Deux formes ont tout à l'heure passé.

Leurs yeux sont morts et leurs lèvres sont molles,
Et l'on entend à peine leurs paroles.

Dans le vieux parc solitaire et glacé
Deux spectres ont évoqué le passé.

— Te souvient-il de notre extase ancienne?
— Pourquoi voulez-vous donc qu'il m'en souvienne?

— Ton cœur bat-il toujours à mon seul nom?
Toujours vois-tu mon âme en rêve? — Non.

— Ah! les beaux jours de bonheur indicible
Où nous joignions nos bouches! — C'est possible.

— Qu'il était bleu, le ciel, et grand, l'espoir!
— L'espoir a fui, vaincu, vers le ciel noir.

Tels ils marchaient dans les avoines folles,
Et la nuit seule entendit leurs paroles.

Fêtes Galantes

LA lune blanche
Luit dans les bois;
De chaque branche
Part une voix
Sous la ramée...

O bien-aimée.

L'étang reflète,
Profond miroir,
La silhouette
Du saule noir
Où le vent pleure...

Rêvons, c'est l'heure.

Un vaste et tendre
Apaisement
Semble descendre
Du firmament
Que l'astre irise...

C'est l'heure exquise.

La Bonne Chanson

O TRISTE, triste était mon âme
A cause, à cause d'une femme.

Je ne me suis pas consolé
Bien que mon cœur s'en soit allé,

Bien que mon cœur, bien que mon âme
Eussent fui loin de cette femme.

Je ne me suis pas consolé,
Bien que mon cœur s'en soit allé.

Et mon cœur, mon cœur trop sensible
Dit à mon âme: Est-il possible,

Est-il possible, — le fût-il, —
Ce fier exil, ce triste exil?

Mon âme dit à mon cœur: Sais-je
Moi-même, que nous veut ce piège

D'être présents bien qu'exilés,
Encore que loin en allés?

Romances sans Paroles

UN grand sommeil noir
Tombe sur ma vie:
Dormez, tout espoir,
Dormez, toute envie!

Je ne vois plus rien,
Je perds la mémoire
Du mal et du bien...
O la triste histoire!

Je suis un berceau
Qu'une main balance
Au creux d'un caveau:
Silence, silence!

Sagesse

Le ciel est, par-dessus le toit,
    Si bleu, si calme!
Un arbre, par-dessus le toit,
    Berce sa palme.

La cloche, dans le ciel qu'on voit,
    Doucement tinte.
Un oiseau sur l'arbre qu'on voit
    Chante sa plainte.

Mon Dieu, mon Dieu, la vie est là,
    Simple et tranquille.
Cette paisible rumeur-là
    Vient de la ville.

— Qu'as-tu fait, ô toi que voilà
    Pleurant sans cesse,
Dis, qu'as-tu fait, toi que voilà,
    De ta jeunesse?

Sagesse

Je ne sais pourquoi
    Mon esprit amer
D'une aile inquiète et folle vole sur la mer.
    Tout ce qui m'est cher,
    D'une aile d'effroi
Mon amour le couve au ras des flots. Pourquoi, pourquoi?

Mouette à l'essor mélancolique,
Elle suit la vague, ma pensée,
A tous les vents du ciel balancée,
Et biaisant quand la marée oblique,
Mouette à l'essor mélancolique.

Ivre de soleil
Et de liberté,
Un instinct la guide à travers cette immensité.
La brise d'été
Sur le flot vermeil
Doucement la porte en un tiède demi-sommeil.

Parfois si tristement elle crie
Qu'elle alarme au lointain le pilote,
Puis au gré du vent se livre et flotte
Et plonge, et l'aile toute meurtrie
Revole, et puis si tristement crie!

Je ne sais pourquoi
Mon esprit amer
D'une aile inquiète et folle vole sur la mer.
Tout ce qui m'est cher,
D'une aile d'effroi
Mon amour le couve au ras des flots. Pourquoi, pourquoi?

Sagesse

ART POÉTIQUE

De la musique avant toute chose,
Et pour cela préfère l'Impair
Plus vague et plus soluble dans l'air,
Sans rien en lui qui pèse ou qui pose.

Il faut aussi que tu n'ailles point
Choisir tes mots sans quelque méprise:
Rien de plus cher que la chanson grise
Où l'Indécis au Précis se joint.

C'est des beaux yeux derrière des voiles,
C'est le grand jour tremblant de midi,
C'est, par un ciel d'automne attiédi,
Le bleu fouillis des claires étoiles!

Car nous voulons la Nuance encor,
Pas la Couleur, rien que la nuance !
Oh ! la nuance seule fiance
Le rêve au rêve et la flûte au cor !

Fuis du plus loin la Pointe assassine,
L'Esprit cruel et le Rire impur,
Qui font pleurer les yeux de l'Azur,
Et tout cet ail de basse cuisine !

Prends l'Éloquence et tords-lui son cou !
Tu feras bien, en train d'énergie,
De rendre un peu la Rime assagie.
Si l'on n'y veille, elle ira jusqu'où ?

O qui dira les torts de la Rime ?
Quel enfant sourd ou quel nègre fou
Nous a forgé ce bijou d'un sou
Qui sonne creux et faux sous la lime ?

De la musique encore et toujours !
Que ton vers soit la chose envolée
Qu'on sent qui fuit d'une âme en allée
Vers d'autres cieux, à d'autres amours.

Que ton vers soit la bonne aventure
Éparse au vent crispé du matin
Qui va fleurant la menthe et le thym...
Et tout le reste est littérature.

Jadis et Naguère

TRISTAN CORBIÈRE

LA RAPSODE FORAINE
ET
LE PARDON DE SAINTE-ANNE

La Palud, 27 août, jour du Pardon

BÉNITE est l'infertile plage
Où, comme la mer, tout est nud.
Sainte est la chapelle sauvage
De Sainte-Anne-de-la-Palud,

De la Bonne Femme Sainte Anne,
Grand'tante du petit Jésus,
En bois pourri dans sa soutane,
Riche ... plus riche que Crésus !

Contre elle la petite Vierge,
Fuseau frêle, attend l'*Angelus*;
Au coin, Joseph, tenant son cierge,
Niche, en saint qu'on ne fête plus ...

.   .   .   .   .

C'est le *Pardon*. — Liesse et mystères —
Déjà l'herbe rase a des poux...
— *Sainte Anne, onguent des belles-mères !*
Consolation des époux !

Des paroisses environnantes:
De Plougastel et Loc-Tudy,
Ils viennent tous planter leurs tentes,
Trois nuits, trois jours, — jusqu'au lundi.

38

Trois jours, trois nuits, la palud grogne,
Selon l'antique rituel,
— Chœur séraphique et chant d'ivrogne —
Le CANTIQUE SPIRITUEL.

'Mère taillée à coups de hache,
Tout cœur de chêne dur et bon;
Sous l'or de ta robe se cache
L'âme en pièce d'un franc Breton!

— Vieille verte à face usée
Comme la pierre du torrent,
Par des larmes d'amour creusée,
Séchée avec des pleurs de sang!

— Toi, dont la mamelle tarie
S'est refait, pour avoir porté
La Virginité de Marie,
Une mâle virginité!

— Servante-maîtresse altière,
Très haute devant le Très-Haut,
Au pauvre monde, pas fière,
Dame pleine de comme-il-faut!

— Bâton des aveugles! Béquille
Des vieilles! Bras des nouveau-nés!
Mère de madame ta fille!
Parente des abandonnés!

— O Fleur de la pucelle neuve!
Fruit de l'épouse au sein grossi!
Reposoir de la femme veuve...
Et du veuf Dame-de-merci!

— Arche de Joachim! Aïeule!
Médaille de cuivre effacé!
Gui sacré! Trèfle quatre-feuille!
Mont d'Horeb! Souche de Jessé!

— O toi qui recouvrais la cendre,
Qui filais comme on fait chez nous,
Quand le soir venait à descendre,
Tenant l'ENFANT sur tes genoux;

Toi qui fus là, seule pour faire
Son maillot neuf à Bethléem,
Et là, pour coudre son suaire
Douloureux, à Jérusalem !...

Des croix profondes sont tes rides,
Tes cheveux sont blancs comme fils...
— Préserve des regards arides
Le berceau de nos petits-fils !

Fais venir et conserve en joie
Ceux à naître et ceux qui sont nés.
Et verse, sans que Dieu te voie,
L'eau de tes yeux sur les damnés !

Reprends dans leur chemise blanche
Les petits qui sont en langueur ...
Rappelle à l'éternel Dimanche
Les vieux qui traînent en longueur.

— Dragon-gardien de la Vierge,
Garde la crèche sous ton œil.
Que, près de toi, Joseph-concierge
Garde la propreté du seuil !

Prends pitié de la fille-mère,
Du petit au bord du chemin ...
Si quelqu'un leur jette la pierre,
Que la pierre se change en pain !

— Dame bonne en mer et sur terre,
Montre-nous le ciel et le port,
Dans la tempête ou dans la guerre ...
O Fanal de la bonne mort !

Humble: à tes pieds n'as point d'étoile,
Humble ... et brave pour protéger !
Dans la nue apparaît ton voile,
Pâle auréole du danger.

— Aux perdus dont la vie est grise,
(— Sauf respect — perdus de boisson)
Montre le clocher de l'église
Et le chemin de la maison.

Prête ta douce et chaste flamme
Aux chrétiens qui sont ici ...
Ton remède de bonne femme
Pour les bêtes-à-corne aussi !

Montre à nos femmes et servantes
L'ouvrage et la fécondité ...
— Le bonjour aux âmes parentes
Qui sont bien dans l'éternité !

— Nous mettrons un cordon de cire,
De cire-vierge jaune, autour
De ta chapelle et ferons dire
Ta messe basse au point du jour.

Préserve notre cheminée
Des sorts et du monde malin ...
A Pâques te sera donnée
Une quenouille avec du lin.

Si nos corps sont puants sur terre,
Ta grâce est un bain de santé;
Répands sur nous, au cimetière,
Ta bonne odeur de sainteté.

— A l'an prochain ! — Voici ton cierge:
(C'est deux livres qu'il a coûté)
... Respects à Madame la Vierge,
Sans oublier la Trinité.'

Les Amours jaunes, Armor

LA FIN

Eh bien, tous ces marins — matelots, capitaines,
Dans leur grand Océan à jamais engloutis,
Partis insoucieux pour leurs courses lointaines,
Sont morts — absolument comme ils étaient partis.

Allons ! c'est leur métier: ils sont morts dans leurs bottes !
Leur *boujaron* au cœur, tout vifs dans leurs capotes...
— *Morts*... Merci: la *Camarde* a pas le pied marin;
Qu'elle couche avec vous; c'est votre bonne-femme...
— Eux, allons donc: Entiers ! enlevés par la lame !
        Ou perdus dans un grain...

Un grain ... est-ce la mort, ça? La basse voilure
Battant à travers l'eau ! — Ça se dit *encombrer* ...
Un coup de mer plombé, puis la haute mâture
Fouettant les flots ras — et ça se dit *sombrer*.

— Sombrer. — Sondez ce mot. Votre *mort* est bien pâle
Et pas grand'chose à bord, sous la lourde rafale ...
Pas grand'chose devant le grand sourire amer
Du matelot qui lutte. — Allons donc, de la place ! —
Vieux fantôme éventé, la Mort, change de face:
        La Mer !...

Noyés? — Eh allons donc ! les *noyés* sont d'eau douce.
— Coulés ! corps et biens ! Et jusqu'au petit mousse,
Le défi dans les yeux, dans les dents le juron !
A l'écume crachant une chique râlée,
Buvant sans hauts-de-cœur *la grand'tasse salée*.
        — Comme ils ont bu leur boujaron. —

        .   .   .   .   .

— Pas de fond de six pieds, ni rats de cimetière:
Eux ils vont aux requins ! L'âme d'un matelot,
Au lieu de suinter dans vos pommes de terre,
        Respire à chaque flot.

— Voyez à l'horizon se soulever la houle;
    On dirait le ventre amoureux
D'une fille de joie en rut, à moitié soûle ...
    Ils sont là ! — La houle a du creux. —

— Écoutez, écoutez la tourmente qui beugle !...
C'est leur anniversaire. — Il revient bien souvent. —
O poète, gardez pour vous vos chants d'aveugle;
— Eux: le *De profundis* que leur corne le vent.

... Qu'ils roulent infinis dans les espaces vierges !...
    Qu'ils roulent verts et nus,
Sans clous et sans sapin, sans couvercle, sans cierges ...
— Laissez-les donc rouler, *terriens* parvenus !

            (*A bord.* — 11 février)

        Les Amours jaunes, Gens de Mer

RONDEL

Il fait noir, enfant, voleur d'étincelles !
Il n'est plus de nuits, il n'est plus de jours;
Dors ... en attendant venir toutes celles
Qui disaient: Jamais ! Qui disaient: Toujours !

Entends-tu leurs pas? ... Ils ne sont pas lourds:
Oh ! les pieds légers ! — l'Amour a des ailes ...
Il fait noir, enfant, voleur d'étincelles !

Entends-tu leurs voix? ... Les caveaux sont sourds.
Dors: Il pèse peu, ton faix d'immortelles;
Ils ne viendront pas, tes amis les ours,
Jeter leur pavé sur tes demoiselles ...
Il fait noir, enfant, voleur d'étincelles !

        Les Amours jaunes, Rondels pour après

G

LAUTRÉAMONT

Vieil océan, aux vagues de cristal, tu ressembles proportion-nellement à ces marques azurées que l'on voit sur le dos meurtri des mousses; tu es un immense bleu, appliqué sur le corps de la terre: j'aime cette comparaison. Ainsi, à ton premier aspect, un souffle prolongé de tristesse, qu'on croirait être le murmure de ta brise suave, passe, en laissant des ineffaçables traces, sur l'âme profondément ébranlée, et tu rappelles au souvenir de tes amants, sans qu'on s'en rende toujours compte, les rudes commencements de l'homme, où il fait connaissance avec la douleur, qui ne le quitte plus. Je te salue, vieil océan!

Vieil océan, ta forme harmonieusement sphérique, qui réjouit la face grave de la géométrie, ne me rappelle que trop les petits yeux de l'homme, pareils à ceux du sanglier pour la petitesse, et à ceux des oiseaux de nuit pour la perfection circulaire du contour. Cependant, l'homme s'est cru beau dans tous les siècles. Moi, je suppose plutôt que l'homme ne croit à sa beauté que par amour-propre; mais, qu'il n'est pas beau réellement et qu'il s'en doute; car, pourquoi regarde-t-il la figure de son semblable avec tant de mépris? Je te salue, vieil océan!

Vieil océan, tu es le symbole de l'identité: toujours égal à toi-même. Tu ne varies pas d'une manière essentielle, et, si tes vagues sont quelque part en furie, plus loin, dans quelque autre zone, elles sont dans le calme le plus complet. Tu n'es pas comme l'homme, qui s'arrête dans la rue, pour voir deux bouledogues s'empoigner au cou, mais, qui ne s'arrête pas, quand un enterrement passe; qui est ce matin accessible et ce soir de mauvaise humeur; qui rit aujourd'hui et pleure demain. Je te salue, vieil océan!

Vieil océan, il n'y aurait rien d'impossible à ce que tu caches dans ton sein de futures utilités pour l'homme. Tu lui as déjà donné la baleine. Tu ne laisse pas facilement deviner aux yeux avides des sciences naturelles les mille secrets de ton intime organisation: tu es modeste. L'homme se vante sans cesse, et pour des minuties. Je te salue, vieil océan!

Vieil océan, les différentes espèces de poissons que tu nourris n'ont pas juré fraternité entre elles. Chaque espèce vit de son côté. Les tempéraments et les conformations qui varient dans chacune d'elles, expliquent, d'une manière satisfaisante, ce qui ne paraît d'abord qu'une anomalie. Il en est ainsi de l'homme, qui n'a pas les mêmes motifs d'excuse. Un morceau de terre est-il occupé par trente millions d'êtres humains, ceux-ci se croient obligés de ne pas se mêler de l'existence de leurs voisins, fixés comme des racines sur le morceau de terre qui suit. En descendant du grand au petit, chaque homme vit comme un sauvage dans sa tanière, et en sort rarement pour visiter son semblable, accroupi pareillement dans une autre tanière. La grande famille universelle des humains est une utopie digne de la logique la plus médiocre. En outre, du spectacle de tes mamelles fécondes, se dégage la notion d'ingratitude; car, on pense aussitôt à ces parents nombreux, assez ingrats envers le Créateur, pour abandonner le fruit de leur misérable union. Je te salue, vieil océan!

Vieil océan, ta grandeur matérielle ne peut se comparer qu'à la mesure qu'on se fait de ce qu'il a fallu de puissance active pour engendrer la totalité de ta masse. On ne peut pas t'embrasser d'un coup d'œil. Pour te contempler, il faut que la vue tourne son télescope, par un mouvement continu, vers les quatre points de l'horizon, de même qu'un mathématicien, afin de résoudre une équation algébrique, est obligé d'examiner séparément les divers cas possibles, avant de trancher la difficulté. L'homme mange des substances nourrissantes, et fait d'autres efforts, dignes d'un meilleur sort, pour paraître gras. Qu'elle se gonfle tant qu'elle voudra, cette adorable grenouille. Sois tranquille, elle ne t'égalera pas en grosseur; je le suppose, du moins. Je te salue, vieil océan!

Vieil océan, tes eaux sont amères. C'est exactement le même goût que le fiel que distille la critique sur les beaux-arts, sur les sciences, sur tout. Si quelqu'un a du génie, on le fait passer pour un idiot; si quelque autre est beau de corps, c'est un bossu affreux. Certes, il faut que l'homme sente avec force son imperfection, dont les trois quarts d'ailleurs ne sont dus qu'à lui-même, pour la critiquer ainsi! Je te salue, vieil océan!

Vieil océan, les hommes, malgré l'excellence de leurs méthodes, ne sont pas encore parvenus, aidés par les moyens d'investigation de la science, à mesurer la profondeur vertigineuse de tes abîmes; tu en as que les sondes les plus longues, les plus pesantes, ont reconnu inaccessibles. Aux poissons ... ça leur est permis: pas aux hommes. Souvent, je me suis demandé quelle chose était le plus facile à reconnaître: la profondeur de l'océan ou la profondeur du cœur humain! Souvent, la main portée au front, debout sur les vaisseaux, tandis que la lune se balançait entre les mâts d'une façon irrégulière, je me suis surpris, faisant abstraction de tout ce qui n'était pas le but que je poursuivais, m'efforçant de résoudre ce difficile problème! Oui, quel est le plus profond, le plus impénétrable des deux: l'océan ou le cœur humain? Si trente ans d'expérience de la vie peuvent jusqu'à un certain point pencher la balance vers l'une ou l'autre de ces solutions, il me sera permis de dire que, malgré la profondeur de l'océan, il ne peut pas se mettre en ligne, quant à la comparaison sur cette propriété, avec la profondeur du cœur humain. J'ai été en relation avec des hommes qui ont été vertueux. Ils mouraient à soixante ans, et chacun ne manquait pas de s'écrier: 'Ils ont fait le bien sur cette terre, c'est-à-dire qu'ils ont pratiqué la charité: voilà tout, ce n'est pas malin, chacun peut en faire autant'. Qui comprendra pourquoi deux amants qui s'idolâtraient la veille, pour un mot mal interprété, s'écartent, l'un vers l'orient, l'autre vers l'occident, avec les aiguillons de la haine, de la vengeance, de l'amour et du remords, et ne se revoient plus, chacun drapé dans sa fierté solitaire? C'est un miracle qui se renouvelle chaque jour et qui n'en est pas moins miraculeux. Qui comprendra pourquoi l'on savoure non seulement les disgrâces générales de ses semblables, mais encore les particulières de ses amis les plus chers, tandis que l'on en est affligé en même temps? Un exemple incontestable pour clore la série: l'homme dit hypocritement oui et pense non. C'est pour cela que les marcassins de l'humanité ont tant de confiance les uns dans les autres et ne sont pas égoïstes. Il reste à la psychologie beaucoup de progrès à faire. Je te salue, vieil océan!

Vieil océan, tu es si puissant, que les hommes l'ont appris à leurs propres dépens. Ils ont beau employer toutes les ressources de leur génie ... incapables de te dominer. Ils ont trouvé leur maître. Je dis qu'ils ont trouvé quelque chose de plus fort qu'eux. Ce quelque chose a un nom. Ce nom est: l'océan! La peur que tu leur inspires est telle, qu'ils te respectent. Malgré cela, tu fais valser leurs plus lourdes machines avec grâce, élégance et facilité. Tu leur fais faire des sauts gymnastiques jusqu'au ciel, et des plongeons admirables jusqu'au fond de tes domaines: un saltimbanque en serait jaloux. Bienheureux sont-ils, quand tu ne les enveloppes pas définitivement dans tes plis bouillonnants, pour aller voir, sans chemin de fer, dans tes entrailles aquatiques, comment se portent les poissons, et surtout comment ils se portent eux-mêmes. L'homme dit: 'Je suis plus intelligent que l'océan.' C'est possible; c'est même assez vrai; mais l'océan lui est plus redoutable que lui à l'océan: c'est ce qu'il n'est pas nécessaire de prouver. Ce patriarche observateur, contemporain des premières époques de notre globe suspendu, sourit de pitié, quand il assiste aux combats navals des nations. Voilà une centaine de léviathans qui sont sortis des mains de l'humanité. Les ordres emphatiques des supérieurs, les cris des blessés, les coups de canon, c'est du bruit fait exprès pour anéantir quelques secondes. Il paraît que le drame est fini, et que l'océan a tout mis dans son ventre. La gueule est formidable. Elle doit être grande vers le bas, dans la direction de l'inconnu! Pour couronner enfin la stupide comédie, qui n'est pas même intéressante, on voit, au milieu des airs, quelque cigogne, attardée par la fatigue, qui se met à crier, sans arrêter l'envergure de son vol: 'Tiens! ... je

la trouve mauvaise! Il y avait en bas des points noirs; j'ai
fermé les yeux: ils ont disparu.' Je te salue, vieil océan!

Vieil océan, ô grand célibataire, quand tu parcours la
solitude solennelle de tes royaumes flegmatiques, tu t'enor-
gueillis à juste titre de ta magnificence native, et des éloges
vrais que je m'empresse de te donner. Balancé voluptueuse-
ment par les molles effluves de ta lenteur majestueuse, qui est
le plus grandiose parmi les attributs dont le souverain pouvoir
t'a gratifié, tu déroules, au milieu d'un sombre mystère, sur
toute ta surface sublime, tes vagues incomparables, avec le
sentiment calme de ta puissance éternelle. Elles se suivent
parallèlement, séparées par de courts intervalles. A peine
l'une diminue, qu'une autre va à sa rencontre en grandissant,
accompagnées du bruit mélancolique de l'écume qui se fond,
pour nous avertir que tout est écume. (Ainsi, les êtres
humains, ces vagues vivantes, meurent l'un après l'autre,
d'une manière monotone; mais, sans laisser de bruit écumeux.)
L'oiseau de passage se repose sur elles avec confiance, et se
laisse abandonner à leurs mouvements, pleins d'une grâce
fière, jusqu'à ce que les os de ses ailes aient recouvré leur
vigueur accoutumée pour continuer le pèlerinage aérien. Je
voudrais que la majesté humaine ne fût que l'incarnation du
reflet de la tienne. Je demande beaucoup, et ce souhait
sincère est glorieux pour toi. Ta grandeur morale, image de
l'infini, est immense comme la réflexion du philosophe,
comme l'amour de la femme, comme la beauté divine de
l'oiseau, comme les méditations du poète. Tu es plus beau
que la nuit. Réponds-moi, océan, veux-tu être mon frère?
Remue-toi avec impétuosité ... plus ... plus encore, si tu
veux que je te compare à la vengeance de Dieu; allonge tes
griffes livides, en te frayant un chemin sur ton propre sein ...
c'est bien. Déroule tes vagues épouvantables, océan hideux,
compris par moi seul, et devant lequel je tombe, prosterné à
tes genoux. La majesté de l'homme est empruntée; il ne
m'imposera point: toi, oui. Oh! quand tu t'avances, la
crête haute et terrible, entouré de tes replis tortueux comme
d'une cour, magnétiseur et farouche, roulant tes ondes les

unes sur les autres, avec la conscience de ce que tu es, pendant que tu pousses, des profondeurs de ta poitrine, comme accablé d'un remords intense que je ne puis pas découvrir, ce sourd mugissement perpétuel que les hommes redoutent tant, même quand ils te contemplent, en sûreté, tremblants sur le rivage, alors, je vois qu'il ne m'appartient pas, le droit insigne de me dire ton égal. C'est pourquoi, en présence de ta supériorité, je te donnerais tout mon amour (et nul ne sait la quantité d'amour que contiennent mes aspirations vers le beau), si tu ne me faisais douloureusement penser à mes semblables, qui forment avec toi le plus ironique contraste, l'antithèse la plus bouffonne que l'on ait jamais vue dans la création: je ne puis pas t'aimer, je te déteste. Pourquoi reviens-je à toi, pour la millième fois, vers tes bras amis, qui s'entr'ouvrent, pour caresser mon front brûlant, qui voit disparaître la fièvre à leur contact! Je ne connais pas ta destinée cachée; tout ce qui te concerne m'intéresse. Dis-moi donc si tu es la demeure du prince des ténèbres. Dis-le-moi … dis-le-moi, océan (à moi seul, pour ne pas attrister ceux qui n'ont encore connu que les illusions), et si le souffle de Satan crée les tempêtes qui soulèvent tes eaux salées jusqu'aux nuages. Il faut que tu me le dises, parce que je me réjouirais de savoir l'enfer si près de l'homme. Je veux que celle-ci soit la dernière strophe de mon invocation. Par conséquent, une seule fois encore, je veux te saluer et te faire mes adieux! Vieil océan, aux vagues de cristal… Mes yeux se mouillent de larmes abondantes, et je n'ai pas la force de poursuivre; car, je sens que le moment est venu de revenir parmi les hommes, à l'aspect brutal; mais … courage! Faisons un grand effort, et accomplissons, avec le sentiment du devoir, notre destinée sur cette terre. Je te salue, vieil océan!

Les Chants de Maldoror (Extract from *Chant premier*)

ARTHUR RIMBAUD

LES EFFARÉS

Noirs dans la neige et dans la brume,
Au grand soupirail qui s'allume,
    Leurs culs en rond,

A genoux, cinq petits — misère ! —
Regardent le boulanger faire
    Le lourd pain blond...

Ils voient le fort bras blanc qui tourne
La pâte grise, et qui l'enfourne
    Dans un trou clair.

Ils écoutent le bon pain cuire.
Le boulanger au gras sourire,
    Chante un vieil air.

Ils sont blottis, pas un ne bouge,
Au souffle du soupirail rouge,
    Chaud comme un sein.

Et quand, pendant que minuit sonne,
Façonné, pétillant et jaune,
    On sort le pain,

Quand, sous les poutres enfumées,
Chantent les croûtes parfumées
    Et les grillons,

Quand ce trou chaud souffle la vie,
Ils ont leur âme si ravie
    Sous leurs haillons,

Ils se ressentent si bien vivre,
Les pauvres petits pleins de givre,
　　Qu'ils sont là, tous,

Collant leurs petits museaux roses
Au grillage, chantant des choses
　　Entre les trous,

Mais bien bas, — comme une prière ...
Repliés vers cette lumière
　　Du ciel rouvert,

Si fort, qu'ils crèvent leur culotte
Et que leur lange blanc tremblote
　　Au vent d'hiver...

Poésies

ROMAN

I

On n'est pas sérieux, quand on a dix-sept ans.
— Un beau soir, foin des bocks et de la limonade,
Des cafés tapageurs aux lustres éclatants !
— On va sous les tilleuls verts de la promenade.

Les tilleuls sentent bon dans les bons soirs de juin !
L'air est parfois si doux, qu'on ferme la paupière;
Le vent chargé de bruits, — la ville n'est pas loin, —
A des parfums de vigne et des parfums de bière...

II

— Voilà qu'on aperçoit un tout petit chiffon
D'azur sombre, encadré d'une petite branche,
Piqué d'une mauvaise étoile, qui se fond
Avec de doux frissons, petite et toute blanche...

Nuit de juin ! Dix-sept ans ! — On se laisse griser.
La sève est du champagne et vous monte à la tête ...
On divague; on se sent aux lèvres un baiser
Qui palpite là, comme une petite bête...

III

Le cœur fou Robinsonne à travers les romans,
— Lorsque, dans la clarté d'un pâle réverbère,
Passe une demoiselle aux petits airs charmants,
Sous l'ombre du faux-col effrayant de son père...

Et, comme elle vous trouve immensément naïf,
Tout en faisant trotter ses petites bottines,
Elle se tourne, alerte et d'un mouvement vif...
— Sur vos lèvres alors meurent les cavatines...

IV

Vous êtes amoureux. Loué jusqu'au mois d'août.
Vous êtes amoureux. — Vos sonnets La font rire.
Tous vos amis s'en vont, vous êtes mauvais goût.
—Puis l'adorée, un soir, a daigné vous écrire !...

— Ce soir-là,... — vous rentrez aux cafés éclatants,
Vous demandez des bocks ou de la limonade...
— On n'est pas sérieux, quand on a dix-sept ans
Et qu'on a des tilleuls verts sur la promenade.

Poésies

MA BOHÈME
(*Fantaisie*)

Je m'en allais, les poings dans mes poches crevées;
Mon paletot aussi devenait idéal;
J'allais sous le ciel, Muse ! et j'étais ton féal;
Oh ! là là ! que d'amours splendides j'ai rêvées !

Mon unique culotte avait un large trou.
— Petit-Poucet rêveur, j'égrenais dans ma course
Des rimes. Mon auberge était à la Grande-Ourse.
— Mes étoiles au ciel avaient un doux frou-frou

Et je les écoutais, assis au bord des routes,
Ces bons soirs de septembre où je sentais des gouttes
De rosée à mon front, comme un vin de vigueur;

Où, rimant au milieu des ombres fantastiques,
Comme des lyres, je tirais les élastiques
De mes souliers blessés, un pied près de mon cœur !

Poésies

LE BATEAU IVRE

COMME je descendais des Fleuves impassibles,
Je ne me sentis plus guidé par les haleurs:
Des Peaux-Rouges criards les avaient pris pour cibles,
Les ayant cloués nus aux poteaux de couleurs.

J'étais insoucieux de tous les équipages,
Porteur de blés flamands ou de cotons anglais.
Quand avec mes haleurs ont fini ces tapages,
Les Fleuves m'ont laissé descendre où je voulais.

Dans les clapotements furieux des marées,
Moi, l'autre hiver, plus sourd que les cerveaux d'enfants,
Je courus ! Et les Péninsules démarrées
N'ont pas subi tohu-bohus plus triomphants.

La tempête a béni mes éveils maritimes.
Plus léger qu'un bouchon j'ai dansé sur les flots
Qu'on appelle rouleurs éternels de victimes,
Dix nuits, sans regretter l'œil niais des falots !

Plus douce qu'aux enfants la chair des pommes sures,
L'eau verte pénétra ma coque de sapin
Et des taches de vins bleus et des vomissures
Me lava, dispersant gouvernail et grappin.

Et dès lors, je me suis baigné dans le Poème
De la Mer, infusé d'astres, et lactescent,
Dévorant les azurs verts; où, flottaison blême
Et ravie, un noyé pensif parfois descend;

Où, teignant tout à coup les bleuités, délires
Et rythmes lents sous les rutilements du jour,
Plus fortes que l'alcool, plus vastes que nos lyres,
Fermentent les rousseurs amères de l'amour!

Je sais les cieux crevant en éclairs, et les trombes
Et les ressacs et les courants: je sais le soir,
L'Aube exaltée ainsi qu'un peuple de colombes,
Et j'ai vu quelquefois ce que l'homme a cru voir.

J'ai vu le soleil bas, taché d'horreurs mystiques,
Illuminant de longs figements violets,
Pareils à des acteurs de drames très antiques
Les flots roulant au loin leurs frissons de volets!

J'ai rêvé la nuit verte aux neiges éblouies,
Baiser montant aux yeux des mers avec lenteurs,
La circulation des sèves inouïes,
Et l'éveil jaune et bleu des phosphores chanteurs!

J'ai suivi, des mois pleins, pareille aux vacheries
Hystériques, la houle à l'assaut des récifs,
Sans songer que les pieds lumineux des Maries
Pussent forcer le mufle aux Océans poussifs!

J'ai heurté, savez-vous, d'incroyables Florides
Mêlant aux fleurs des yeux de panthères à peaux
D'hommes! Des arcs-en-ciel tendus comme des brides
Sous l'horizon des mers, à de glauques troupeaux.

J'ai vu fermenter les marais énormes, nasses
Où pourrit dans les joncs tout un Léviathan !
Des écroulements d'eaux au milieu des bonaces,
Et les lointains vers les gouffres cataractant !

Glaciers, soleils d'argent, flots nacreux, cieux de braises,
Échouages hideux au fond des golfes bruns
Où les serpents géants dévorés des punaises
Choient, des arbres tordus, avec de noirs parfums !

J'aurais voulu montrer aux enfants ces dorades
Du flot bleu, ces poissons d'or, ces poissons chantants.
— Des écumes de fleurs ont bercé mes dérades
Et d'ineffables vents m'ont ailé par instants.

Parfois, martyr lassé des pôles et des zones,
La mer dont le sanglot faisait mon roulis doux
Montait vers moi ses fleurs d'ombre aux ventouses jaunes
Et je restais, ainsi qu'une femme à genoux...

Presque île, ballottant sur mes bords les querelles
Et les fientes d'oiseaux clabaudeurs aux yeux blonds.
Et je voguais, lorsqu'à travers mes liens frêles
Des noyés descendaient dormir, à reculons !...

Or moi, bateau perdu sous les cheveux des anses,
Jeté par l'ouragan dans l'éther sans oiseau,
Moi dont les Monitors et les voiliers des Hanses
N'auraient pas repêché la carcasse ivre d'eau ;

Libre, fumant, monté de brumes violettes,
Moi qui trouais le ciel rougeoyant comme un mur
Qui porte, confiture exquise aux bons poètes,
Des lichens de soleil et des morves d'azur ;

Qui courais, taché de lunules électriques,
Planche folle, escorté des hippocampes noirs,
Quand les juillets faisaient crouler à coups de triques
Les cieux ultramarins aux ardents entonnoirs ;

Moi qui tremblais, sentant geindre à cinquante lieues
Le rut des Béhémots et les Maelstroms épais,
Fileur éternel des immobilités bleues,
Je regrette l'Europe aux anciens parapets!

J'ai vu des archipels sidéraux! et des îles
Dont les cieux délirants sont ouverts au vogueur:
— Est-ce en ces nuits sans fond que tu dors et t'exiles,
Million d'oiseaux d'or, ô future Vigueur? —

Mais, vrai, j'ai trop pleuré! Les Aubes sont navrantes.
Toute lune est atroce et tout soleil amer:
L'âcre amour m'a gonflé de torpeurs enivrantes.
O que ma quille éclate! O que j'aille à la mer!

Si je désire une eau d'Europe, c'est la flache
Noire et froide où vers le crépuscule embaumé
Un enfant accroupi plein de tristesses, lâche
Un bateau frêle comme un papillon de mai.

Je ne puis plus, baigné de vos langueurs, ô lames,
Enlever leur sillage aux porteurs de cotons,
Ni traverser l'orgueil des drapeaux et des flammes,
Ni nager sous les yeux horribles des pontons.

Poésies

VOYELLES

A noir, E blanc, I rouge, U vert, O bleu: voyelles,
Je dirai quelque jour vos naissances latentes:
A, noir corset velu des mouches éclatantes
Qui bombinent autour des puanteurs cruelles,

Golfes d'ombre; E, candeurs des vapeurs et des tentes,
Lances des glaciers fiers, rois blancs, frissons d'ombelles;
I, pourpres, sang craché, rire des lèvres belles
Dans la colère ou les ivresses pénitentes;

U, cycles, vibrements divins des mers virides,
Paix des pâtis semés d'animaux, paix des rides
Que l'alchimie imprime aux grands fronts studieux;

O, suprême Clairon plein des strideurs étranges,
Silences traversés des Mondes et des Anges:
— O l'Oméga, rayon violet de Ses Yeux!

Poésies

APRÈS LE DÉLUGE

Aussitôt que l'idée du Déluge se fut rassise,

Un lièvre s'arrêta dans les sainfoins et les clochettes mouvantes, et dit sa prière à l'arc-en-ciel à travers la toile de l'araignée.

Oh! les pierres précieuses qui se cachaient, — les fleurs qui regardaient déjà.

Dans la grande rue sale les étals se dressèrent, et l'on tira les barques vers la mer étagée là-haut comme sur les gravures.

Le sang coula, chez Barbe-Bleue, — aux abattoirs, — dans les cirques, où le sceau de Dieu blêmit les fenêtres. Le sang et le lait coulèrent.

Les castors bâtirent. Les 'mazagrans' fumèrent dans les estaminets.

Dans la grande maison de vitres encore ruisselante les enfants en deuil regardèrent les merveilleuses images.

Une porte claqua, — et sur la place du hameau, l'enfant tourna ses bras, compris des girouettes et des coqs des clochers de partout, sous l'éclatante giboulée.

Madame * * * établit un piano dans les Alpes. La messe et les premières communions se célébrèrent aux cent mille autels de la cathédrale.

Les caravanes partirent. Et le Splendide Hôtel fut bâti dans le chaos de glaces et de nuit du pôle.

Depuis lors, la Lune entendit les chacals piaulant par les déserts de thym, — et les églogues en sabots grognant dans le verger. Puis, dans la futaie violette, bourgeonnante, Eucharis me dit que c'était le printemps.

— Sourds, étang, — Écume, roule sur le pont et par-dessus les bois; — draps noirs et orgues, — éclairs et tonnerre, — montez et roulez; — Eaux et tristesses, montez et relevez les Déluges.

Car depuis qu'ils se sont dissipés, — oh! les pierres précieuses s'enfouissant, et les fleurs ouvertes! — c'est un ennui! et la Reine, la Sorcière qui allume sa braise dans le pot de terre, ne voudra jamais nous raconter ce qu'elle sait, et que nous ignorons.

Illuminations

AUBE

J'AI embrassé l'aube d'été.

Rien ne bougeait encore au front des palais. L'eau était morte. Les camps d'ombres ne quittaient pas la route du bois. J'ai marché, réveillant les haleines vives et tièdes, et les pierreries regardèrent, et les ailes se levèrent sans bruit.

La première entreprise fut, dans le sentier déjà empli de frais et blêmes éclats, une fleur qui me dit son nom.

Je ris au wasserfall blond qui s'échevela à travers les sapins: à la cime argentée je reconnus la déesse.

Alors je levai un à un les voiles. Dans l'allée, en agitant les bras. Par la plaine, où je l'ai dénoncée au coq. A la grand'ville elle fuyait parmi les clochers et les dômes, et courant comme un mendiant sur les quais de marbre, je la chassais.

En haut de la route, près d'un bois de lauriers, je l'ai entourée avec ses voiles amassés, et j'ai senti un peu son immense corps. L'aube et l'enfant tombèrent au bas du bois.

Au réveil il était midi.

Illuminations

ENCORE tout enfant, j'admirais le forçat intraitable sur qui se referme toujours le bagne; je visitais les auberges et les garnis qu'il aurait sacrés par son séjour; je voyais *avec son idée* le cie bleu et le travail fleuri de la campagne; je flairais sa fatalité dans les villes. Il avait plus de force qu'un saint, plus de bon sens qu'un voyageur — et lui, lui seul! pour témoin de sa gloire et de sa raison.

Sur les routes, par des nuits d'hiver, sans gîte, sans habits, sans pain, une voix étreignait mon cœur gelé: 'Faiblesse ou force: te voilà, c'est la force. Tu ne sais ni où tu vas, ni pourquoi tu vas, entre partout, réponds à tout. On ne te tuera pas plus que si tu étais cadavre'. Au matin j'avais le regard si perdu et la contenance si morte, que ceux que j'ai rencontrés *ne m'ont peut-être pas vu.*

Dans les villes la boue m'apparaissait soudainement rouge et noire, comme une glace quand la lampe circule dans la chambre voisine, comme un trésor dans la forêt! Bonne chance, criais-je, et je voyais une mer de flammes et de fumée au ciel; et, à gauche, à droite, toutes les richesses flambant comme un milliard de tonnerres.

Mais l'orgie et la camaraderie des femmes m'étaient interdites. Pas même un compagnon. Je me voyais devant une foule exaspérée, en face du peloton d'exécution, pleurant du malheur qu'ils n'aient pu comprendre, et pardonnant! — Comme Jeanne d'Arc! — 'Prêtres, professeurs, maîtres, vous vous trompez en me livrant à la justice. Je n'ai jamais été de ce peuple-ci; je n'ai jamais été chrétien; je suis de la race qui chantait dans le supplice; je ne comprends pas les lois; je n'ai pas le sens moral, je suis une brute: vous vous trompez...'

Oui, j'ai les yeux fermés à votre lumière. Je suis une bête, un nègre. Mais je puis être sauvé. Vous êtes de faux nègres, vous maniaques, féroces, avares. Marchand, tu es nègre; magistrat, tu es nègre; général, tu es nègre; empereur, vieille démangeaison, tu es nègre: tu as bu d'une liqueur non taxée, de la fabrique de Satan. — Ce peuple est inspiré par la fièvre et le cancer. Infirmes et vieillards sont tellement respectables qu'ils demandent à être bouillis. — Le plus malin est de quitter ce continent, où la folie rôde pour pourvoir d'otages ces misérables. J'entre au vrai royaume des enfants de Cham.

Connais-je encore la nature? me connais-je? — *Plus de mots.*

H

J'ensevelis les morts dans mon ventre. Cris, tambour, danse, danse, danse, danse! Je ne vois même pas l'heure où, les blancs débarquant, je tomberai au néant.

Faim, soif, cris, danse, danse, danse, danse!

Une Saison en Enfer

MATIN

N'EUS-JE pas *une fois* une jeunesse aimable, héroïque, fabuleuse, à écrire sur des feuilles d'or, — trop de chance! Par quel crime, par quelle erreur, ai-je mérité ma faiblesse actuelle? Vous qui prétendez que des bêtes poussent des sanglots de chagrin, que des malades désespèrent, que des morts rêvent mal, tâchez de raconter ma chute et mon sommeil. Moi, je ne puis pas plus m'expliquer que le mendiant avec ses continuels *Pater* et *Ave Maria*. *Je ne sais plus parler!*

Pourtant, aujourd'hui, je crois avoir fini la relation de mon enfer. C'était bien l'enfer; l'ancien, celui dont le fils de l'homme ouvrit les portes.

Du même désert, à la même nuit, toujours mes yeux las se réveillent à l'étoile d'argent, toujours, sans que s'émeuvent les Rois de la vie, les trois mages, le cœur, l'âme, l'esprit. Quand irons-nous, par delà les grèves et les monts, saluer la naissance du travail nouveau, la sagesse nouvelle, la fuite des tyrans et des démons, la fin de la superstition, adorer — les premiers! — Noël sur la terre!

Le chant des cieux, la marche des peuples! Esclaves, ne maudissons pas la vie.

Une Saison en Enfer

ADIEU

L'AUTOMNE déjà! — Mais pourquoi regretter un éternel soleil, si nous sommes engagés à la découverte de la clarté divine, — loin des gens qui meurent sur les saisons.

L'automne. Notre barque élevée dans les brumes immobiles
tourne vers le port de la misère, la cité énorme au ciel taché de
feu et de boue. Ah! les haillons pourris, le pain trempé de
pluie, l'ivresse, les mille amours qui m'ont crucifié! Elle ne
finira donc point cette goule reine de millions d'âmes et de
corps morts *et qui seront jugés*! Je me revois la peau rongée par
la boue et la peste, des vers plein les cheveux et les aisselles et
encore de plus gros vers dans le cœur, étendu parmi les in-
connus sans âge, sans sentiment... J'aurais pu y mourir...
L'affreuse évocation! J'exècre la misère.

Et je redoute l'hiver parce que c'est la saison du comfort!
— Quelquefois je vois au ciel des plages sans fin couvertes de
blanches nations en joie. Un grand vaisseau d'or, au-dessus de
moi, agite ses pavillons multicolores sous les brises du matin.
J'ai créé toutes les fêtes, tous les triomphes, tous les drames.
J'ai essayé d'inventer de nouvelles fleurs, de nouveaux astres,
de nouvelles chairs, de nouvelles langues. J'ai cru acquérir des
pouvoirs surnaturels. Eh bien! je dois enterrer mon imagina-
tion et mes souvenirs! Une belle gloire d'artiste et de conteur
emportée!

Moi! moi qui me suis dit mage ou ange, dispensé de toute
morale, je suis rendu au sol, avec un devoir à chercher, et la
réalité rugueuse à étreindre! Paysan!

Suis-je trompé? la charité serait-elle sœur de la mort, pour
moi?

Enfin, je demanderai pardon pour m'être nourri de men-
songe. Et allons.

Mais pas une main amie! et où puiser le secours?

———————

Oui, l'heure nouvelle est au moins très-sévère.

Car je puis dire que la victoire m'est acquise: les grincements
de dents, les sifflements de feu, les soupirs empestés se
modèrent. Tous les souvenirs immondes s'effacent. Mes
derniers regrets détalent, — des jalousies pour les mendiants,

les brigands, les amis de la mort, les arriérés de toutes sortes. —
Damnés, si je me vengeais!

Il faut être absolument moderne.

Point de cantiques: tenir le pas gagné. Dure nuit! le sang
séché fume sur ma face, et je n'ai rien derrière moi, que cet
horrible arbrisseau!... Le combat spirituel est aussi brutal
que la bataille d'hommes; mais la vision de la justice est le
plaisir de Dieu seul.

Cependant c'est la veille. Recevons tous les influx de
vigueur et de tendresse réelle. Et à l'aurore, armés d'une
ardente patience, nous entrerons aux splendides villes.

Que parlais-je de main amie! Un bel avantage, c'est que je
puis rire des vieilles amours mensongères, et frapper de honte
ces couples menteurs, — j'ai vu l'enfer des femmes là-bas; —
et il me sera loisible de *posséder la vérité dans une âme et un corps.*

avril–août, 1873
Une Saison en Enfer

JEAN MORÉAS

STANCES

Ne dites pas: la vie est un joyeux festin;
Ou c'est d'un esprit sot ou c'est d'une âme basse.
Surtout ne dites point: elle est malheur sans fin;
C'est d'un mauvais courage et qui trop tôt se lasse.

Riez comme au printemps s'agitent les rameaux,
Pleurez comme la bise ou le flot sur la grève,
Goûtez tous les plaisirs et souffrez tous les maux;
Et dites: c'est beaucoup et c'est l'ombre d'un rêve.

Premier Livre, XI

Ah, fuyez à présent, malheureuses pensées,
        O colère, ô remords,
Souvenirs qui m'avez les deux tempes pressées
        De l'étreinte des morts;

Sentiers de mousse pleins, vaporeuses fontaines,
        Grottes profondes, voix
Des oiseaux et du vent, lumières incertaines
        Des sauvages sous-bois;

Insectes, animaux, larves, beauté future,
        Grouillant et fourmillant;
Ne me repousse pas, ô divine Nature,
        Je suis ton suppliant.

Troisième Livre, VIII

Le coq chante là-bas; un faible jour tranquille
        Blanchit autour de moi;
Une dernière flamme aux portes de la ville
        Brille au mur de l'octroi.

O mon second berceau, Paris, tu dors encore
  Quand je suis éveillé
Et que j'entends le pouls de mon grand cœur sonore
  Sombre et dépareillé.

Que veut-il, que veut-il, ce cœur? malgré la cendre
  Du temps, malgré les maux,
Pense-t-il reverdir, comme la tige tendre
  Se couvre de rameaux?

        Quatrième Livre, I

Quand je viendrai m'asseoir dans le vent, dans la nuit,
  Au bout du rocher solitaire,
Que je n'entendrai plus, en t'écoutant, le bruit
  Que fait mon cœur sur cette terre,

Ne te contente pas, Océan, de jeter
  Sur mon visage un peu d'écume:
D'un coup de lame alors il te faut m'emporter
  Pour dormir dans ton amertume.

        Cinquième Livre, XII

Hélas! cœur trop humain, homme de peu de foi,
Aux regards éblouis d'une lumière en fête,
Tu ne sauras jamais comme elle éclaire en moi,
L'ombre que cette allée au noir feuillage jette!

        Sixième Livre, XII

JULES LAFORGUE

COMPLAINTE
de l'oubli des morts

MESDAMES et Messieurs,
Vous dont la mère est morte.
C'est le bon fossoyeux
Qui gratte à votre porte.

Les morts
C'est sous terre;
Ça n'en sort
Guère.

Vous fumez dans vos bocks,
Vous soldez quelque idylle,
Là-bas chante le coq,
Pauvres morts hors des villes!

Grand-papa se penchait,
Là, le doigt sur la tempe,
Sœur faisait du crochet,
Mère montait la lampe.

Les morts
C'est discret,
Ça dort
Trop au frais.

Vous avez bien dîné,
Comment va cette affaire?
Ah! les petits morts-nés
Ne se dorlotent guère!

Notez, d'un trait égal,
Au livre de la caisse,
Entre deux frais de bal:
Entretien tombe et messe.

C'est gai,
Cette vie;
Hein, ma mie,
O gué?

Mesdames et Messieurs,
Vous dont la sœur est morte,
Ouvrez au fossoyeux
Qui claque à votre porte;

Si vous n'avez pitié,
Il viendra (sans rancune)
Vous tirer par les pieds,
Une nuit de grand'lune!

Importun
Vent qui rage!
Les défunts?
Ça voyage...

Les Complaintes

L'HIVER QUI VIENT

BLOCUS sentimental! Messageries du Levant!...
Oh, tombée de la pluie! Oh! tombée de la nuit,
Oh! le vent!...
La Toussaint, la Noël et la Nouvelle Année,
Oh, dans les bruines, toutes mes cheminées!...
D'usines...

On ne peut plus s'asseoir, tous les bancs sont mouillés;
Crois-moi, c'est bien fini jusqu'à l'année prochaine,
Tous les bancs sont mouillés, tant les bois sont rouillés,
Et tant les cors ont fait ton ton, ont fait ton taine!...

Ah ! nuées accourues des côtes de la Manche,
Vous nous avez gâté notre dernier dimanche.

Il bruine ;
Dans la forêt mouillée, les toiles d'araignées
Ploient sous les gouttes d'eau, et c'est leur ruine.
Soleils plénipotentiaires des travaux en blonds Pactoles
Des spectacles agricoles,
   Où êtes-vous ensevelis ?
Ce soir un soleil fichu gît au haut du coteau,
Gît sur le flanc, dans les genêts, sur son manteau.
Un soleil blanc comme un crachat d'estaminet
Sur une litière de jaunes genêts,
De jaunes genêts d'automne.
Et les cors lui sonnent !
Qu'il revienne ...
Qu'il revienne à lui !
Taïaut ! Taïaut ! et hallali !
O triste antienne, as-tu fini ! ...
Et font les fous ! ...
Et il gît là, comme une glande arrachée dans un cou,
Et il frissonne, sans personne ! ...

Allons, allons, et hallali !
C'est l'Hiver bien connu qui s'amène ;
Oh ! les tournants des grandes routes,
Et sans petit Chaperon Rouge qui chemine ! ...
Oh ! leurs ornières des chars de l'autre mois,
Montant en don quichottesques rails
Vers les patrouilles des nuées en déroute
Que le vent malmène vers les transatlantiques bercails ! ...
Accélérons, accélérons, c'est la saison bien connue, cette fois.
Et le vent, cette nuit, il en a fait de belles !
O dégâts, ô nids, ô modestes jardinets !
Mon cœur et mon sommeil : ô échos des cognées ! ...

Tous ces rameaux avaient encor leurs feuilles vertes,
Les sous-bois ne sont plus qu'un fumier de feuilles mortes;
Feuilles, folioles, qu'un bon vent vous emporte
Vers les étangs par ribambelles,
Ou pour le feu du garde-chasse,
Ou les sommiers des ambulances
Pour les soldats loin de la France.

C'est la saison, c'est la saison, la rouille envahit les masses,
La rouille ronge en leurs spleens kilométriques
Les fils télégraphiques des grandes routes où nul ne passe.

Les cors, les cors, les cors — mélancoliques !...
Mélancoliques !...
S'en vont, changeant de ton,
Changeant de ton et de musique,
Ton ton, ton taine, ton ton !...
Les cors, les cors, les cors !...
S'en sont allés au vent du Nord.

Je ne puis quitter ce ton: que d'échos !...
C'est la saison, c'est la saison, adieu vendanges !...
Voici venir les pluies d'une patience d'ange,
Adieu vendanges, et adieu tous les paniers,
Tous les paniers Watteau des bourrées sous les marronniers,
C'est la toux dans les dortoirs du lycée qui rentre,
C'est la tisane sans le foyer,
La phtisie pulmonaire attristant le quartier,
Et toute la misère des grands centres.

Mais, lainages, caoutchoucs, pharmacie, rêve,
Rideaux écartés du haut des balcons des grèves
Devant l'océan de toitures des faubourgs,
Lampes, estampes, thé, petits-fours,
Serez-vous pas mes seules amours !...
(Oh ! et puis, est-ce que tu connais, outre les pianos,
Le sobre et vespéral mystère hebdomadaire
Des statistiques sanitaires
Dans les journaux?)

Non, non ! c'est la saison et la planète falote !
Que l'autan, que l'autan
Effiloche les savates que le Temps se tricote !
C'est la saison, oh déchirements ! c'est la saison !
Tous les ans, tous les ans,
J'essaierai en chœur d'en donner la note.

Derniers Vers

SIMPLE AGONIE

O PARIA ! — Et revoici les sympathies de mai.
Mais tu ne peux que te répéter, ô honte !
Et tu te gonfles et ne crèves jamais.
Et tu sais fort bien, ô paria,
Que ce n'est pas du tout ça.

Oh ! que
Devinant l'instant le plus seul de la nature,
Ma mélodie, toute et unique, monte,
Dans le soir et redouble, et fasse tout ce qu'elle peut
Et dise la chose qu'est la chose,
Et retombe, et reprenne,
Et fasse de la peine,
O solo de sanglots,

Et reprenne et retombe
Selon la tâche qui lui incombe.
Oh ! que ma musique
Se crucifie,
Selon sa photographie
Accoudée et mélancolique !...

Il faut trouver d'autres thèmes,
Plus mortels et plus suprêmes.
Oh ! bien, avec le monde tel quel,
Je vais me faire un monde plus mortel !

Les âmes y seront à musique,
Et tous les intérêts puérilement charnels,
O fanfares dans les soirs,
Ce sera barbare,
Ce sera sans espoir.

Enquêtes, enquêtes,
Seront l'unique fête !
Qui m'en défie?
J'entasse sur mon lit, les journaux, linge sale,
Dessins de mode, photographies quelconques,
Toute la capitale,
Matrice sociale.

Que nul n'intercède,
Ce ne sera jamais assez,
Il n'y a qu'un remède,
C'est de tout casser.

O fanfares dans les soirs !
Ce sera barbare,
Ce sera sans espoir.
Et nous aurons beau la piétiner à l'envi,
Nous ne serons jamais plus cruels que la vie,
Qui fait qu'il est des animaux injustement rossés,
Et des femmes à jamais laides ...
Que nul n'intercède,
Il faut tout casser.

Alléluia, Terre paria.
Ce sera sans espoir,
De l'aurore au soir,
Quand il n'y en aura plus il y en aura encore,
Du soir à l'aurore.
Alléluia, Terre paria !
Les hommes de l'art
Ont dit: 'Vrai, c'est trop tard.'
Pas de raison,
Pour ne pas activer sa crevaison.

Aux armes, citoyens! Il n'y a plus de RAISON:

Il prit froid l'autre automne,
S'étant attardé vers les peines des cors,
Sur la fin d'un beau jour.
Oh! ce fut pour vos cors, et ce fut pour l'automne,
Qu'il nous montra qu' 'on meurt d'amour'!
On ne le verra plus aux fêtes nationales,
S'enfermer dans l'Histoire et tirer les verrous,
Il vint trop tôt, il est reparti sans scandale;
O vous qui m'écoutez, rentrez chacun chez vous.

Derniers Vers

MAURICE MAETERLINCK

REGARDS

O CES regards pauvres et las !
Et les vôtres et les miens !
Et ceux qui ne sont plus et ceux qui vont venir !
Et ceux qui n'arriveront jamais et qui existent cependant !
Il y en a qui semblent visiter des pauvres un dimanche ;
Il y en a comme des malades sans maison ;
Il y en a comme des agneaux dans une prairie couverte de
 linges.
Et ces regards insolites !

Il y en a sous la voûte desquels on assiste à l'exécution d'une
 vierge dans une salle close,
Et ceux qui font songer à des tristesses ignorées !
A des paysans aux fenêtres de l'usine,
A un jardinier devenu tisserand,
A une après-midi d'été dans un musée de cires.
Aux idées d'une reine qui regarde un malade dans le jardin.
A une odeur de camphre dans la forêt,
A enfermer une princesse dans une tour, un jour de fête,
A naviguer toute une semaine sur un canal tiède.

Ayez pitié de ceux qui sortent à petits pas comme des con-
 valescents dans la moisson !
Ayez pitié de ceux qui ont l'air d'enfants égarés à l'heure du
 repas !
Ayez pitié des regards du blessé vers le chirurgien,
Pareils à des tentes sous l'orage !
Ayez pitié des regards de la vierge tentée !
(Oh ! des fleuves de lait vont fuir dans les ténèbres !
Et les cygnes sont morts au milieu des serpents !)

Et de ceux de la vierge qui succombe !

Princesses abandonnées en des marécages sans issues !

Et ces yeux où s'éloignent à pleines voiles des navires illuminés
dans la tempête !

Et le pitoyable de tous ces regards qui souffrent de n'être pas
ailleurs !

Et tant de souffrances presque indistinctes et si diverses cepen-
dant !

Et ceux que nul ne comprendra jamais !

Et ces pauvres regards presque muets !

Et ces pauvres regards qui chuchotent !

Et ces pauvres regards étouffés !

Au milieu des uns on croit être dans un château qui sert
d'hôpital !

Et tant d'autres ont l'air de tentes, lys des guerres, sur la petite
pelouse du couvent !

Et tant d'autres ont l'air de blessés soignés dans une serre
chaude !

Et tant d'autres ont l'air de sœurs de charité sur une Atlantique
sans malades !

Oh ! avoir vu tous ces regards !

Avoir admis tous ces regards !

Et avoir épuisé les miens à leur rencontre !

Et désormais ne pouvoir plus fermer les yeux !

Serres Chaudes

SERRE CHAUDE

O SERRE au milieu des forêts !

Et vos portes à jamais closes !

Et tout ce qu'il y a sous votre coupole !

Et sous mon âme en vos analogies !

Les pensées d'une princesse qui a faim,
L'ennui d'un matelot dans le désert,
Une musique de cuivre aux fenêtres des incurables.

Allez aux angles les plus tièdes!
On dirait une femme évanouie un jour de moisson,
Il y a des postillons dans la cour de l'hospice;
Au loin, passe un chasseur d'élans, devenu infirmier.

Examinez au clair de lune!
(Oh rien n'y est à sa place!)
On dirait une folle devant les juges,
Un navire de guerre à pleines voiles sur un canal,
Des oiseaux de nuit sur des lys,
Un glas vers midi,
(Là-bas sous ces cloches!)
Une étape de malades dans la prairie,
Une odeur d'éther un jour de soleil.

Mon Dieu! mon Dieu! quand aurons-nous la pluie.
Et la neige et le vent dans la serre!

Serres Chaudes

HENRI DE RÉGNIER

ODELETTE

Un petit roseau m'a suffi
Pour faire frémir l'herbe haute
Et tout le pré
Et les doux saules
Et le ruisseau qui chante aussi;
Un petit roseau m'a suffi
A faire chanter la fôret.

Ceux qui passent l'ont entendu
Au fond du soir, en leurs pensées,
Dans le silence et dans le vent,
Clair ou perdu,
Proche ou lointain ...
Ceux qui passent en leurs pensées
En écoutant, au fond d'eux-mêmes,
L'entendront encore et l'entendent
Toujours qui chante.

Il m'a suffi
De ce petit roseau cueilli
A la fontaine où vint l'Amour
Mirer, un jour,
Sa face grave
Et qui pleurait,
Pour faire pleurer ceux qui passent
Et trembler l'herbe et frémir l'eau;
Et j'ai, du souffle d'un roseau,
Fait chanter toute la forêt.

Les Jeux rustiques et divins

SUR LA GRÈVE

COUCHE-TOI sur la grève et prends en tes deux mains,
Pour le laisser couler ensuite, grain par grain,
De ce beau sable blond que le soleil fait d'or;
Puis, avant de fermer les yeux, contemple encor
La mer harmonieuse et le ciel transparent,
Et, quand tu sentiras, peu à peu, doucement,
Que rien ne pèse plus à tes mains plus légères,
Avant que de nouveau tu rouvres tes paupières,
Songe que notre vie à nous emprunte et mêle
Son sable fugitif à la grève éternelle.

Les Médailles d'argile

LE SECRET

PRENDS garde. Si tu veux parler à ma tristesse,
Ne lui demande pas le secret de mes pleurs,
Ni pourquoi son regard se détourne et s'abaisse
Et se fixe longtemps sur le pavé sans fleurs.

Pour distraire son mal, sa peine et son silence,
N'évoque de l'oubli taciturne et glacé
Nul fantôme d'amour, d'orgueil ou d'espérance
Dont le visage obscur soit l'ombre du passé.

Parle-lui du soleil, des arbres, des fontaines,
De la mer lumineuse et du bois ténébreux
D'où monte dans le ciel la lune souterraine,
Et de tout ce qu'on voit quand on ouvre les yeux.

Dis-lui que le printemps porte toujours des roses
En lui prenant les mains doucement, et tout bas,
Car la forme, l'odeur et la beauté des choses
Sont le seul souvenir dont on ne souffre pas.

La Sandale ailée

CONTRERIMES

XL

L'Immortelle, et l'œillet de mer
    Qui pousse dans le sable,
La pervenche trop périssable,
    Ou ce fenouil amer

Qui craquait sous la dent des chèvres,
    Ne vous en souvient-il,
Ni de la brise au sel subtil
    Qui nous brûlait aux lèvres?

XLIV

Vous qui retournez du Cathai
    Par les Messageries,
Quand vous berçaient à leurs féeries
    L'opium ou le thé,

Dans un palais d'aventurine
    Où se mourait le jour,
Avez-vous vu Boudroulboudour,
    Princesse de la Chine,

Plus blanche en son pantalon noir
    Que nacre sous l'écaille?
Au clair de lune, Jean Chicaille,
    Vous est-il venu voir,

En pleurant comme l'asphodèle
    Aux îles d'Ouac-Wac,
Et jurer de coudre en un sac
    Son épouse infidèle,

Mais telle qu'à travers le vent
   Des mers sur le rivage
S'envole et brille un paon sauvage
   Dans le soleil levant?

XLVI

DOUCE plage où naquit mon âme;
   Et toi, savane en fleurs
Que l'Océan trempe de pleurs
   Et le soleil de flamme;

Douce aux ramiers, douce aux amants,
   Toi de qui la ramure
Nous charmait d'ombre et de murmure,
   Et de roucoulements;

Où j'écoute frémir encore
   Un aveu tendre et fier —
Tandis qu'au loin riait la mer
   Sur le corail sonore.

LXIII

Toute allégresse a son défaut
   Et se brise elle-même.
Si vous voulez que je vous aime,
   Ne riez pas trop haut.

C'est à voix basse qu'on enchante
   Sous la cendre d'hiver
Ce cœur, pareil au feu couvert,
   Qui se consume et chante.

LXX

La vie est plus vaine une image
   Que l'ombre sur le mur.
Pourtant l'hiéroglyphe obscur
   Qu'y trace ton passage

M'enchante, et ton rire pareil
   Au vif éclat des armes;
Et jusqu'à ces menteuses larmes
   Qui miraient le soleil.

Mourir non plus n'est ombre vaine.
   La nuit, quand tu as peur,
N'écoute pas battre ton cœur:
   C'est une étrange peine.

ROMANCE SANS MUSIQUE

En Arles.

Dans Arle, où sont les Aliscams,
Quand l'ombre est rouge, sous les roses,
   Et clair le temps,

Prends garde à la douceur des choses,
Lorsque tu sens battre sans cause
   Ton cœur trop lourd;

Et que se taisent les colombes:
Parle tout bas, si c'est d'amour,
   Au bord des tombes.

FRANCIS JAMMES

J'ALLAIS DANS LE VERGER...

J'ALLAIS dans le verger où les framboises au soleil
chantent sous l'azur à cause des mouches à miel.
C'est d'un âge très jeune que je vous parle.
Près des montagnes je suis né, près des montagnes.
Et je sens bien maintenant que dans mon âme
il y a de la neige, des torrents couleur de givre
et de grands pics cassés où il y a des oiseaux
de proie qui planent dans un air qui rend ivre,
dans un vent qui fouette les neiges et les eaux.

Oui, je sens bien que je suis comme les montagnes.
Ma tristesse a la couleur de gentianes qui y croissent.
Je dus avoir, dans ma famille, des herborisateurs
naïfs, avec des boîtes couleur d'insecte vert,
qui, par les après-midi d'horrible chaleur,
s'enfonçaient dans l'ombre glacée des forêts,
à la recherche d'échantillons précieux
qu'ils n'eussent point échangés pour les vieux
trésors des magiciens des Bagdads merveilleuses
où les jets d'eau ont des fraîcheurs endormeuses.
Mon amour a la tendresse d'un arc-en-ciel
après une pluie d'avril où chante le soleil.
Pourquoi ai-je l'existence que j'ai ?... N'étais-je fait
pour vivre sur les sommets, dans l'éparpillement
de neige des troupeaux, avec un haut bâton,
à l'heure où on est grandi par la paix du jour qui tombe ?

De l'Angélus de l'Aube à l'Angélus du Soir

IL VA NEIGER...

Il va neiger dans quelques jours. Je me souviens
de l'an dernier. Je me souviens de mes tristesses
au coin du feu. Si l'on m'avait demandé: qu'est-ce?
J'aurais dit: laissez-moi tranquille. Ce n'est rien.

J'ai bien réfléchi, l'année avant, dans ma chambre,
pendant que la neige lourde tombait dehors.
J'ai réfléchi pour rien. A présent comme alors
je fume une pipe en bois avec un bout d'ambre.

Ma vieille commode en chêne sent toujours bon.
Mais moi j'étais bête parce que tant de choses
ne pouvaient pas changer et que c'est une pose
de vouloir chasser les choses que nous savons.

Pourquoi donc pensons-nous et parlons-nous? C'est drôle
nos larmes et nos baisers, eux, ne parlent pas
et cependant nous les comprenons, et les pas
d'un ami sont plus doux que de douces paroles.

On a baptisé les étoiles sans penser
qu'elles n'avaient pas besoin de nom, et les nombres
qui prouvent que les belles comètes dans l'ombre
passeront, ne les forceront pas à passer.

Et maintenant même, où sont mes vieilles tristesses
de l'an dernier? A peine si je m'en souviens.
Je dirais: Laissez-moi tranquille, ce n'est rien,
si dans ma chambre on venait me demander: qu'est-ce?

De l'Angélus de l'Aube à l'Angélus du Soir

GUADALUPE DE ALCARAZ

GUADALUPE de Alcaraz a des mitaines d'or,
des fleurs de grenadier suspendues aux oreilles
et deux accroche-cœurs pareils à deux énormes
cédilles plaqués sur son front lisse de vierge.

Ses yeux sont dilatés comme par quelque drogue
(on dit qu'on employait jadis la belladone);
ils sont passionnés, étonnés et curieux,
et leurs prunelles noires roulent dans du blanc-bleu.

Le nez est courbe et court comme le bec des cailles.
Elle est dure, dorée, ronde comme une grenade.
Elle s'appelle aussi Rosita-Maria,
mais elle appelle sa duègne: carogna!

Toute la journée elle mange du chocolat,
ou bien elle se dispute avec sa perruche
dans un jardin de la Vallée d'Alméria
plein de ciboules bleues, de poivriers et de ruches.

*

Lorsque Guadalupe qui a dix-sept ans
en aura quatre-vingts, elle s'en ira souvent
dans le jardin aux forts parfums, aux fleurs gluantes,
jouer de la guitare avec de petits gants.

Elle aura le nez crochu et le menton croche,
les yeux troubles des vieux enfants, la maigreur courbe,
et une chaîne d'or à longues émeraudes
qui, roide, tombera de son col de vautour.

D'un martinet géant et qui sera sa canne,
elle battra les chats, les enfants et les mouches.
Pour ne pas répondre, elle serrera la bouche.
Elle aura sur la lèvre une moustache rase.

Elle aura dans sa chambre une Vierge sous globe,
gantée de blanc, avec de l'argent sur la robe.
Cette Vierge de cire sera sa patronne,
c'est-à-dire Notre-Dame-de-Guadalupe.

Lorsque Guadalupe de Alcaraz mourra,
de gros hidalgos pareils à des perroquets
prieront devant ses pieds minces et parallèles,
en ayant l'air d'ouvrir et de fermer les ailes.

Le Deuil des Primevères

PAUL CLAUDEL

O MON âme! le poème n'est point fait de ces lettres que je plante comme des clous, mais du blanc qui reste sur le papier.

O mon âme, il ne faut concerter aucun plan! ô mon âme sauvage, il faut nous tenir libres et prêts,

Comme les immenses bandes fragiles d'hirondelles quand sans voix retentit l'appel automnal!

O mon âme impatiente, pareille à l'aigle sans art! comment ferions-nous pour ajuster aucun vers? à l'aigle qui ne sait pas faire son nid même?

Que mon vers ne soit rien d'esclave! mais tel que l'aigle marin qui s'est jeté sur un grand poisson,

Et l'on ne voit rien qu'un éclatant tourbillon d'ailes et l'éclaboussement de l'écume!

Mais vous ne m'abandonnerez point, ô Muses modératrices.

Cinq Grandes Odes

LA   VIERGE   A   MIDI

Il est midi. Je vois l'église ouverte. Il faut entrer.
Mère de Jésus-Christ, je ne viens pas prier.

Je n'ai rien à offrir et rien à demander.
Je viens seulement, Mère, pour vous regarder.

Vous regarder, pleurer de bonheur, savoir cela
Que je suis votre fils et que vous êtes là.

Rien que pour un moment pendant que tout s'arrête.
Midi!
Etre avec vous, Marie, en ce lieu où vous êtes.

Ne rien dire, regarder votre visage,
Laisser le cœur chanter dans son propre langage,

Ne rien dire, mais seulement chanter parce qu'on a le cœur
　　trop plein,
Comme le merle qui suit son idée en ces espèces de couplets
　　soudains.

Parce que vous êtes belle, parce que vous êtes immaculée,
La femme dans la Grâce enfin restituée.

La créature dans son honneur premier et dans son épanouisse-
　　ment final,
Telle qu'elle est sortie de Dieu au matin de sa splendeur
　　originale.

Intacte ineffablement parce que vous êtes la Mère de Jésus-
　　Christ,
Qui est la vérité entre vos bras, et la seule espérance et le
　　seul fruit.

Parce que vous êtes la femme, l'Eden de l'ancienne tendresse
　　oubliée,
Dont le regard trouve le cœur tout à coup et fait jaillir les
　　larmes accumulées,

Parce que vous m'avez sauvé, parce que vous avez sauvé la
　　France,
Parce qu'elle aussi, comme moi, pour vous fut cette chose à
　　laquelle on pense,

Parce qu'à l'heure où tout craquait, c'est alors que vous
　　êtes intervenue,
Parce que vous avez sauvé la France une fois de plus,
Parce qu'il est midi, parce que nous sommes en ce jour
　　d'aujourd'hui,

Parce que vous êtes là pour toujours, simplement parce que
  vous êtes Marie, simplement parce que vous existez,
Mère de Jésus-Christ, soyez remerciée !

Poèmes de Guerre

BALLADE

LES négociateurs de Tyr et ceux-là qui vont à leurs affaires
  aujourd'hui sur l'eau dans de grandes imaginations
  mécaniques,
Ceux que le mouchoir par les ailes de cette mouette encore
  accompagne quand le bras qui l'agitait a disparu,
Ceux à qui leur vigne et leur champ ne suffisaient pas, mais
  Monsieur avait son idée personnelle sur l'Amérique,
Ceux qui sont partis pour toujours et qui n'arriveront pas
  non plus,
Tous ces dévoreurs de la distance, c'est la mer elle-même à
  présent qu'on leur sert, penses-tu qu'ils en auront assez ?
Qui une fois y a mis les lèvres ne lâche point facilement la
  coupe :
Ce sera long d'en venir à bout, mais on peut tout de même
  essayer :

  Il n'y a que la première gorgée qui coûte.

Équipages des bâtiments torpillés dont on voit les noms dans
  les statistiques,
Garnisons des cuirassés tout à coup qui s'en vont par le plus
  court à la terre,
Patrouilleurs de chalutiers poitrinaires, pensionnaires de
  sous-marins ataxiques,
Et tout ce que décharge un grand transport pêle-mêle quand
  il se met la quille en l'air,
Pour eux tous voici le devoir autour d'eux à la mesure de cet
  horizon circulaire.
C'est la mer qui se met en mouvement vers eux, plus besoin
  d'y chercher sa route.

Il n'y a qu'à ouvrir la bouche toute grande et à se laisser faire:

Ce n'est que la première gorgée qui coûte.

Qu'est-ce qu'ils disaient, la dernière nuit, les passagers des
    grands transatlantiques,
La nuit même avant le dernier jour où le sans-fil a dit: 'Nous
    sombrons!'
Pendant que les émigrants de troisième classe là-bas faisaient
    timidement un peu de musique
Et que la mer inlassablement montait et redescendait à chaque
    coupée du salon?
'Les choses qu'on a une fois quittées, à quoi bon leur garder
    son cœur?
'Qui voudrait que la vie recommence quand il sait qu'elle est
    finie toute?
'Retrouver ceux qu'on aime serait bon, mais l'oubli est encore
    meilleur:

Il n'y a que la première gorgée qui coûte.'

Envoi

Rien que la mer à chaque côté de nous, rien que cela qui
    monte et qui descend!
Assez de cette épine continuelle dans le cœur, assez de ces
    journées goutte à goutte!
Rien que la mer éternelle pour toujours, et tout à la fois d'un
    seul coup! la mer et nous sommes dedans!

Il n'y a que la première gorgée qui coûte.

Feuilles de Saints

En mer, janvier 1917

SALUT donc, ô monde nouveau à mes yeux, ô monde main-
tenant total!

    O credo entier des choses visibles et invisibles, je vous
accepte avec un cœur catholique!

Où que je tourne la tête

J'envisage l'immense octave de la Création !

Le monde s'ouvre et, si large qu'en soit l'empan, mon regard le traverse d'un bout à l'autre.

J'ai pesé le soleil ainsi qu'un gros mouton que deux hommes forts suspendent à une perche entre leurs épaules.

J'ai recensé l'armée des Cieux et j'en ai dressé état,

Depuis les grandes Figures qui se penchent sur le vieillard Océan

Jusqu'au feu le plus rare englouti dans le plus profond abîme,

Ainsi que le Pacifique bleu-sombre où le baleinier épie l'évent d'un souffleur comme un duvet blanc.

Vous êtes pris et d'un bout du monde jusqu'à l'autre autour de Vous

J'ai tendu l'immense rets de ma connaissance.

Comme la phrase qui prend aux cuivres

Gagne les bois et progressivement envahit les profondeurs de l'orchestre,

Et comme les éruptions du soleil

Se répercutent sur la terre en crises d'eau et en raz de marée,

Ainsi du plus grand Ange qui vous voit jusqu'au caillou de la route et d'un bout de votre création jusqu'à l'autre,

Il ne cesse point continuité, non plus que de l'âme au corps ;

Le mouvement ineffable des Séraphins se propage aux Neuf ordres des Esprits,

Et voici le vent qui se lève à son tour sur la terre, le Semeur, le Moissonneur !

Ainsi l'eau continue l'esprit, et le supporte, et l'alimente,
Et entre

Toutes vos créatures jusqu'à vous il y a comme un lien liquide.

Cinq Grandes Odes

PAUL VALÉRY

L'ABEILLE

QUELLE, et si fine, et si mortelle
Que soit ta pointe, blonde abeille,
Je n'ai, sur ma tendre corbeille,
Jeté qu'un songe de dentelle.

Pique du sein la gourde belle,
Sur qui l'Amour meurt ou sommeille,
Qu'un peu de moi-même vermeille
Vienne à la chair ronde et rebelle !

J'ai grand besoin d'un prompt tourment:
Un mal vif et bien terminé
Vaut mieux qu'un supplice dormant !

Soit donc mon sens illuminé
Par cette infime alerte d'or
Sans qui l'Amour meurt ou s'endort !

Charmes

LES GRENADES

DURES grenades entr'ouvertes
Cédant à l'excès de vos grains,
Je crois voir des fronts souverains
Éclatés de leurs découvertes !

Si les soleils par vous subis,
O grenades entre-bâillées,
Vous ont fait d'orgueil travaillées
Craquer les cloisons de rubis,

Et que si l'or sec de l'écorce
A la demande d'une force
Crève en gemmes rouges de jus,

Cette lumineuse rupture
Fait rêver une âme que j'eus
De sa secrète architecture.

Charmes

LE CIMETIÈRE MARIN

Ce toit tranquille, où marchent des colombes,
Entre les pins palpite, entre les tombes;
Midi le juste y compose de feux
La mer, la mer, toujours recommencée!
O récompense après une pensée
Qu'un long regard sur le calme des dieux!

Quel pur travail de fins éclairs consume
Maint diamant d'imperceptible écume,
Et quelle paix semble se concevoir!
Quand sur l'abîme un soleil se repose,
Ouvrages purs d'une éternelle cause,
Le Temps scintille et le Songe est savoir.

Stable trésor, temple simple à Minerve,
Masse de calme, et visible réserve,
Eau sourcilleuse, Œil qui gardes en toi
Tant de sommeil sous un voile de flamme,
O mon silence! ... Édifice dans l'âme,
Mais comble d'or aux mille tuiles, Toit!

Temple du Temps, qu'un seul soupir résume,
A ce point pur je monte et m'accoutume,
Tout entouré de mon regard marin;
Et comme aux dieux mon offrande suprême,
La scintillation sereine sème
Sur l'altitude un dédain souverain.

Comme le fruit se fond en jouissance,
Comme en délice il change son absence
Dans une bouche où sa forme se meurt,
Je hume ici ma future fumée,
Et le ciel chante à l'âme consumée
Le changement des rives en rumeur.

Beau ciel, vrai ciel, regarde-moi qui change !
Après tant d'orgueil, après tant d'étrange
Oisiveté, mais pleine de pouvoir,
Je m'abandonne à ce brillant espace,
Sur les maisons des morts mon ombre passe
Qui m'apprivoise à son frêle mouvoir.

L'âme exposée aux torches du solstice,
Je te soutiens, admirable justice
De la lumière aux armes sans pitié !
Je te rends pure à ta place première :
Regarde-toi !... Mais rendre la lumière
Suppose d'ombre une morne moitié.

O pour moi seul, à moi seul, en moi-même,
Auprès d'un cœur, aux sources du poème,
Entre le vide et l'événement pur,
J'attends l'écho de ma grandeur interne,
Amère, sombre et sonore citerne,
Sonnant dans l'âme un creux toujours futur !

Sais-tu, fausse captive des feuillages,
Golfe mangeur de ces maigres grillages,
Sur mes yeux clos, secrets éblouissants,
Quel corps me traîne à sa fin paresseuse,
Quel front l'attire à cette terre osseuse ?
Une étincelle y pense à mes absents.

K

Fermé, sacré, plein d'un feu sans matière,
Fragment terrestre offert à la lumière,
Ce lieu me plaît, dominé de flambeaux,
Composé d'or, de pierre et d'arbres sombres,
Où tant de marbre est tremblant sur tant d'ombres;
La mer fidèle y dort sur mes tombeaux!

Chienne splendide, écarte l'idolâtre!
Quand solitaire au sourire de pâtre,
Je pais longtemps, moutons mystérieux,
Le blanc troupeau de mes tranquilles tombes,
Éloignes-en les prudentes colombes,
Les songes vains, les anges curieux!

Ici venu, l'avenir est paresse.
L'insecte net gratte la sécheresse;
Tout est brûlé, défait, reçu dans l'air
A je ne sais quelle sévère essence...
La vie est vaste, étant ivre d'absence,
Et l'amertume est douce, et l'esprit clair.

Les morts cachés sont bien dans cette terre
Qui les réchauffe et sèche leur mystère.
Midi là-haut, Midi sans mouvement
En soi se pense et convient à soi-même...
Tête complète et parfait diadème,
Je suis en toi le secret changement.

Tu n'as que moi pour contenir tes craintes!
Mes repentirs, mes doutes, mes contraintes
Sont le défaut de ton grand diamant...
Mais dans leur nuit toute lourde de marbres,
Un peuple vague aux racines des arbres
A pris déjà ton parti lentement.

Ils ont fondu dans une absence épaisse,
L'argile rouge a bu la blanche espèce,
Le don de vivre a passé dans les fleurs !
Où sont des morts les phrases familières,
L'art personnel, les âmes singulières?
La larve file où se formaient des pleurs.

Les cris aigus des filles chatouillées,
Les yeux, les dents, les paupières mouillées,
Le sein charmant qui joue avec le feu,
Le sang qui brille aux lèvres qui se rendent,
Les derniers dons, les doigts qui les défendent,
Tout va sous terre et rentre dans le jeu !

Et vous, grande âme, espérez-vous un songe
Qui n'aura plus ces couleurs de mensonge
Qu'aux yeux de chair l'onde et l'or font ici?
Chanterez-vous quand serez vaporeuse?
Allez ! Tout fuit ! Ma présence est poreuse,
La sainte impatience meurt aussi !

Maigre immortalité noire et dorée,
Consolatrice affreusement laurée,
Qui de la mort fais un sein maternel,
Le beau mensonge et la pieuse ruse !
Qui ne connaît, et qui ne les refuse,
Ce crâne vide et ce rire éternel !

Pères profonds, têtes inhabitées,
Qui sous le poids de tant de pelletées,
Êtes la terre et confondez nos pas,
Le vrai rongeur, le ver irréfutable
N'est point pour vous qui dormez sous la table,
Il vit de vie, il ne me quitte pas !

Amour, peut-être, ou de moi-même haine?
Sa dent secrète est de moi si prochaine
Que tous les noms lui peuvent convenir!
Qu'importe! Il voit, il veut, il songe, il touche!
Ma chair lui plaît, et jusque sur ma couche,
A ce vivant je vis d'appartenir!

Zénon! Cruel Zénon! Zénon d'Élée!
M'as-tu percé de cette flèche ailée
Qui vibre, vole, et qui ne vole pas!
Le son m'enfante et la flèche me tue!
Ah! le soleil... Quelle ombre de tortue
Pour l'âme, Achille immobile à grands pas!

Non, non!... Debout! Dans l'ère successive
Brisez, mon corps, cette forme pensive!
Buvez, mon sein, la naissance du vent!
Une fraîcheur, de la mer exhalée,
Me rend mon âme... O puissance salée!
Courons à l'onde en rejaillir vivant!

Oui! Grande mer de délires douée,
Peau de panthère et chlamyde trouée
De mille et mille idoles du soleil,
Hydre absolue, ivre de ta chair bleue,
Qui te remords l'étincelante queue
Dans un tumulte au silence pareil,

Le vent se lève!... il faut tenter de vivre!
L'air immense ouvre et referme mon livre,
La vague en poudre ose jaillir des rocs!
Envolez-vous, pages tout éblouies!
Rompez, vagues! Rompez d'eaux réjouies
Ce toit tranquille où picoraient des focs!

Charmes

PALME

De sa grâce redoutable
Voilant à peine l'éclat,
Un ange met sur ma table
Le pain tendre, le lait plat;
Il me fait de la paupière
Le signe d'une prière
Qui parle à ma vision:
— Calme, calme, reste calme!
Connais le poids d'une palme
Portant sa profusion!

Pour autant qu'elle se plie
A l'abondance des biens,
Sa figure est accomplie,
Ses fruits lourds sont ses liens.
Admire comme elle vibre,
Et comme une lente fibre
Qui divise le moment,
Départage sans mystére
L'attirance de la terre
Et le poids du firmament!

Ce bel arbitre mobile
Entre l'ombre et le soleil,
Simule d'une sibylle
La sagesse et le sommeil,
Autour d'une même place
L'ample palme ne se lasse
Des appels ni des adieux ...
Qu'elle est noble, qu'elle est tendre!
Qu'elle est digne de s'attendre
A la seule main des dieux!

L'or léger qu'elle murmure
Sonne au simple doigt de l'air,
Et d'une soyeuse armure
Charge l'âme du désert.
Une voix impérissable
Qu'elle rend au vent de sable
Qui l'arrose de ses grains,
A soi-même sert d'oracle,
Et se flatte du miracle
Que se chantent les chagrins.

Cependant qu'elle s'ignore
Entre le sable et le ciel,
Chaque jour qui luit encore
Lui compose un peu de miel.
Sa douceur est mesurée
Par la divine durée
Qui ne compte pas les jours,
Mais bien qui les dissimule
Dans un suc où s'accumule
Tout l'arome des amours.

Parfois si l'on désespère,
Si l'adorable rigueur
Malgré tes larmes n'opère
Que sous ombre de langueur,
N'accuse pas d'être avare
Une Sage qui prépare
Tant d'or et d'autorité:
Par la sève solennelle
Une espérance éternelle
Monte à la maturité!

Ces jours qui te semblent vides
Et perdus pour l'univers
Ont des racines avides
Qui travaillent les déserts.
La substance chevelue
Par les ténèbres élue
Ne peut s'arrêter jamais,
Jusqu'aux entrailles du monde,
De poursuivre l'eau profonde
Que demandent les sommets.

Patience, patience,
Patience dans l'azur !
Chaque atome de silence
Est la chance d'un fruit mûr !
Viendra l'heureuse surprise :
Une colombe, la brise,
L'ébranlement le plus doux,
Une femme qui s'appuie,
Feront tomber cette pluie
Où l'on se jette à genoux !

Qu'un peuple à présent s'écroule,
Palme ! ... irrésistiblement !
Dans la poudre qu'il se roule
Sur les fruits du firmament !
Tu n'as pas perdu ces heures
Si légère tu demeures
Après ces beaux abandons ;
Pareille à celui qui pense
Et dont l'âme se dépense
A s'accroître de ses dons !

Charmes

CHARLES PÉGUY

Nuit tu es sainte, Nuit tu es grande, Nuit tu es belle.
Nuit au grand manteau.
Nuit je t'aime et je te salue et je te glorifie et tu es ma grande
  fille et ma créature
O belle nuit, nuit au grand manteau, ma fille au manteau
  étoilé
Tu me rappelles, à moi-même tu me rappelles ce grand silence
  qu'il y avait
Avant que j'eusse ouvert les écluses d'ingratitude.
Et tu m'annonces, à moi-même tu m'annonces ce grand silence
  qu'il y aura
Quand je les aurai fermées.
O douce, ô grande, ô sainte, ô belle nuit, peut-être la plus
  sainte de mes filles, nuit à la grande robe, à la robe
  étoilée
Tu me rappelles ce grand silence qu'il y avait dans le monde
Avant le commencement du règne de l'homme.
Tu m'annonces ce grand silence qu'il y aura
Après la fin du règne de l'homme, quand j'aurai repris mon
  sceptre.
Et j'y pense quelquefois d'avance, car cet homme fait vrai-
  ment beaucoup de bruit.
Mais surtout, Nuit, tu me rappelles cette nuit.
Et je me la rappellerai éternellement.
La neuvième heure avait sonné. C'était dans le pays de mon
  peuple d'Israël.
Tout était consommé. Cette énorme aventure.
Depuis la sixième heure il y avait eu des ténèbres sur tout le
  pays, jusqu'à la neuvième heure.
Tout était consommé. Ne parlons plus de cela. Ça me fait
  mal.
Cette incroyable descente de mon fils parmi les hommes.
Chez les hommes.

Pour ce qu'ils en ont fait.

Ces trente ans qu'il fut charpentier chez les hommes.

Ces trois ans qu'il fut une sorte de prédicateur chez les
   hommes.

Un prêtre.

Ces trois jours où il fut une victime chez les hommes.

Parmi les hommes.

Ces trois nuits où il fut un mort chez les hommes.

Parmi les hommes morts.

Ces siècles et ces siècles où il est une hostie chez les hommes.

Tout était consommé, cette incroyable aventure

Par laquelle, moi, Dieu, j'ai les bras liés pour mon éternité.

Cette aventure par laquelle mon Fils m'a lié les bras.

Pour éternellement liant les bras de ma justice, pour éternelle-
   ment déliant les bras de ma miséricorde.

Et contre ma justice inventant une justice même.

Une justice d'amour. Une justice d'Espérance. Tout était
   consommé.

Ce qu'il fallait. Comme il avait fallu. Comme mes prophètes
   l'avaient annoncé. Le voile du temple s'était déchiré en
   deux, depuis le haut jusqu'en bas.

La terre avait tremblé; des rochers s'étaient fendus.

Des sépulcres s'étaient ouverts, et plusieurs corps des saints qui
   étaient morts étaient ressuscités.

Et environ la neuvième heure mon Fils avait poussé

Le cri qui ne s'effacera point. Tout était consommé. Les
   soldats s'en étaient retournés dans leurs casernes.

Riant et plaisantant parce que c'était un service de fini.

Un tour de garde qu'ils ne prendraient plus.

Seul un centenier demeurait, et quelques hommes.

Un tout petit poste pour garder ce gibet sans importance.

La potence où mon Fils pendait.

Seules quelques femmes étaient demeurées.

La Mère était là.

Et peut-être aussi quelques disciples, et encore on n'en est pas
   bien sûr.

Or tout homme a le droit d'ensevelir son fils.

Tout homme sur terre, s'il a ce grand malheur
De ne pas être mort avant son fils. Et moi seul, moi Dieu,
Les bras liés par cette aventure,
Moi seul à cette minute père après tant de pères,
Moi seul je ne pouvais pas ensevelir mon fils.
C'est alors, ô Nuit, que tu vins.
O ma fille chère entre toutes et je le vois encore et je verrai
    cela dans mon éternité
C'est alors ô Nuit que tu vins et dans un grand linceul tu
    ensevelis
Le Centenier et ses hommes romains,
La Vierge et les saintes femmes,
Et cette montagne et cette vallée, sur qui le soir descendait,
Et mon peuple d'Israël et les pêcheurs et ensemble celui qui
    mourait, qui était mort pour eux

Et les hommes de Joseph d'Arimathée qui déjà s'approchaient

Portant le linceul blanc.

Le Porche du Mystère de la Deuxième Vertu (Extract)

PRÉSENTATION DE PARIS A
NOTRE DAME

Étoile de la mer voici la lourde nef
Où nous ramons tout nuds sous vos commandements;
Voici notre détresse et nos désarmements;
Voici le quai du Louvre, et l'écluse, et le bief.

Voici notre appareil et voici notre chef.
C'est un gars de chez nous qui siffle par moments.
Il n'a pas son pareil pour les gouvernements.
Il a la tête dure et le geste un peu bref.

Reine qui vous levez sur tous les océans,
Vous penserez à nous quand nous serons au large.
Aujourd'hui c'est le jour d'embarquer notre charge.
Voici l'énorme grue et les longs meuglements.

S'il fallait le charger de nos pauvres vertus,
Ce vaisseau s'en irait vers votre auguste seuil
Plus creux que la noisette après que l'écureuil
L'a laissé retomber de ses ongles pointus.

Nuls ballots n'entreraient par les panneaux béants,
Et nous arriverions dans la mer de sargasse
Traînant cette inutile et grotesque carcasse
Et les Anglais diraient: Ils n'ont rien mis dedans.

Mais nous saurons l'emplir et nous vous le jurons.
Il sera le plus beau dans cet illustre port.
La cargaison ira jusque sur le plat-bord.
Et quand il sera plein nous le couronnerons.

Nous n'y chargerons pas notre pauvre maïs,
Mais de l'or et du blé que nous emporterons.
Et il tiendra la mer: car nous le chargerons
Du poids de nos péchés payés par votre fils.

La Tapisserie de Notre Dame

ALFRED JARRY

LE MIRACLE DE SAINT-ACCROUPI

Sur l'écran tout blanc du grand ciel tragique, les mille-pieds noirs des enterrements passent, tels les verres d'une monotone lanterne magique. La Famine sonne aux oreilles vides, si vides et folles, ses bourdonnements.

Sa cloche joyeuse pend à ses doigts longs, versant sur la terre des ricanements. Et de grands loups fauves et des corbeaux graves sont sur ses talons. La Famine sonne aux oreilles vides, par la ville morne, ses bourdonnements.

Croix des cimetières, levons nos bras raides pour prier là-haut que l'on nous délivre de ces ouvriers qui piochent sans trêve nos froides racines. N'est-il donc un Saint, bien en cour auprès de Dieu notre Père, pour qu'il intercède?

Croix des cimetières, votre grêle foule a donc oublié le bloc de granit perdu dans un coin de votre domaine? Sa barbe de fleuve jusqu'à ses genoux épand et déroule, déroule sa houle, sa houle de pierre.

Et les flots de pierre le couvrent entier. Sur ses cuisses dures ses coudes qui luisent sous les astres blonds se posent, soudés pour l'éternité. Et c'est un grand Saint, car il a pour siège, honorable siège, un beau bénitier.

Il n'a point de nom. Dans un coin tapi, ignoré des hommes, seules les Croix blanches lui tendent la plainte de leurs bras dressés. Le corbeau qui vole le méprise nain, croassant l'injure au bon Saint courbé: Vieux Saint-Accroupi.

Croix des cimetières, tendons-lui la plainte de nos bras dressés: Que ces ouvriers qui tuent nos racines et peuplent les tombes de serpents coupés, se croisant les bras, regardent oisifs les torches de mort désormais éteintes.

Et que la Famine remmène sous terre son cortège noir de grands loups qui rôdent et de corbeaux graves. Que le Blanc au Noir succède partout. Que le grand œil glauque du ciel compatisse, versant sur les hommes des pleurs de farine.

Et les Croix restèrent les bras étendus, coupant de rais blancs l'ombre sans couleur. Soudain des pleurs blancs glissèrent sur l'ombre. Les nuages sont de grands sacs que vident des meuniers célestes. La manne s'accroche aux pignons ardus.

La manne fait blanches les rougeâtres tuiles. Une nappe blanche jusqu'à l'horizon sur toute la terre s'étend pour manger. Et de blanc lui-même, de blanc s'est vêtu le Saint-Accroupi; de blanc s'est vêtu comme un boulanger.

Et les hommes puisent lourdes pelletées de farine claire que le vent joyeux leur fouette au visage. Croix des cimetières, nos vœux exaucés, nous voudrions voir quel fut le départ, le départ honteux du cortège noir... La Famine est là. La Famine sonne aux oreilles vides, si vides et folles, ses bourdonnements. Et la neige étend son linceul de mort sur la ville froide que creusent des fosses... La Famine sonne ses bourdonnements.

Les Minutes de Sable Mémorial

TROIS GRENOUILLES...

TROIS grenouilles passèrent le gué,
  Ma mie Olaine,
Avec des aiguilles et un dé,
  Du fil de laine.

C'est pour la robe du roi,
  Ma mie Olaine,
Qu'elles feront avec le doigt
  Et de la laine.

Voici qu'arrive le bourreau,
  Ma mie Olaine,
Apportant un grand sarrau
  De grosse laine.

— Coupez, cousez l'habit d'Elbeuf
    Ma mie Olaine.
C'est plein de sang, mais c'est tout neuf
    Et c'est en laine !

— Nous ne toucherons point au sang,
    Ma mie Olaine.
Aimerions mieux pourrir dedans
    Avec la laine !

Le roi n'est plus, le roi est mort,
    Ma mie Olaine,
Et nous partagerons son sort:
    Cassez la laine !

L'Amour en visites

MAX JACOB

LA GUERRE

LES boulevards extérieurs, la nuit, sont pleins de neige; les bandits sont des soldats; on m'attaque avec des rires et des sabres, on me dépouille: je me sauve pour retomber dans un autre carré. Est-ce une cour de caserne, ou celle d'une auberge? que de sabres! que de lanciers! il neige! on me pique avec une seringue: c'est un poison pour me tuer; une tête de squelette voilée de crêpe me mord le doigt. De vagues réverbères jettent sur la neige la lumière de ma mort.

Le Cornet à Dés

DANS LA FORÊT SILENCIEUSE

DANS la forêt silencieuse, la nuit n'est pas encore venue et l'orage de la tristesse n'a pas encore injurié les feuilles. Dans la forêt silencieuse d'où les Dryades ont fui, les Dryades ne reviendront plus.

Dans la forêt silencieuse, le ruisseau n'a plus de vagues, car le torrent coule presque sans eau et tourne.

Dans la forêt silencieuse, il y a un arbre noir comme le noir et derrière l'arbre il y a un arbuste qui a la forme d'une tête et qui est enflammé, et qui est enflammé des flammes du sang et de l'or.

Dans la forêt silencieuse où les Dryades ne reviendront plus, il y a trois chevaux noirs, ce sont les trois chevaux des rois mages et les rois mages ne sont plus sur leurs chevaux ni ailleurs et ces chevaux parlent comme des hommes.

Le Cornet à Dés

ÉTABLISSEMENT D'UNE COMMUNAUTÉ
AU BRÉSIL

On fut reçu par la fougère et l'ananas
L'antilope craintif sous l'ipécacuanha.
Le moine enlumineur quitta son aquarelle
Et le vaisseau n'avait pas replié son aile
Que cent abris légers fleurissaient la forêt.
Les nonnes labouraient. L'une d'elles pleurait
Trouvant dans une lettre un sujet de chagrin.
Un moine intempérant s'enivrait de raisin.
Et l'on priait pour le pardon de ce péché.
On cueillait des poisons à la cime des branches
Et les moines vanniers tressaient des urnes blanches.
Un forçat évadé qui vivait de la chasse
Fut guéri de ses plaies et touché de la grâce:
Devenu saint, de tous les autres adoré,
Il obligeait les fauves à leur lécher les pieds.
Et les oiseaux du ciel, les bêtes de la terre
Leur apportaient à tous les objets nécessaires.
Un jour on eut un orgue au creux de murs crépis
Des troupeaux de moutons qui mordaient les épis.
Un moine est bourrelier, l'autre est distillateur
Le dimanche après vêpre on herborise en chœur.

Saluez le manguier et bénissez la mangue
La flûte du crapaud vous parle dans sa langue
Les autels sont parés de fleurs vraiment étranges
Leurs parfums attiraient le sourire des anges,
Des sylphes, des esprits blottis dans la forêt
Autour des murs carrés de la communauté.
Or voici qu'un matin quand l'Aurore saignante
Fit la nuée plus pure et plus fraîche la plante
La forêt où la vigne au cèdre s'unissait,
Parut avoir la teigne. Un nègre paraissait
Puis deux, puis cent, puis mille et l'herbe en était teinte

Et le Saint qui pouvait dompter les animaux
Ne put rien sur ces gens qui furent ses bourreaux.
La tête du couvent roula dans l'herbe verte
Et des moines détruits la place fut déserte
Sans que rien dans l'azur ne frémît de la mort.

C'est ainsi que vêtu d'innocence et d'amour
J'avançais en traçant mon travail chaque jour
Priant Dieu et croyant à la beauté des choses
Mais le rire cruel, les soucis qu'on m'impose
L'argent et l'opinion, la bêtise d'autrui
Ont fait de moi le dur bourgeois qui signe ici.

Le Laboratoire Central

VILLONELLE

Dis-moi quelle fut la chanson
Que chantaient les belles sirènes
Pour faire pencher des trirèmes
Les Grecs qui lâchaient l'aviron.

Achille qui prit Troie, dit-on,
Dans un cheval bourré de son
Achille fut grand capitaine
Or, il fut pris par des chansons
Que chantaient des vierges hellènes
Dis-moi, Vénus, je t'en supplie
Ce qu'était cette mélodie

Un prisonnier dans sa prison
En fit une en Tripolitaine
Et si belle que sans rançon
On le rendit à sa marraine
Qui pleurait contre la cloison

L

Nausicaa à la fontaine
Pénélope en tissant la laine
Zeuxis peignant sur les maisons
Ont chanté la faridondaine !...
Et les chansons des échansons?

Échos d'échos des longues plaines
Et les chansons des émigrants !
Où sont les refrains d'autres temps
Que l'on a chanté tant et tant?
Où sont les filles aux belles dents
Qui l'amour par les chants retiennent?
Et mes chansons? qu'il m'en souvienne !

Le Laboratoire Central

LÉON-PAUL FARGUE

POSTFACE

Un long bras timbré d'or glisse du haut des arbres
Et commence à descendre et tinte dans les branches.
Les fleurs et les feuilles se pressent et s'entendent.
J'ai vu l'orvet glisser dans la douceur du soir.
Diane sur l'étang se penche et met son masque.
Un soulier de satin court dans la clairière
Comme un rappel du ciel qui rejoint l'horizon.
Les barques de la nuit sont prêtes à partir.

D'autres viendront s'asseoir sur la chaise de fer.
D'autres verront cela quand je ne serai plus.
La lumière oubliera ceux qui l'ont tant aimée.
Nul appel ne viendra rallumer nos visages.
Nul sanglot ne fera retentir notre amour.
Nos fenêtres seront éteintes.
Un couple d'étrangers longera la rue grise.
Les voix
D'autres voix chanteront, d'autres yeux pleureront
Dans une maison neuve.
Tout sera consommé, tout sera pardonné,
La peine sera fraîche et la forêt nouvelle,
Et peut-être qu'un jour, pour de nouveaux amis,
Dieu tiendra ce bonheur qu'il nous avait promis.

Sous la Lampe

La rampe s'allume. Un clavier s'éclaire au bord des vagues.
Les noctiluques font la chaîne. On entend bouillir et filtrer le
lent bruissement des bêtes du sable...

Une barque chargée arrive dans l'ombre où les chapes vitrées des méduses montent obliquement et affleurent comme les premiers rêves de la nuit chaude...

De singuliers passants surgissent comme des vagues de fond, presque sur place, avec une douceur obscure. Des formes lentes s'arrachent du sol et déplacent de l'air, comme des plantes aux larges palmes. Les fantômes d'une heure de faiblesse défilent sur cette berge où viennent finir la musique et la pensée qui arrivent du fond des âges. Devant la villa, dans le jardin noir autrefois si clair, un pas bien connu réveille les roses mortes...

Un vieil espoir, qui ne veut pas cesser de se débattre à la lumière... Des souvenirs, tels qu'on n'eût pas osé les arracher à leurs retraites, nous hèlent d'une voix pénétrante... Ils font de grands signes. Ils crient, comme ces oiseaux doux et blancs aux grêles pieds d'or qui fuyaient l'écume un jour que nous passions sur la grève. Ils crient les longs remords. Ils crient la longue odeur saline et brûlée jusqu'à la courbe...

Le vent s'élève. La mer clame et flambe noir, et mêle ses routes. Le phare qui tourne à pleins poings son verre de sang dans les étoiles traverse un bras de mer pour toucher ma tête et la vitre. Et je souffre contre l'auberge isolée au bord d'un champ sombre...

Poèmes

GUILLAUME APOLLINAIRE

LES COLCHIQUES

Le pré est vénéneux mais joli en automne
Les vaches y paissant
Lentement s'empoisonnent
Le colchique couleur de cerne et de lilas
Y fleurit tes yeux sont comme cette fleur-là
Violâtres comme leur cerne et comme cet automne
Et ma vie pour tes yeux lentement s'empoisonne

Les enfants de l'école viennent avec fracas
Vêtus de hoquetons et jouant de l'harmonica
Ils cueillent les colchiques qui sont comme des mères
Filles de leurs filles et sont couleur de tes paupières

Qui battent comme les fleurs battent au vent dément

Le gardien du troupeau chante tout doucement
Tandis que lentes et meuglant les vaches abandonnent
Pour toujours ce grand pré mal fleuri par l'automne

Alcools

SALTIMBANQUES

Dans la plaine les baladins
S'éloignent au long des jardins
Devant l'huis des auberges grises
Par les villages sans églises

Et les enfants s'en vont devant
Les autres suivent en rêvant
Chaque arbre fruitier se résigne
Quand de très loin ils lui font signe

Ils ont des poids ronds ou carrés
Des tambours des cerceaux dorés
L'ours et le singe animaux sages
Quêtent des sous sur leur passage

Alcools

LES SAPINS

Les sapins en bonnets pointus
De longues robes revêtus
   Comme des astrologues
Saluent leurs frères abattus
Les bateaux qui sur le Rhin voguent

Dans les sept arts endoctrinés
Par les vieux sapins leurs aînés
   Qui sont de grands poètes
Ils se savent prédestinés
A briller plus que des planètes

A briller doucement changés
En étoiles et enneigés
   Aux Noëls bienheureuses
Fêtes des sapins ensongés
Aux longues branches langoureuses

Les sapins beaux musiciens
Chantent des noëls anciens
   Au vent des soirs d'automne
Ou bien graves magiciens
Incantent le ciel quand il tonne

Des rangées de blancs chérubins
Remplacent l'hiver les sapins
   Et balancent leurs ailes
L'été ce sont de grands rabbins
Ou bien de vieilles demoiselles

Sapins médecins divagants
Ils vont offrant leurs bons onguents
   Quand la montagne accouche
De temps en temps sous l'ouragan
Un vieux sapin geint et se couche

Alcools

LIENS

CORDES faites de cris

Sons de cloches à travers l'Europe
Siècles pendus

Rails qui ligotez les nations
Nous ne sommes que deux ou trois homme
Libres de tous liens
Donnons-nous la main

Violente pluie qui peigne les fumées
Cordes
Cordes tissées
Câbles sous-marins
Tours de Babel changées en ponts
Araignées-Pontifes
Tous les amoureux qu'un seul lien a liés

D'autres liens plus ténus
Blancs rayons de lumière
Cordes et Concorde

J'écris seulement pour vous exalter
O sens ô sens chéris
Ennemis du souvenir
Ennemis du désir

Ennemis du regret
Ennemis des larmes
Ennemis de tout ce que j'aime encore

Calligrammes

LA JOLIE ROUSSE

ME voici devant tous un homme plein de sens
Connaissant la vie et de la mort ce qu'un vivant peut connaître
Ayant éprouvé les douleurs et les joies de l'amour
Ayant su quelquefois imposer ses idées
Connaissant plusieurs langages
Ayant pas mal voyagé
Ayant vu la guerre dans l'Artillerie et l'Infanterie
Blessé à la tête trépané sous le chloroforme
Ayant perdu ses meilleurs amis dans l'effroyable lutte
Je sais d'ancien et de nouveau autant qu'un homme seul
        pourrait des deux savoir
Et sans m'inquiéter aujourd'hui de cette guerre
Entre nous et pour nous mes amis
Je juge cette longue querelle de la tradition et de l'invention
        De l'Ordre et de l'Aventure

Vous dont la bouche est faite à l'image de celle de Dieu
Bouche qui est l'ordre même
Soyez indulgents quand vous nous comparez
A ceux qui furent la perfection de l'ordre
Nous qui quêtons partout l'aventure

Nous ne sommes pas vos ennemis
Nous voulons vous donner de vastes et d'étranges domaines
Où le mystère en fleurs s'offre à qui veut le cueillir
Il y a là des feux nouveaux des couleurs jamais vues
Mille phantasmes impondérables
Auxquels il faut donner de la réalité
Nous voulons explorer la bonté contrée énorme où tout se
        tait

Il y a aussi le temps qu'on peut chasser ou faire revenir
Pitié pour nous qui combattons toujours aux frontières
De l'illimité et de l'avenir
Pitié pour nos erreurs pitié pour nos péchés

Voici que vient l'été la saison violente
Et ma jeunesse est morte ainsi que le printemps
O Soleil c'est le temps de la Raison ardente
        Et j'attends
Pour la suivre toujours la forme noble et douce
Qu'elle prend afin que je l'aime seulement
Elle vient et m'attire ainsi qu'un fer l'aimant
        Elle a l'aspect charmant
        D'une adorable rousse

Ses cheveux sont d'or on dirait
Un bel éclair qui durerait
Ou ces flammes qui se pavanent
Dans les roses-thé qui se fanent

Mais riez riez de moi
Hommes de partout surtout gens d'ici
Car il y a tant de choses que je n'ose vous dire
Tant de choses que vous ne me laisseriez pas dire
Ayez pitié de moi

                                      Calligrammes

JULES SUPERVIELLE

LE RETOUR

Le petit trot des gauchos me façonne,
Les oreilles fixes de mon cheval m'aident à me situer.
Je retrouve dans sa plénitude ce que je n'osais plus envisager,
   même par une petite lucarne,
Toute la Pampa étendue à mes pieds comme il y a sept ans.
O Mort! me voici revenu.
J'avais pourtant compris que tu ne me laisserais pas revoir
   ces terres,
Une voix me l'avait dit qui ressemblait à la tienne, et tu ne
   ressembles qu'à toi-même,
Et aujourd'hui, je suis comme ce hennissement qui ne sait pas
   que tu existes;
Je trouve étrange d'avoir tant douté de moi et c'est de toi que
   je doute, ô Surfaite,
Même quand mon cheval enjambe les os d'un bœuf propre-
   ment blanchis par les vautours et par les aigles,
Ou qu'une odeur de bête fraîchement écorchée me tord le nez
   quand je passe.
Je fais corps avec la Pampa qui ne conaît pas la mythologie,
Avec le désert orgueilleux d'être le désert depuis les temps les
   plus abstraits,
Il ignore les Dieux de l'Olympe qui rythment encore le vieux
   monde.
Je m'enfonce dans la plaine qui n'a pas d'histoire et tend de tous
   côtés sa peau dure de vache qui a toujours couché dehors,
Et n'a pour végétation que quelques talas, ceibos, pitas,
Qui ne connaissent le grec ni le latin,
Mais savent résister au vent affamé du pôle,
De toute leur vieille ruse barbare
En lui opposant la croupe concentrée de leur branchage
   grouillant d'épines et leurs feuilles en coups de hache.

Je me mêle à une terre qui ne rend de comptes à personne et se
   défend de ressembler à ces paysages manufacturés
   d'Europe, saignés par les souvenirs.

A cette nature exténuée et poussive qui n'a plus que des
   quintes de lumière,

Et, repentante, efface l'hiver ce qu'elle fit pendant l'été.

J'avance sous un soleil qui ne craint pas les intempéries,

Et se sert sans lésiner de ses pots de couleur locale toute fraîche

Pour des ciels de plein vent qui vont d'une fusée jusqu'au
   zénith,

Et il saisit dans ses rayons, comme au lasso, un gaucho monté,
   tout vif.

Les nuages ne sont point pour lui des prétextes à une mélan-
   colie distinguée,

Mais de rudes amis d'une autre race, ayant d'autres habitudes,
   avec lesquels on peut causer,

Et les orages courts sont de brusques fêtes communes

Où ciel, soleil et nuages

Y vont de bon cœur et tirent jouissance de leur propre plaisir
   et de celui des autres,

Où la Pampa

Roule ivre-morte dans la boue palpitante où chavirent les
   lointains,

Jusqu'à l'heure des hirondelles

Et des derniers nuages, le dos rond dans le vent du sud,

Quand la terre, sur tout le pourtour de l'horizon bien accroché,

Sèche ses flaques, son bétail et ses oiseaux

Au ciel retentissant des jurons du soleil qui cherche à rassem-
   bler ses rayons dispersés.

Débarcadères

DANS L'OUBLI DE MON CORPS

DANS l'oubli de mon corps
Et de tout ce qu'il touche
Je me souviens de vous.

Dans l'effort d'un palmier
Près de mers étrangères
Malgré tant de distances
Voici que je découvre
Tout ce qui faisait vous.
Et puis je vous oublie
Le plus fort que je peux
Je vous montre comment
Faire en moi pour mourir.
Et je ferme les yeux
Pour vous voir revenir
Du plus loin de moi-même
Où vous avez failli
Solitaire, périr.

La Fable du Monde

LA PLUIE ET LES TYRANS

Je vois tomber la pluie
Dont les flaques font luire
Notre grave planète,
La pluie qui tombe nette
Comme du temps d'Homère
Et du temps de Villon
Sur l'enfant et sa mère
Et le dos des moutons,
La pluie qui se répète
Mais ne peut attendrir
La dureté de tête
Ni le cœur des tyrans
Ni les favoriser
D'un juste étonnement,
Une petite pluie
Qui tombe sur l'Europe
Mettant tous les vivants
Dans la même enveloppe

Malgré l'infanterie
Qui charge ses fusils
Et malgré les journaux
Qui nous font des signaux,
Une petite pluie
Qui mouille les drapeaux.

La Fable du Monde

HOMMAGE A LA VIE

C'EST beau d'avoir élu
Domicile vivant
Et de loger le temps
Dans un cœur continu,
Et d'avoir vu ses mains
Se poser sur le monde
Comme sur une pomme
Dans un petit jardin,
D'avoir aimé la terre,
La lune et le soleil,
Comme des familiers
Qui n'ont pas leurs pareils,
Et d'avoir confié
Le monde à sa mémoire
Comme un clair cavalier
A sa monture noire,
D'avoir donné visage
A ces mots: femme, enfants,
Et servi de rivage
A d'errants continents,
Et d'avoir atteint l'âme
A petits coups de rame
Pour ne l'effaroucher
D'une brusque approchée.
C'est beau d'avoir connu

L'ombre sous le feuillage
Et d'avoir senti l'âge
Ramper sur le corps nu,
Accompagné la peine
Du sang noir dans nos veines
Et doré son silence
De l'étoile Patience,
Et d'avoir tous ces mots
Qui bougent dans la tête,
De choisir les moins beaux
Pour leur faire un peu fête,
D'avoir senti la vie
Hâtive et mal aimée,
De l'avoir enfermée
Dans cette poésie.

Poèmes, 1939–1945

JULES ROMAINS

JE SORS DE MA MAISON

Je sors de ma maison
Plein de sommeil encore;
Une petite pluie
Trottine sur mes mains.

Mais un reste d'aurore
Qui ne m'était pas dû
M'entoure et se mélange
Au dernier de mes songes;

Et comme le soupir
De quelque bouche heureuse
Un sifflement si pur
Se répand dans le ciel,

Que j'ai le cœur transi
Par la brusque mémoire
Des matins d'autrefois
Où je partais ainsi.

Le temps de ma jeunesse
Est à demi passé
Déjà bien des mensonges
N'abusent plus de moi.

Mais j'ai toujours le même
Émoi surnaturel
Lorsque cette lueur
Éclaire mon départ,

Et que ce même ciel
De matin pluvieux
Refait son cri d'espoir
Que je ne comprends pas.

Odes et Prières

L'AUTOMNE

Le monde attendait peut-être
A la porte du dormeur;
Pas de grâce pour les songes
Ni de sortie dérobée !

Mais voilà qu'au lieu d'un maître
T'accueille une délivrance
Étrange, que le brouillard
A nuitamment préparée.

Toute limite est vapeur,
Toute prison est fumée;
La demeure et le chemin
Sont au pouvoir d'une aurore.

Par l'abîme dont tu doutes
Un homme est poussé vers toi;
Vous glissez l'un contre l'autre
Comme deux astres fuyards.

Et des mouvements ondoient
Au bord de ta solitude,
Ruisselant de cette joie
Qu'ont les créatures neuves.

Mais avant que tu les nommes
Compagnons de ton exil,
Ils replongent d'un bond mol
Dans le limon éternel.

Amour Couleur de Paris, Les Quatre Saisons

JE NE PUIS PAS OUBLIER

Je ne puis pas oublier la misère de ce temps.
O siècle pareil à ceux qui campèrent sous les tentes !
Un orage inépuisable est devenu l'horizon,
Et l'espoir est remplacé par une espèce de songe.
Tous les vins arcboutés n'abritent qu'une heure la joie.
Mille sentiments mortels passent quand même et se joignent.
Peu à peu notre destin nous ruisselle sur le dos.

Ciel des villes tressé de câbles, armure des dômes,
Ciments durcis autour d'une ferraille chevelue,
Demeures boulonnées, églises faites sur l'enclume,
Rues triples dont la rumeur rebondit sur un tunnel,
A quoi bon !
        Dans la forêt scythique et les joncs de l'Elbe
Des hommes velus rampaient mieux réfugiés que nous.

Hommes, hommes d'autrefois, pauvres yeux cruels et troubles,
Dormeurs mal détendus que tourmente une odeur de l'air,
Tribus des monts perforés, peuples des lacs et des herbes,
Nous vous croyions si loin ! Vous n'étiez même plus des
        morts.
Le sol vous avait perdus dans le grain de son écorce,
Ne pouvant faire du roc avec vos seuls ossements.
Et soudain de vous à nous le temps se contracte et manque ;
L'histoire se racornit comme un carton calciné.
Je vous regarde approcher et grandir, pères funestes,
Ainsi qu'un homme à la mer aperçoit en étouffant
Le passé qui se recourbe et qui lui tend son enfance.

                    Ode Génoise (Extract)

M

PIERRE-JEAN JOUVE

MOZART

A Toi quand j'écoutais ton arc-en-ciel d'été :
Le bonheur y commence à mi-hauteur des airs
Les glaives du chagrin
Sont recouverts par mille effusions de nuages et d'oiseaux
Une ancolie dans la prairie pour plaire au jour
A été oubliée par la faux,
Nostalgie délivrée tendresse si amère
Connaissez-vous Salzburg à six heures l'été
Frissonnement plaisir le soleil est couché est bu par un nuage.

Frissonnement — à Salzburg en été
O divine gaîté tu vas mourir captive ô jeunesse inventée
Mais un seul jour encore entoure ces vraies collines,
Il a plu, fin d'orage. O divine gaîté
Apaise ces gens aux yeux fermés dans toutes les salles de
    concerts du monde.

Les Noces

LA CHUTE DU CIEL

L'Énorme nom du péché, apostème
Le nierez-vous, sur quoi grandit le cœur de l'homme,
Plus purulent par les mains inertes des machines
O pleurs ! se précipite sur nos têtes
Et comme il est juste après que tous les âges
N'ont pas su conquérir l'agneau promis du ciel
L'énorme nom meurtrier et sans verbe
Tombe du ciel ! ou tombe le sang du ciel lui-même.

Erreur, apparaissant sur l'automne funèbre
L'échéance des cris des fautes et des crimes
L'œuvre de l'anté-Christ
Le prix des manœuvres des fourberies d'or
Neuves férocités et lâchetés anciennes.
Et notre terre prend sa face de Croisé
Pour se battre ainsi que nous l'avons voulue
Sous un ciel de septembre immobile et très pur
Mais le ciel croule dans le hasard: sauve qui peut
Son corps, et grandit son âme, qui peut.

Tube de feu qui jettes notre entraille aux pierres
Légion ! tourbillonne au milieu des drapeaux
Occupe l'air et cherche l'habitation profonde
Où la bête se dérobe: mais malheur
Au Démon qui ouvrit les chemins de ce sang
Sur les millions de maisons et de chambres
Où s'endormait cheveux mélangés notre amour
Malheur
A la casquette noire à l'œil ensanglanté
A la bouche d'écume
Du Satan de Berlin lui qui fut désigné
Par Dieu pour écraser la coupable innocence
Et mourir écrasé
Sous la lance de l'archange au cœur lointain.

La robe de lin frais qui est celle de France
Se gagnera dans l'horreur des journées
C'est la foule jetée muette dans les flammes
Vêtue de trompes nue de quartier en quartier
Flot des creux et des murs
Sous la chute des statues d'éternité;
Et les vierges de pierre éclatent en extase
Les grands toits rouges éloignant tout le secours
La lettre bienheureuse inscrite sur le sein
De l'air incendié;

Les yeux se ferment dans un simple et seul recours à Dieu
Quand d'autres hurlent l'imprécation et la colère
Celui qui fit dix pas indemne, au onzième pas
Disparaît sous l'effort tenace de la gloire
Et les hauts drapeaux durent encor mais l'art
A dit adieu dans les chevelures des bien-aimées.

O qui as-tu perdu? ton trésor ou tes pierres
La caverne de l'aine amoureuse ou tes chants
Ton âme ton angoisse au milieu des voitures
Quand le soleil dorait la ville, ton espérance
La faute mélangeant enfance et confiance
Ou ton amour de Dieu? Et qui as-tu perdu
Passant qui prends mesure de ta croix
Sur le trottoir ô sans connaissance étendu
O messager de modeste nouvelle
Qu'as-tu perdu? Un univers de la mémoire
Tout ton sang tout ton miroir et tout ton corps
Et la faveur pour toute l'âme de ta mort.

Mais tu n'as pas perdu. Les anges de la guerre
Les exterminateurs! ont mesuré ta face
Mourante et animale auprès du flanc des tours
Dans les rues balayées par l'éventail de pierre;
La muette acceptation de l'homme pur
Elle a rempli leur coupe
Comme ils l'avaient vidée de crachats et de bombes;
Tout le désastre issu du ciel
Il a produit l'aurore des tués
Et l'innocence inoubliable des corps couchés,
Rien n'est perdu: ni de la terre ni des ors
Ni du ciel, ni de la justice, ni des morts.
L'aurore en robe verte inspirée du poète
Qui gagne sur les ponts de la ville de gloire
Entre les tourbillons des derniers incendies
C'est ton âme très nue vivante jusqu'au noir
Et tu sais tout; que tu traverses les furies

Que tu traverses les airs froids et la poussière
Que tu traverses — jusqu'à l'Éternel troublé !
Car Dieu dur saisit enfin son œuvre de gloire
Comme il veut, renversant des coupes plus incendiaires !
Inconnu, sois heureux
Sois heureux passager de l'horreur de la ville
Et son ciel, passager du profond de la terre
Et bientôt avec l'ensanglanté prophète
Tu te tiendras sur le sable de la mer.

Gloire

AÉROPORT

Feu du centre ! feu déperdu ! feu dans les caresses négligé !

Et toutes montagnes bien visibles sur un ciel d'aéroport, et toutes langues de nuages bien parlantes sur bleu azur

Et toutes promesses bien tenues sur cette étendue invisible.

Si faible à côté la noirceur, si vaine l'haleine verte de l'hiver !

Feu du milieu, feu des langues, feu des regards pensifs de l'or.

Non, la voleuse ne l'a pas pris, la matière ne l'a point mangé, et la violence en chaîne ne l'a fait exploser dans tous les gammas de la mort,

Car tout est calme dans une face à barbe blonde crucifiée depuis bien des siècles

Tout est rayon dans un corps cireux et percé mort depuis des siècles

Tout est perfection sans siècles sous la transfiguration d'aéroport.

Langue

ÉLÉGIE

Ces oiseaux montant descendant par un pépiement sans terme
Friselis de jour aux rivières sous le charme des feuilles de saule

Ces plis de douceur éployés par légers accrochages du vent
Ces glissements légers à la rive ou ces gargouillis de sang
Ces murmures montant descendant par un passage de formes

Ces chemins de jour ascendant selon la respiration
Ce sont vertiges de vie et ce sont murmures de passion
Ce sont soucis de nuage à la marche d'étincelle
Ce sont les préparations de pierre précieuse mortelle
Ces oiseaux montant d'intérieur par un pépiement sans fond.

Préparation péroraison disent vos pensées menaçantes
Et douces d'oiseaux chanteurs montant la ligne descendante,
Que veulent vos plis modulant ainsi que colères d'enfant,
Que disent vos gammes de bois vos chromatiques enchante-
    ments
Amers de ma vie profonde?

— Que je n'en peux plus et qu'il est temps.

Lyrique

   Et chargé de ses biens ses femmes ses oiseaux comme une
flotte lourde touchant le fond du port,
   Chargé de ses trésors dorés édits funéraires, et d'énormes
chagrins serrures de ses déserts,
   Le chanteur issu du mystère entrera dans l'énigme ennemie
du mystère, la mort.
   Que deviendras-tu Musique? Quelle ombre claire viendra
encor peindre les bois?
   Quel chant plus beau dans les mots de la lèvre encor voudra
braver les crocs froids de la mort?
   Où sera-t-il pensé inscrit et adoré celui que nous avions
nommé le saint Esprit?

Lyrique

SENTE

ENTRE deux grands pays c'est un maigre sentier
Unique et solitaire aveugle: entre les neiges
D'une haute abstraction des eaux et du ciel
Et le gouffre argenté du souvenir d'Hélène.

Le minuscule amour est un sentier d'herbage
Où la terre hésitante entre les durs cailloux
Et quelque monument de roc et de ravage,
Se courbe se reprend et s'effondre à genoux,

La végétation l'étouffant d'un automne:
Campanules et thym saxifrages de sang
Les ruines blanches et les potentilles jaunes

Tumulte infime et tout embrassé par le vent!
Et l'immense solaire avec la petite ombre
O bleu de sphère sur la tristesse du temps.

Inventions

AU PLUS HAUT

Au plus haut sont les instruments précieux qui accordent tout. Au plus haut s'entendent la religion et l'irréligion, le Satan du poète et son Dieu, la tristesse avec la matière céleste, la ville avec la terre promise. Au plus haut tous sont morts dans un même Baiser que leur donne la Puissance, dans le même rite et sacrement que l'homme pose sur sa propre tête, face à ce qui est Dieu par la propre énergie de sa pensée. Au plus haut toutes les révoltes sont équivalentes, et toutes les dévotions semblables, toutes les chairs sont brûlées en sacrifice sur le même autel, et toute la douleur est sacrée parce qu'elle est éternellement, éternellement douleur et beauté mélangées.

Proses

AIR MAGIQUE

Là-haut sur le toit même souffle un air magique
Frisant continuel le flot et les forêts
Un air si rare au milieu des formes tragiques
Harmonieuses par l'intense ciel creusé;

L'air baigne
Les poumons et le coeur et la chair ou douleur
Le chagrin l'espérance et la mélancolie,
L'air revêtu de foin et d'absente chaleur,

Effaçant jusqu'aux haines d'un amour — magique,
Des forêts comme l'orgue aux prologues du vert
Il engendre un grand être
Jouant le vrai théâtre en notre éternité.

Moires

SAINT-JOHN PERSE

ÉLOGES

XVII

'Quand vous aurez fini de me coiffer, j'aurai fini de vous haïr.'
L'enfant veut qu'on le peigne sur le pas de la porte.
'Ne tirez pas ainsi sur mes cheveux. C'est déjà bien assez
qu'il faille qu'on me touche. Quand vous m'aurez coiffé, je
vous aurai haïe.'
Cependant la sagesse du jour prend forme d'un bel arbre
et l'arbre balancé
qui perd une pincée d'oiseaux,
aux lagunes du ciel écaille un vert si beau qu'il n'y a de
plus vert que la punaise d'eau.
'Ne tirez pas si loin sur mes cheveux...'

XVIII

A présent laissez-moi, je vais seul.
Je sortirai, car j'ai affaire: un insecte m'attend pour traiter.
Je me fais joie
du gros œil à facettes: anguleux, imprévu, comme le fruit
du cyprès.
Ou bien j'ai une alliance avec les pierres veinées-bleu: et
vous me laissez également,
assis, dans l'amitié de mes genoux.

Éloges

Nous n'habiterons pas toujours ces terres jaunes, notre
délice...

L'Été plus vaste que l'Empire suspend aux tables de l'espace
plusieurs étages de climats. La terre vaste sur son aire roule à
pleins bords sa braise pâle sous les cendres. — Couleur de

soufre, de miel, couleur de choses immortelles, toute la terre aux herbes s'allumant aux pailles de l'autre hiver — et de l'éponge verte d'un seul arbre le ciel tire son suc violet.

Un lieu de pierres à mica! Pas une graine pure dans les barbes du vent. Et la lumière comme une huile. — De la fissure des paupières au fil des cimes m'unissant, je sais la pierre tachée d'ouïes, les essaims du silence aux ruches de lumière; et mon cœur prend souci d'une famille d'acridiens...

Chamelles douces sous la tonte, cousues de mauves cicatrices, que les collines s'acheminent sous les données du ciel agraire — qu'elles cheminent en silence sur les incandescences pâles de la plaine; et s'agenouillent à la fin, dans la fumée des songes, là où les peuples s'abolissent aux poudres mortes de la terre.

Ce sont de grandes lignes calmes qui s'en vont à des bleuissements de vignes improbables. La terre en plus d'un point mûrit les violettes de l'orage; et ces fumées de sable qui s'élèvent au lieu des fleuves morts, comme des pans de siècles en voyage...

A voix plus basse pour les morts, à voix plus basse dans le jour. Tant de douceur au cœur de l'homme, se peut-il qu'elle faille à trouver sa mesure?... 'Je vous parle, mon âme! — mon âme tout enténébrée d'un parfum de cheval!' Et quelques grands oiseaux de terre, naviguant en Ouest, sont de bons mimes de nos oiseaux de mer.

A l'orient du ciel si pâle, comme un lieu saint scellé des linges de l'aveugle, des nuées calmes se disposent, où tournent les cancers du camphre et de la corne... Fumées qu'un souffle nous dispute! la terre toute attente en ses barbes d'insectes, la terre enfante des merveilles!...

Et à midi, quand l'arbre jujubier fait éclater l'assise des tombeaux, l'homme clôt ses paupières et rafraîchit sa nuque dans les âges... Cavaleries du songe au lieu des poudres mortes, ô routes vaines qu'échevèle un souffle jusqu'à nous! où trouver, où trouver les guerriers qui garderont les fleuves dans leurs noces?

Au bruit des grandes eaux en marche sur la terre, tout le sel de la terre tressaille dans les songes. Et soudain, ah! soudain que nous veulent ces voix? Levez un peuple de miroirs sur l'ossuaire des fleuves, qu'ils interjettent appel dans la suite des siècles! Levez des pierres à ma gloire, levez des pierres au silence, et à la garde de ces lieux les cavaleries de bronze vert sur de vastes chaussées!...

(L'ombre d'un grand oiseau me passe sur la face.)

Anabase (Extract)

Nous reviendrons, un soir d'Automne, sur les derniers roulements d'orage, quand le trias épais des golfes survolés ouvre au Soleil des morts ses fosses de goudron bleu.

Et l'heure oblique, sur l'aile de métal, cloue sa première écharde de lumière avec l'étoile de feu vert. Et c'est un jaillissement de sève verte au niveau de notre aile.

Et soudain, devant nous, sous la haute barre de ténèbre le pays tendre et clair de nos filles, un couteau d'or au cœur!

*

' ... Nous avions rendez-vous avec la fin d'un âge. Et nous voici, les lèvres closes, parmi vous. Et le Vent avec nous — ivre d'un principe amer et fort comme le vin de lierre;

Non pas appelé en conciliation, mais irritable et qui vous chante: j'irriterai la moelle dans vos os... (Qu'étroite encore fut la mesure de ce chant!)

Et l'exigence en nous ne s'est point tue; ni la créance n'a décru. Notre grief est sans accommodement, et l'échéance ne sera point reportée.

Nous vous demanderons un compte d'hommes nouveaux — d'hommes entendus dans la gestion humaine, non dans la précession des équinoxes.

L'aile stridente, sur nos ruines, vire déjà l'heure nouvelle. Et c'est un sifflement nouveau!... Que nul ne songe, que nul ne songe à déserter les hommes de sa race!

Toutes les herbes d'Asie à la semelle blanche du lettré ne sauraient nous distraire de cette activité nouvelle; ni un parfum de fraise et d'aube dans la nuit verte des Florides...'

— Et vous, hommes du nombre et de la masse, ne pesez pas les hommes de ma race. Ils ont vécu plus haut que vous dans les abîmes de l'opprobre.

Ils sont l'épine à votre chair; la pointe même au glaive de l'esprit. L'abeille du langage est sur leur front,

Et sur la lourde phrase humaine, pétrie de tant d'idiomes, ils sont seuls à manier la fronde de l'accent.

Vents (Extract)

«... Grand âge, nous voici — et nos pas d'hommes vers l'issue. C'est assez d'engranger, il est temps d'éventer et d'honorer notre aire.

Demain, les grands orages maraudeurs, et l'éclair au travail ... Le caducée du ciel descend marquer la terre de son chiffre. L'alliance est fondée.

Ah! qu'une élite aussi se lève, de très grands arbres sur la terre, comme tribu de grandes âmes et qui nous tiennent en leur conseil... Et la sévérité du soir descende, avec l'aveu de sa douceur, sur les chemins de pierre brûlante éclairés de lavande...

Frémissement alors, à la plus haute tige engluée d'ambre, de la plus haute feuille mi-déliée sur son onglet d'ivoire.

Et nos actes s'éloignent dans leurs vergers d'éclairs...

A d'autres d'édifier, parmi les schistes et les laves. A d'autres de lever les marbres à la ville.

Pour nous chante déjà plus hautaine aventure. Route frayée de main nouvelle, et feux portés de cime en cime...

Et ce ne sont point là chansons de toile pour gynécée, ni chansons de veillée, dites chansons de Reine de Hongrie, pour égrener le maïs rouge au fil rouillé des vieilles rapières de famille,

Mais chant plus grave, et d'autre glaive, comme chant d'honneur et de grand âge, et chant du Maître, seul au soir, à se frayer sa route devant l'âtre

— fierté de l'âme devant l'âme et fierté d'âme grandissante dans l'épée grande et bleue.

Et nos pensées déjà se lèvent dans la nuit comme les hommes de grande tente, avant le jour, qui marchent au ciel rouge portant leur selle sur l'épaule gauche.

Voici les lieux que nous laissons. Les fruits du sol sont sous nos murs, les eaux du ciel dans nos citernes, et les grandes meules de porphyre reposent sur le sable.

L'offrande, ô nuit, où la porter? et la louange, la fier?... Nous élevons à bout de bras, sur le plat de nos mains, comme couvée d'ailes naissantes, ce cœur enténébré de l'homme où fut l'avide, et fut l'ardent, et tant d'amour irrévélé...

Écoute, ô nuit, dans les préaux déserts et sous les arches solitaires, parmi les ruines saintes et l'émiettement des vieilles termitières, le grand pas souverain de l'âme sans tanière,

Comme aux dalles de bronze où rôderait un fauve.

Grand âge, nous voici. Prenez mesure du cœur d'homme.»

Chronique (Extract)

PIERRE REVERDY

L'ESPRIT SORT

QUE de livres! Un temple dont les murs épais étaient bâtis
en livres. Et là dedans, où j'étais entré on ne saura comment,
je ne sais par où, j'étouffais; les plafonds étaient gris de pous-
sière. Pas un bruit. Et toutes ces idées si grandes ne bougent
plus; elles dorment, ou sont mortes. Il fait dans ce triste
palais si chaud, si sombre!

De mes ongles j'ai griffé la paroi et, morceau à morceau,
j'ai fait un trou dans le mur de droite. C'était une fenêtre et le
soleil qui voulait m'aveugler n'a pas pu m'empêcher de
regarder dehors.

C'était la rue mais le palais n'était plus là. Je connaissais
déjà une autre poussière et d'autres murs qui bordaient le
trottoir.

Poèmes en Prose

SALTIMBANQUES

AU milieu de cet attroupement il y a avec un enfant qui danse
un homme qui soulève des poids. Ses bras tatoués de bleu
prennent le ciel à témoin de leur force inutile.

L'enfant danse, léger, dans un maillot trop grand; plus
léger que les boules où il se tient en équilibre. Et quand il
tend son escarcelle, personne ne donne. Personne ne donne
de peur de la remplir d'un poids trop lourd. Il est si maigre.

Poèmes en Prose

LA VIE DURE

IL est tapi dans l'ombre et dans le froid pendant l'hiver. Quand
le vent souffle il agite une petite flamme au bout des doigts et

fait des signes entre les arbres. C'est un vieil homme; il l'a toujours été sans doute et le mauvais temps ne le fait pas mourir. Il descend dans la plaine quand le soir tombe; car le jour il se tient à mi-hauteur de la colline caché dans quelque bois d'où jamais on ne l'a vu sortir. Sa petite lumière tremble comme une étoile à l'horizon aussitôt que la nuit commence. Le soleil et le bruit lui font peur; il se cache en attendant les jours plus courts et silencieux d'automne, sous le ciel bas, dans l'atmosphère grise et douce où il peut trotter, le dos courbé, sans qu'on l'entende. C'est un vieil homme d'hiver qui ne meurt pas.

La Lucarne Ovale

TOUJOURS LÀ

J'AI besoin de ne plus me voir et d'oublier
De parler à des gens que je ne connais pas
De crier sans être entendu
Pour rien tout seul
Je connais tout le monde et chacun de vos pas
Je voudrais raconter et personne n'écoute
Les têtes et les yeux se détournent de moi
Vers la nuit
Ma tête est une boule pleine et lourde
Qui roule sur la terre avec un peu de bruit

Loin
Rien derrière moi et rien devant
Dans le vide où je descends
Quelques vifs courants d'air
Vont autour de moi
Cruels et froids
Ce sont des portes mal fermées
Sur des souvenirs encore inoubliés
Le monde comme une pendule s'est arrêté
Les gens sont suspendus pour l'éternité

Un aviateur descend par un fil comme une araignée
Tout le monde danse allégé
Entre ciel et terre
Mais un rayon de lumière est venu
De la lampe que tu as oublié d'éteindre
Sur le palier
Ah ce n'est pas fini
L'oubli n'est pas complet
Et j'ai encore besoin d'apprendre à me connaître

La Lucarne Ovale

SUR LE SEUIL

DANS le coin où elle s'est blottie
        Tristesse ou vide
Le vent tourne
        On entend un cri
Personne n'a voulu se plaindre
Mais la lampe vient de s'éteindre
        Et passe sans faire de bruit
Une main tiède
        Sur tes paupières
        Où pèse la journée finie
Tout se dresse
        Et dans le monde qui se presse
Les objets mêlés à la nuit
        La forme que j'avais choisie
Si la lumière
        Revivait comme on se réveille
Il resterait dans mon oreille
La voix joyeuse qui la veille
En rentrant m'avait poursuivi

Les Ardoises du Toit

SON DE CLOCHE

Tout s'est éteint
Le vent passe en chantant
            Et les arbres frissonnent
Les animaux sont morts
Il n'y a plus personne
                        Regarde
Les étoiles ont cessé de briller
        La terre ne tourne plus
Une tête s'est inclinée
        Les cheveux balayant la nuit
Le dernier clocher resté debout
        Sonne minuit

Les Ardoises du Toit

JEAN COCTEAU

BATTERIE

SOLEIL, je t'adore comme les sauvages,
à plat ventre sur le rivage.

Soleil, tu vernis tes chromos,
tes paniers de fruits, tes animaux.

Fais-moi le corps tanné, salé;
fais ma grande douleur s'en aller.

Le nègre, dont brillent les dents,
est noir dehors, rose dedans.

Moi je suis noir dedans et rose
dehors, fais la métamorphose.

Change-moi d'odeur, de couleur,
comme tu as changé Hyacinthe en fleur.

Fais braire la cigale en haut du pin,
fais-moi sentir le four à pain.

L'arbre à midi rempli de nuit
la répand le soir à côté de lui.

Fais-moi répandre mes mauvais rêves,
soleil, boa d'Adam et d'Eve.

Fais-moi un peu m'habituer,
à ce que mon pauvre ami Jean soit tué.

Loterie, étage tes lots
de vases, de boules, de couteaux.

Tu déballes ta pacotille
sur les fauves, sur les Antilles.

Chez nous, sors ce que tu as de mieux,
pour ne pas abîmer nos yeux.

Baraque de la Goulue, manège
en velours, en miroirs, en arpèges.

Arrache mon mal, tire fort,
charlatan au carrosse d'or.

Que j'ai chaud ! C'est qu'il est midi.
Je ne sais plus bien ce que je dis.

Je n'ai plus mon ombre autour de moi
soleil ! ménagerie des mois.

Soleil, Buffalo Bill, Barnum,
tu grises mieux que l'opium.

Tu es un clown, un toréador,
tu as des chaînes de montre en or.

Tu es un nègre bleu qui boxe
les équateurs, les équinoxes.

Soleil, je supporte tes coups ;
tes gros coups de poing sur mon cou.

C'est encore toi que je préfère,
soleil, délicieux enfer.

Poésies 1920

PAUVRE JEAN

ON réussit le tour
Grâce au nœud de cravate.

Jamais un acrobate
Ne tombe dans la cour.

Le cygne dit à l'âne :
Si vous avez une âme,
Mourez mélodieux.

L'aveugle devint sourd
Et il y voyait mieux.

On dit à ce jeune homme:
Mon beau convalescent,
Vous n'avez pas de barbe,
Tournez-vous contre un arbre
Et comptez jusqu'à cent.

Quand il releva son visage,
Il n'eut pas la force de crier;
Car les uns étaient en voyage
Et les autres s'étaient mariés.

Poésies 1920

RIEN ne m'effraye plus que la fausse accalmie
    D'un visage qui dort;
Ton rêve est une Egypte et toi c'est la momie
    Avec son masque d'or.

Où ton regard va-t-il sous cette riche empreinte
    D'une reine qui meurt,
Lorsque la nuit d'amour t'a défaite et repeinte
    Comme un noir embaumeur?

Abandonne, ô ma reine, ô mon canard sauvage,
    Les siècles et les mers;
Reviens flotter dessus, regagne ton visage
    Qui s'enfonce à l'envers.

Plain-Chant

PAUL ELUARD

POISSON

Les poissons, les nageurs, les bateaux
Transforment l'eau.
L'eau est douce et ne bouge
Que pour ce qui la touche.

Le poisson avance
Comme un doigt dans un gant,
Le nageur danse lentement
Et la voile respire.

Mais l'eau douce bouge
Pour ce qui la touche,
Pour le poisson, pour le nageur, pour le bateau
Qu'elle porte
Et qu'elle emporte.

Les Animaux et Leurs Hommes
Les Hommes et Leurs Animaux

L'AMOUREUSE

Elle est debout sur mes paupières
Et ses cheveux sont dans les miens,
Elle a la forme de mes mains,
Elle a la couleur de mes yeux,
Elle s'engloutit dans mon ombre
Comme une pierre sur le ciel.

Elle a toujours les yeux ouverts
Et ne me laisse pas dormir.
Ses rêves en pleine lumière
Font s'évaporer les soleils,
Me font rire, pleurer et rire,
Parler sans avoir rien à dire.

Mourir De Ne Pas Mourir

143

TA chevelure d'oranges dans le vide du monde,
Dans le vide des vitres lourdes de silence
Et d'ombre où mes mains nues cherchent tous tes reflets.

La forme de ton cœur est chimérique
Et ton amour ressemble à mon désir perdu.
O soupirs d'ambre, rêves, regards.

Mais tu n'as pas toujours été avec moi. Ma mémoire
Est encore obscurcie de t'avoir vue venir
Et partir. Le temps se sert de mots comme l'amour.

Capitale De La Douleur

JE te l'ai dit pour les nuages
Je te l'ai dit pour l'arbre de la mer
Pour chaque vague pour les oiseaux dans les feuilles
Pour les cailloux du bruit
Pour les mains familières
Pour l'œil qui devient visage ou paysage
Et le sommeil lui rend le ciel de sa couleur
Pour toute la nuit bue
Pour la grille des routes
Pour la fenêtre ouverte pour un front découvert
Je te l'ai dit pour tes pensées pour tes paroles
Toute caresse toute confiance se survivent.

L'Amour La Poésie

LE front aux vitres comme font les veilleurs de chagrin
Ciel dont j'ai dépassé la nuit
Plaines toutes petites dans mes mains ouvertes
Dans leur double horizon inerte indifférent
Le front aux vitres comme font les veilleurs de chagrin
Je te cherche par delà l'attente
Par delà moi-même
Et je ne sais plus tant je t'aime
Lequel de nous deux est absent.

L'Amour La Poésie

AU REVOIR

DEVANT moi cette main qui défait les orages
Qui défrise et qui fait fleurir les plantes grimpantes
Avec sûreté est-ce la tienne est-ce un signal
Quand le silence pèse encore sur les mares au fond des puits
    tout au fond du matin.

amais décontenancée jamais surprise est-ce ta main
Qui jure sur chaque feuille la paume au soleil
Le prenant à témoin est-ce ta main qui jure
De recevoir la moindre ondée et d'en accepter le déluge
Sans l'ombre d'un éclair passé
Est-ce ta main ce souvenir foudroyant au soleil.

Prends garde la place du trésor est perdue
Les oiseaux de nuit sans mouvement dans leur parure
Ne fixent rien que l'insomnie aux nerfs assassins
Dénouée est-ce ta main qui est ainsi indifférente
Au crépuscule qui laisse tout échapper.

Toutes les rivières trouvent des charmes à leur enfance
Toutes les rivières reviennent du bain
Les voitures affolées parent de leurs roues le sein des places
Est-ce ta main qui fait la roue
Sur les places qui ne tournent plus
Ta main dédaigneuse de l'eau des caresses
Ta main dédaigneuse de ma confiance de mon insouciance
Ta main qui ne saura jamais me détourner de toi.

La Vie Immédiate

ANDRÉ BRETON

LE VERBE ÊTRE

Je connais le désespoir dans ses grandes lignes. Le désespoir n'a pas d'ailes, il ne se tient pas nécessairement à une table desservie sur une terrasse, le soir, au bord de la mer. C'est le désespoir et ce n'est pas le retour d'une quantité de petits faits comme des graines qui quittent à la nuit tombante un sillon pour un autre. Ce n'est pas la mousse sur une pierre ou le verre à boire. C'est un bateau criblé de neige, si vous voulez, comme les oiseaux qui tombent et leur sang n'a pas la moindre épaisseur. Je connais le désespoir dans ses grandes lignes. Une forme très petite, délimitée par des bijoux de cheveux. C'est le désespoir. Un collier de perles pour lequel on ne saurait trouver de fermoir et dont l'existence ne tient pas même à un fil, voilà le désespoir. Le reste nous n'en parlons pas. Nous n'avons pas fini de désespérer si nous commençons. Moi je désespère de l'abat-jour vers quatre heures, je désespère de l'éventail vers minuit, je désespère de la cigarette des condamnés. Je connais le désespoir dans ses grandes lignes. Le désespoir n'a pas de cœur, la main reste toujours au désespoir hors d'haleine, au désespoir dont les glaces ne nous disent jamais s'il est mort. Je vis de ce désespoir qui m'enchante. J'aime cette mouche bleue qui vole dans le ciel à l'heure où les étoiles chantonnent. Je connais dans ses grandes lignes le désespoir aux longs étonnements grêles, le désespoir de la fierté, le désespoir de la colère. Je me lève chaque jour comme tout le monde, et je détends les bras sur un papier à fleurs, je ne me souviens de rien et c'est toujours avec désespoir que je découvre les beaux arbres déracinés de la nuit. L'air de la chambre est beau comme des baguettes de tambour. Il fait un temps de temps. Je connais le désespoir dans ses grandes lignes. C'est comme le vent du rideau qui me tend la perche.

A-t-on idée d'un désespoir pareil ! Au feu ! Ah ils vont encore venir... Au secours ! Les voici qui tombent dans l'escalier... Et les annonces de journal, et les réclames lumineuses le long du canal. Tas de sable, va, espèce de tas de sable ! Dans ses grandes lignes le désespoir n'a pas d'importance. C'est une corvée d'arbres qui va encore faire une forêt, c'est une corvée d'étoiles qui va encore faire un jour de moins, c'est une corvée de jours de moins qui va encore faire ma vie.

Le Revolver à Cheveux Blancs

Il faut aller voir de bon matin, du haut de la colline du Sacré-Cœur, à Paris, la ville se dégager lentement de ses voiles splendides, avant d'étendre les bras. Toute une foule enfin dispersée, glacée, déprise et sans fièvre, entame comme un navire la grande nuit qui sait ne faire qu'un de l'ordure et de la merveille. Les trophées orgueilleux, que le soleil s'apprête à couronner d'oiseaux ou d'ondes, se relèvent mal de la poussière des capitales enfouies. Vers la périphérie les usines, premières à tressaillir, s'illuminent de la conscience de jour en jour grandissante des travailleurs. Tous dorment, à l'exception des derniers scorpions à face humaine qui commencent à cuire, à bouillir dans leur or. La beauté féminine se fond une fois de plus dans le creuset de toutes les pierres rares. Elle n'est jamais plus émouvante, plus enthousiasmante, plus folle, qu'à cet instant où il est possible de la concevoir unanimement détachée du désir de plaire à l'un ou à l'autre, aux uns ou aux autres. Beauté sans destination immédiate, sans destination connue d'elle-même, fleur inouïe, faite de tous ces membres épars dans un lit qui peut prétendre aux dimensions de la terre ! La beauté atteint à cette heure à son terme le plus élevé elle se confond avec l'innocence, elle est le miroir parfait dans lequel tout ce qui a été, tout ce qui est appelé à être, se baigne adorablement en ce qui va être *cette fois*. La puissance absolue de la subjectivité universelle, qui est la royauté de la nuit, étouffe les impatientes déterminations au petit bonheur : le chardon non soufflé demeure sur sa construction fumeuse, parfaite. Va-t-il faire beau, pleuvra-t-il? Un adoucissement extrême de ses angles fait tout le soin de la pièce occupée, belle comme si elle était vide. Les chevelures infiniment lentes sur les oreillers ne laissent rien à glaner des fils par lesquels la vie vécue tient à la vie à vivre. Le détail impétueux, vite dévorant, tourne dans sa cage à belette, brûlant de brouiller de sa course toute la forêt. Entre la sagesse et la folie, qui d'ordinaire réussissent si bien à se limiter l'une l'autre, c'est la trêve. Les intérêts puissants affligent à peine de leur ombre démesurément grêle le haut mur dégradé dans les anfractuosités duquel s'inscrivent, pour chacun, les figures, toujours autres, de son plaisir et de sa souffrance. Comme dans un conte de fées cependant, il semble toujours qu'une femme idéale, levée avant l'heure et dans les boucles de qui sera descendue visiblement la dernière étoile, d'une maison obscure va sortir et somnambuliquement faire chanter les fontaines du jour. Paris, tes réserves monstrueuses de beauté, de jeunesse et de vigueur, — comme je voudrais savoir extraire de ta nuit de quelques heures ce qu'elle contient de plus que la nuit polaire! Comme je voudrais qu'une méditation profonde sur les puissances inconscientes, éternelles que tu recèles soit au pouvoir de tout homme, pour qu'il se garde de reculer et de subir! La résignation n'est pas écrite sur la pierre mouvante du sommeil. L'immense toile sombre qui chaque jour est filée porte en son centre les yeux médusants d'une victoire claire.

Les Vases Communicants (Extract)

Le bon vent qui nous emporte ne tombera peut-être plus puisqu'il est dès maintenant chargé de parfums comme si des jardins s'étageaient au-dessus de nous. Nous touchons en effet le Quai aux Fleurs à l'heure de l'arrivage massif des pots de terre roses, sur la base uniforme desquels se prémédite et se concentre toute la volonté de séduction active de demain. Les passants matinaux qui hanteront dans quelques heures ce marché perdront presque tout de l'émotion qui peut se dégager au spectacle des étoffes végétales lorsqu'elles font vraiment connaissance avec le pavé de la ville. C'est merveille de les voir une dernière fois rassemblées par espèces sur le toit des voitures qui les amènent, comme elles sont nées si semblables les unes aux autres de l'ensemencement. Tout engourdies aussi par la nuit et si pures encore de tout contact qu'il semble que c'est par immenses dortoirs qu'on les a transportées. Sur le sol pour moi à nouveau immobilisées, elles reprennent aussitôt leur sommeil, serrées les unes contre les autres et jumelles à perte de vue. C'est bientôt juin et l'héliotrope penche sur les miroirs ronds et noirs du terreau mouillé ses milliers de crêtes. Ailleurs les bégonias recomposent patiemment leur grande rosace de vitrail, où domine le rouge solaire, qui éteint un peu plus, là-bas, celle de Notre-Dame. Toutes les fleurs, à commencer même par les moins exubérantes de ce climat, conjuguent à plaisir leur force comme pour me rendre toute la jeunesse de la sensation. Fontaine claire où tout le désir d'entraîner avec moi un être nouveau se reflète et vient boire, tout le désir de reprendre à deux, puisque cela n'a encore pu se faire, le chemin perdu au sortir de l'enfance et qui glissait, embaumant la femme encore inconnue, la femme à venir, entre les prairies. Est-ce enfin vous cette femme, est-ce seulement aujourd'hui que vous deviez venir? Tandis que, comme en rêve, on étale toujours devant nous d'autres parterres, vous vous penchez longuement sur ces fleurs enveloppées d'ombre comme si c'était moins pour les respirer que pour leur ravir leur secret et un tel geste, à lui seul, est la plus émouvante réponse que vous puissiez faire à cette question que je ne vous pose pas. Cette profusion de richesses à nos pieds ne peut manquer de s'interpréter comme un luxe d'avances que me fait à travers elle, plus encore nécessairement à travers vous, la vie. Et d'ailleurs, vous si blonde, physiquement si attirante au crépuscule du matin, c'est trop peu dire qu'ajouter que vous ne faites qu'un avec cet épanouissement même.

                                                L'Amour Fou (Extract)

TRISTAN TZARA

VOIE

quel est ce chemin qui nous sépare
à travers lequel je tends la main de ma pensée
une fleur est écrite au bout de chaque doigt
et le bout du chemin est une fleur qui marche avec toi

Indicateur des Chemins de Cœur

Qui nous sortira des encombrements des choses et de la chair
les applaudissements de la mer se brisent contre toi
digue tragique et raidie sur la première marche de l'amphi-
    théâtre
vieux pli de pierre sur le front éprouvé du monde
les épaves et les décombres jetées dans la mer
et celles de la mer dans le monde
soucieuse ride de terre congestionnée
amarrée dans la gorge des ténèbres marines
cramponnée à la noirceur de la poupe hardie de l'avenir
faisant face aux griffes fonçant dans les vagues debout
sillon trempé dans l'inconcevable imprécation du temps
jusqu'à la consommation des siècles
jusqu'à l'épuisement des cyclones dans les entrepôts élyséens
pauvre petite vie perdant pied chaque jour
culbutée basculée précipitée pauvre vie
pauvre vie harcelée par les présages fauves piétinée
et pourtant: mâchoire d'inébranlable éternité et insolence
fortifiée et crénelée jusqu'au sommet de dieu
que nul œil n'a pu gravir
nulle joie chauffer d'humaine tendresse
mais à quoi bon gravir le pic filtrer les nues
quand l'humaine tendresse ne sait plus chauffer mes joies

qu'importe l'ami le seul la nuit l'ennui
je porte en moi la mie de pain la mort l'ami
et le degré de froid chaque jour augmente en moi ami
devient ami qu'importe l'habitude
qu'importe l'ami le seul la nuit l'ennui
un jour un jour un jour je mettrai le manteau de l'éternelle
    chaleur sur moi
enfoui oublié des autres à leur tour oubliés des autres
si je pouvais atteindre le lumineux oubli

L'Homme Approximatif (Extract)

ACCEPTATION DU PRINTEMPS

Je parle d'un temps neuf luisant
et d'une fraîcheur bleuie
à l'or des lourdes eaux
serties de lents poignards
les portes sont ouvertes ivoire des fruits mûrs
je parle de constance
les poitrines saignent
elles s'offrent à la majesté de la nuit

au cœur des déchirures
l'attente se fait flamme
de nains soleils saluent les langues de cristal
ceux qui partent dévorés par leur écho
mais le galop du sang
parmi de lisses larmes
aux sources incrédules
partage les voix les justes et les dures

je parle de ces sources
que le secret des mains de femme
a su garder intactes
au terme de leur braise

qu'importe leur éclat
si pour perdre la route
elles s'égarent sous la cendre
se couvrent de l'ardente fidélité du silence

elles ne savent que dire
sourdes incandescences
blessures plus profondes
que les pays dormants
de qui je parle — sable —
n'a pas nom en ce monde
où le printemps par touffes
s'arrache à la nuit vaincue

que n'ai-je forces incultes
des enchantements de lumière
greffé la vie fragile
au rire robuste des montagnes
où de vieilles mémoires de terrains en friche
sommeillent dans ma chair
entends dehors l'immensité
se briser dans les arbres

le fruit des castagnettes
s'éclaire à la cascade
vous réveillez le feu scellé
à l'aube trompeuse
voici les vents figés
dans les robes des dormeuses
dansez la nuit des âges durs ô pierres
les nombres et leurs proies visibles ici-bas
jusqu'à éclater en rire de sang
que la terre advienne sur terre
et se multiplie la graine de son règne

Terre sur Terre

LOUIS ARAGON

AIR DU TEMPS

NUAGE
Un cheval blanc s'élève
et c'est l'auberge à l'aube où s'éveillera le premier venu
Vas-tu traîner toute ta vie au milieu du monde
A demi-mort
A demi-endormi
Est-ce que tu n'as pas assez des lieux communs
Les gens te regardent sans rire
Ils ont des yeux de verre
Tu passes Tu perds ton temps Tu passes
Tu comptes jusqu'à cent et tu triches pour tuer dix secondes
    encore
Tu étends le bras brusquement pour mourir
N'aie pas peur
Un jour ou l'autre
Il n'y aura plus qu'un jour et puis un jour
Et puis ça y est
Plus besoin de voir les hommes ni ces bêtes à bon Dieu
qu'ils caressent de temps en temps
Plus besoin de parler tout seul la nuit pour ne pas entendre
la plainte de la cheminée
Plus besoin de soulever mes paupières
Ni de lancer mon sang comme un disque
ni de respirer malgré moi
Pourtant je ne désire pas mourir
La cloche de mon cœur chante à voix basse un espoir très
    ancien
Cette musique Je sais bien Mais les paroles
Que disent au juste les paroles
Imbécile

Poèmes 1920–1924

LES LILAS ET LES ROSES

O mois des floraisons mois des métamorphoses
Mai qui fut sans nuage et Juin poignardé
Je n'oublierai jamais les lilas ni les roses
Ni ceux que le printemps dans ses plis a gardés

Je n'oublierai jamais l'illusion tragique
Le cortège les cris la foule et le soleil
Les chars chargés d'amour les dons de la Belgique
L'air qui tremble et la route à ce bourdon d'abeilles
Le triomphe imprudent qui prime la querelle
Le sang que préfigure en carmin le baiser
Et ceux qui vont mourir debout dans les tourelles
Entourés de lilas par un peuple grisé

Je n'oublierai jamais les jardins de la France
Semblables aux missels des siècles disparus
Ni le trouble des soirs l'énigme du silence
Les roses tout le long du chemin parcouru
Le démenti des fleurs au vent de la panique
Aux soldats qui passaient sur l'aile de la peur
Aux vélos délirants aux canons ironiques
Au pitoyable accoutrement des faux campeurs

Mais je ne sais pourquoi ce tourbillon d'images
Me ramène toujours au même point d'arrêt
A Sainte-Marthe Un général De noirs ramages
Une villa normande au bord de la forêt
Tout se tait L'ennemi dans l'ombre se repose
On nous a dit ce soir que Paris s'est rendu
Je n'oublierai jamais les lilas ni les roses
Et ni les deux amours que nous avons perdus

Bouquets du premier jour lilas lilas des Flandres
Douceur de l'ombre dont la mort farde les joues
Et vous bouquets de la retraite roses tendres
Couleur de l'incendie au loin roses d'Anjou

Le Crève-Cœur

LE MUSÉE GRÉVIN

J'ÉCRIS dans ce pays tandis que la police
A toute heure de nuit entre dans les maisons
Que les inquisiteurs enfonçant leurs éclisses
Dans les membres brisés guettent les trahisons...

  .   .   .   .

J'écris dans un champ clos où des deux adversaires
L'un semble d'une pièce armure et palefroi
Et l'autre que l'épée atrocement lacère
A lui pour tout arroi sa bravoure et son droit

J'écris dans cette fosse où non plus un prophète
Mais un peuple est parmi les bêtes descendu
Qu'on somme de ne plus oublier sa défaite
Et de livrer aux ours la chair qui leur est due

J'écris dans ce décor tragique où les acteurs
Ont perdu leur chemin leur sommeil et leur rang
Dans ce théâtre vide où les usurpateurs
Anonnent de grands mots pour les seuls ignorants...

  .   .   .   .

Comment voudriez-vous que je parle des fleurs
Et qu'il n'y ait des cris dans tout ce que j'écris
De l'arc-en-ciel ancien je n'ai que trois couleurs
Et les airs que j'aimais vous les avez proscrits

Que ne puis-je passer ce monde à l'écumoire
Ses songes éveillés et ses monstres maudits
Du Paradis perdu retrouver la mémoire
Pour renouer ma phrase avec sa mélodie

o

Je dis avec les mots des choses machinales
Plus machinalement que la neige neigeant
Mots démonétisés qu'on lit dans le journal
Et je parle avec eux le langage des gens...

. . . .

Je vous salue ma France arrachée aux fantômes
O rendue à la paix Vaisseau sauvé des eaux
Pays qui chante Orléans Beaugency Vendôme
Cloches cloches sonnez l'angélus des oiseaux

Je vous salue ma France aux yeux de tourterelle
Jamais trop mon tourment mon amour jamais trop
Ma France mon ancienne et nouvelle querelle
Sol semé de héros ciel plein de passereaux

Je vous salue ma France où les vents se calmèrent
Ma France de toujours que la géographie
Ouvre comme une paume aux souffles de la mer
Pour que l'oiseau du large y vienne et se confie

Je vous salue ma France où l'oiseau de passage
De Lille à Roncevaux de Brest au Mont-Cenis
Pour la première fois a fait l'apprentissage
De ce qu'il peut coûter d'abandonner un nid

Patrie également à la colombe ou l'aigle
De l'audace et du chant doublement habitée
Je vous salue ma France où les blés et les seigles
Mûrissent au soleil de la diversité

Je vous salue ma France où le peuple est habile
A ces travaux qui font les jours émerveillés
Et que l'on vient de loin saluer dans sa ville
Paris mon cœur trois ans vainement fusillé

Heureuse et forte enfin qui portez pour écharpe
Cet arc-en-ciel témoin qu'il ne tonnera plus
Liberté dont frémit le silence des harpes
Ma France d'au delà le déluge salut.

Le Musée Grévin (Extracts)

HENRI MICHAUX

EMPORTEZ-MOI

EMPORTEZ-MOI dans une caravelle,
Dans une vieille et douce caravelle,
Dans l'étrave, ou si l'on veut, dans l'écume,
Et perdez-moi, au loin, au loin.

Dans l'attelage d'un autre âge.
Dans le velours trompeur de la neige.
Dans l'haleine de quelques chiens réunis.
Dans la troupe exténuée des feuilles mortes.

Emportez-moi sans me briser, dans les baisers,
Dans les poitrines qui se soulèvent et respirent,
Sur les tapis des paumes et leur sourire,
Dans les corridors des os longs, et des articulations.

Emportez-moi, ou plutôt enfouissez-moi.

Mes Propriétés

CHANT DE MORT

LA fortune aux larges ailes, la fortune par erreur m'ayant
emporté avec les autres vers son pays joyeux, tout à coup,
mais tout à coup, comme je respirais enfin heureux, d'infinis
petits pétards dans l'atmosphère me dynamitèrent et puis des
couteaux jaillissant de partout me lardèrent de coups, si bien
que je retombai sur le sol dur de ma patrie, à tout jamais la
mienne maintenant.
    La fortune aux ailes de paille, la fortune m'ayant élevé pour
un instant au-dessus des angoisses et des gémissements, un

groupe formé de mille, caché à la faveur de ma distraction dans la poussière d'une haute montagne, un groupe fait à la lutte à mort depuis toujours, tout à coup nous étant tombé dessus comme un bolide, je retombai sur le sol dur de mon passé, passé à tout jamais présent maintenant.

La fortune encore une fois, la fortune aux draps frais m'ayant recueilli avec douceur, comme je souriais à tous autour de moi, distribuant tout ce que je possédais, tout à coup, pris par on ne sait quoi venu par en dessous et par derrière, tout à coup, comme une poulie qui se décroche, je basculai, ce fut un saut immense, et je retombai sur le sol dur de mon destin, destin à tout jamais le mien maintenant.

La fortune encore une fois, la fortune à la langue d'huile, ayant lavé mes blessures, la fortune comme un cheveu qu'on prend et qu'on tresserait avec les siens, m'ayant pris et m'ayant uni indissolublement à elle, tout à coup comme déjà je trempais dans la joie, tout à coup la Mort vint et dit: 'Il est temps. Viens'. La Mort, à tout jamais la Mort maintenant.

Un Certain Plume

CLOWN

Un jour.

Un jour, bientôt peut-être.

Un jour j'arracherai l'ancre qui tient mon navire loin des mers.

Avec la sorte de courage qu'il faut pour être rien et rien que rien,

Je lâcherai ce qui paraissait m'être indissolublement proche.

Je le trancherai, je le renverserai, je le romprai, je le ferai dégringoler.

D'un coup dégorgeant ma misérable pudeur, mes misérables combinaisons et enchaînements 'de fil en aiguille'.

Vidé de l'abcès d'être quelqu'un, je boirai à nouveau l'espace nourricier.

A coups de ridicules, de déchéances (qu'est-ce que la dé-
    chéance?), par éclatement, par vide, par une totale dis-
  sipation-dérision-purgation, j'expulserai de moi la forme
    qu'on croyait si bien attachée, composée, coordonnée,
    assortie à mon entourage et à mes semblables, si dignes,
    si dignes, mes semblables.
Réduit à une humilité de catastrophe, à un nivellement par-
    fait comme après une intense trouille.
Ramené au-dessous de toute mesure à mon rang réel, au rang
    infime que je ne sais quelle idée-ambition m'avait fait
    déserter.
Anéanti quant à la hauteur, quant à l'estime.
Perdu en un endroit lointain (ou même pas), sans nom, sans
    identité.

CLOWN, abattant dans la risée, dans l'esclaffement, dans le
    grotesque, le sens que contre toute lumière je m'étais fait
    de mon importance,
Je plongerai.
Sans bourse dans l'infini-esprit sous-jacent ouvert à tous,
ouvert moi-même à une nouvelle et incroyable rosée
à force d'être nul
et ras ...
et risible...

Peintures

ALPHABET

TANDIS que j'étais dans le froid des approches de la mort, je
regardai comme pour la dernière fois les êtres, profondé-
ment.

Au contact mortel de ce regard de glace, tout ce qui n'était
pas essentiel disparut.

Cependant je les fouaillais, voulant retenir d'eux quelque
chose que même la Mort ne pût desserrer.

Ils s'amenuisèrent, et se trouvèrent enfin réduits à une sorte d'alphabet, mais à un alphabet qui eût pu servir dans l'autre monde, *dans n'importe quel monde*.

Par là, je me soulageai de la peur qu'on ne m'arrachât tout entier l'univers où j'avais vécu.

Raffermi par cette prise, je le contemplais, invaincu, quand le sang avec la satisfaction, revenant dans mes artérioles et mes veines, lentement je regrimpai le versant ouvert de la vie.

Exorcismes

LA SÉANCE DE SAC

CELA commença quand j'étais enfant. Il y avait un grand adulte encombrant.

Comment me venger de lui? Je le mis dans un sac. Là je pouvais le battre à mon aise. Il criait, mais je ne l'écoutais pas. Il n'était pas intéressant.

Cette habitude de mon enfance, je l'ai sagement gardée. Les possibilités d'intervention qu'on acquiert en devenant adulte, outre qu'elles ne vont pas loin, je m'en méfiais.

A qui est au lit, on n'offre pas une chaise.

Cette habitude, dis-je, je l'ai justement gardée, et jusqu'-aujourd'hui gardée secrète. C'était plus sûr.

Son inconvénient — car il y en a un — c'est que grâce à elle, je supporte trop facilement des gens impossibles.

Je sais que je les attends au sac. Voilà qui donne une merveilleuse patience.

Je laisse exprès durer des situations ridicules et s'attarder mes empêcheurs de vivre.

La joie que j'aurais à les mettre à la porte *en réalité* est retenue au moment de l'action par les délices incomparablement plus grandes de les tenir prochainement dans le sac. Dans le sac où je les roue de coups impunément et avec une fougue à lasser dix hommes robustes se relayant méthodiquement.

Sans ce petit art à moi, comment aurais-je passé ma vie décourageante, pauvre souvent, toujours dans les coudes des autres?

Comment aurais-je pu la continuer des dizaines d'années à travers tant de déboires, sous tant de maîtres, proches ou lointains, sous deux guerres, deux longues occupations par un peuple en armes et qui croit aux quilles abattues, sous d'autres innombrables ennemis.

Mais l'habitude libératrice me sauva. De justesse il est vrai, et je résistai au désespoir qui semblait devoir ne me laisser rien. Des médiocres, des raseuses, une brute dont j'eusse pu me défaire cent fois, je me les gardais pour la séance de sac.

Liberté d'Action

Voici qu'est venue l'Epoque dure, plus dure que la dure condition de l'homme.

Elle est venue l'Epoque.

Je ferai de leurs maisons des lieux de décombre, dit une voix.

Je ferai de leurs vaisseaux qui voguent sur l'eau des pierres qui coulent rapidement.

Je ferai de leurs familles des hordes terrifiées.

Je ferai de leurs richesses ce que d'une fourrure font les mites, n'en laissant que le spectre, lequel tombe en poussière au moindre geste.

Je ferai de leur bonheur une sale éponge qu'il faut jeter, et leurs projets d'autrefois plus comprimés que le corps de la punaise persécuteront leurs jours et leurs nuits.

Je ferai planer la mort en vérité et en réalité et malheur à qui se trouvera sous ses ailes.

Je culbuterai leurs dieux d'une monstrueuse culbute et dans ses débris éparpillés ils trouveront des dieux qu'ils ne se savaient pas et dont la perte les fera souffrir encore davantage.

Lugubres, lugubres mois!

Lugubres comme cantonnement inondé par surprise.

Lugubres comme le blockhaus aperçu tout à coup et trop tard, trop tard son embrasure mince semblable à un mauvais œil plissé, mais ce qui en sort est autrement pénétrant.

Lugubres comme un croiseur sans escorte aérienne, le soir, près des unités ennemies tandis qu'on entend des bruits dans le ciel que l'on identifie que trop bien quoiqu'encore faibles, mais ils grossissent si épouvantablement vite, et le croiseur s'en va, zigzaguant comme une phrase maladroite qui ne rencontre pas le lit de l'histoire.

Lugubres ... et pas finis.

Chant Dans Le Labyrinthe (Extract)

L'INCROYABLE, le désiré désespérément depuis l'enfance, l'exclu apparemment que je pensais que moi je ne verrais jamais, l'inouï, l'inaccessible, le trop beau, le sublime interdit à moi, est arrivé.

J'AI VU LES MILLIERS DE DIEUX. J'ai reçu le cadeau émerveillant. A moi sans foi (sans savoir la foi que je pouvais avoir peut-être), ils sont apparus. Ils étaient là, présents, plus présents que n'importe quoi que j'aie jamais regardé. Et c'était impossible et je le savais et pourtant. Pourtant ils étaient là, rangés par centaines les uns à côté des autres (mais des milliers à peine perceptibles suivaient et bien plus que des milliers, une infinité). Elles étaient là ces personnes calmes, nobles, suspendues en l'air par une lévitation qui paraissait naturelle, très légèrement mobiles ou plutôt animées sur place. Elles, ces personnes divines, et moi, seuls en présence.

Dans quelque chose comme de la reconnaissance, j'étais à elles.

Main enfin, me dira-t-on, qu'est-ce que je croyais? Je réponds: Qu'avais-je à faire de croire, PUISQU'ILS ÉTAIENT LA ! Pourquoi serais-je entré en discussion alors que j'étais comblé? Ils ne se trouvaient pas à une grande hauteur, mais à la hauteur qu'il faut pour, tout en se laissant voir, garder les distances,

pour être respectés par le témoin de leur gloire qui reconnaît
leur supériorité sans comparaison. Ils étaient naturels, comme
est naturel le soleil dans le ciel. Je ne bougeais pas. Je n'avais
pas à m'incliner. Ils étaient suffisamment par-dessus moi.
C'était réel et c'était comme chose entendue entre nous, en
vertu d'une entente préexistante. J'étais rempli d'eux.
J'avais cessé d'être mal rempli. Tout était parfait. Il n'y avait
plus ni à réfléchir, ni à soupeser, ni à critiquer. Il n'y avait
plus à comparer. Mon horizontale était maintenant une ver-
ticale. J'existais en hauteur. Je n'avais pas vécu en vain.

L'Infini Turbulent (Extract)

THE THIN MAN

PETIT
petit sous le vent
petit et lacunaire
pressé et sachant que vite il faut qu'il sache
dans sa petite galaxie
faisant le quart
dans son cockpit perpétuellement
dans son peu de paix
dans son pas de paix du tout
bruissant sous la douche de milliers d'avertisseurs
sonné
sassé
sifflé
frappé
percé
se croyant de la chair
se voulant dans un palais
mais vivant dans des palans
dans les rafales
innombrable,
frêle,

horloger aussi et foetus aussi
visé
entamé
agrippé
agriffé

frappé à coups redoublés
gravé comme une plaque
cliquetant comme un téléscripteur
déplacé
dévié

son miroir mille fois brisé
affolé
à l'écoute
ne voulant pas être perdu
traçant des plans
des plans contradictoires
des plans étrangers
des plans rebondissants
des plans à l'infini
luttant avec des plans
jamais tout à fait submergé
luttant
et même il va bientôt sourire
et puis croire que la vie est bonheur et soupirs
et doux corps rapprochés
autour de l'être éperdu

puis à nouveau renversé
redressé
puis de nouveau alerté et près d'être submergé
sur place paralysé mortellement

refaisant des plans
des contre-plans
des plans d'opposition

dans l'obscur
dans le futur
dans l'indéterminé
pilote tant qu'il pourra, jusqu'à la fin
pilote ou plus rien

cible en plein vol, qui scrute
qui trace des plans,
toujours des plans
des PLANS

Celui qui est né dans la nuit
souvent refera son Mandala.

(Published in *Botteghe Oscure*, XX,
Autumn, 1957)

JACQUES PRÉVERT

FAMILIALE

LA mère fait du tricot
Le fils fait la guerre
Elle trouve ça tout naturel la mère
Et le père qu'est-ce qu'il fait le père?
Il fait des affaires
Sa femme fait du tricot
Son fils la guerre
Lui des affaires
Il trouve ça tout naturel le père
Et le fils et le fils
Qu'est-ce qu'il trouve le fils?
Il ne trouve rien absolument rien le fils
Le fils sa mère fait du tricot son père des affaires lui la guerre
Quand il aura fini la guerre
Il fera des affaires avec son père
La guerre continue la mère continue elle tricote
Le père continue il fait des affaires
Le fils est tué il ne continue plus
Le père et la mère vont au cimetière
Ils trouvent ça tout naturel le père et la mère
La vie continue la vie avec le tricot la guerre les affaires
Les affaires la guerre le tricot la guerre
Les affaires les affaires et les affaires
La vie avec le cimetière.

Paroles

COMPLAINTE DE VINCENT

A ARLES où roule le Rhône
Dans l'atroce lumière de midi

Un homme de phosphore et de sang
Pousse une obsédante plainte
Comme une femme qui fait son enfant
Et le linge devient rouge
Et l'homme s'enfuit en hurlant
Pourchassé par le soleil
Un soleil d'un jaune strident
Au bordel tout près du Rhône
L'homme arrive comme un roi mage
Avec son absurde présent
Il a le regard bleu et doux
Le vrai regard lucide et fou
De ceux qui donnent tout à la vie
De ceux qui ne sont pas jaloux
Et montre à la pauvre enfant
Son oreille couchée dans le linge
Et elle pleure sans rien comprendre
Songeant à de tristes présages
Et regarde sans oser le prendre
L'affreux et tendre coquillage
Où les plaintes de l'amour mort
Et les voix inhumaines de l'art
Se mêlent aux murmures de la mer
Et vont mourir sur le carrelage
Dans la chambre où l'édredon rouge
D'un rouge soudain éclatant
Mélange ce rouge si rouge
Au sang bien plus rouge encore
De Vincent à demi mort
Et sage comme l'image même
De la misère et de l'amour
L'enfant nue toute seule sans âge
Regarde le pauvre Vincent
Foudroyé par son propre orage
Qui s'écroule sur le carreau
Couché dans son plus beau tableau
Et l'orage s'en va calmé indifférent

En roulant devant lui ses grands tonneaux de sang
L'éblouissant orage du génie de Vincent
Et Vincent reste là dormant rêvant râlant
Et le soleil au-dessus du bordel
Comme une orange folle dans un désert sans nom
Le soleil sur Arles
En hurlant tourne en rond.

Paroles

ROBERT DESNOS

SI TU SAVAIS

Loin de moi et semblable aux étoiles, à la mer et à tous les accessoires de la mythologie poétique,
Loin de moi et cependant présente à ton insu,
Loin de moi et plus silencieuse encore parce que je t'imagine sans cesse,
Loin de moi, mon joli mirage et mon rêve éternel, tu ne peux pas savoir.
Si tu savais.
Loin de moi et peut-être davantage encore de m'ignorer et m'ignorer encore.
Loin de moi parce que tu ne m'aimes pas sans doute ou ce qui revient au même, que j'en doute.
Loin de moi parce que tu ignores sciemment mes désirs passionnés.
Loin de moi parce que tu es cruelle.
Si tu savais.
Loin de moi, ô joyeuse comme la fleur qui danse dans la rivière au bout de sa tige aquatique, ô triste comme sept heures du soir dans les champignonnières.
Loin de moi silencieuse encore ainsi qu'en ma présence et joyeuse encore comme l'heure en forme de cigogne qui tombe de haut.
Loin de moi à l'instant où chantent les alambics, à l'instant où la mer silencieuse et bruyante se replie sur les oreillers blancs.
Si tu savais.
Loin de moi, ô mon présent présent tourment, loin de moi au bruit magnifique des coquilles d'huîtres qui se brisent sous le pas du noctambule, au petit jour, quand il passe devant la porte des restaurants.
Si tu savais.

Loin de moi, volontaire et matériel mirage.

Loin de moi c'est une île qui se détourne au passage des navires.

Loin de moi un calme troupeau de bœufs se trompe de chemin, s'arrête obstinément au bord d'un profond précipice, loin de moi, ô cruelle.

Loin de moi, une étoile filante choit dans la bouteille nocturne du poète. Il met vivement le bouchon et dès lors il guette l'étoile enclose dans le verre, il guette les constellations qui naissent sur les parois, loin de moi, tu es loin de moi.

Si tu savais.

Loin de moi une maison achève d'être construite.

Un maçon en blouse blanche au sommet de l'échafaudage chante une petite chanson très triste et, soudain, dans le récipient empli de mortier apparaît le futur de la maison: les baisers des amants et les suicides à deux et la nudité dans les chambres des belles inconnues et leurs rêves mêmes à minuit, et les secrets voluptueux surpris par les lames de parquet.

Loin de moi,

Si tu savais.

Si tu savais comme je t'aime et, bien que tu ne m'aimes pas, comme je suis joyeux, comme je suis robuste et fier de sortir avec ton image en tête, de sortir de l'univers.

Comme je suis joyeux à en mourir.

Si tu savais comme le monde m'est soumis.

Et toi, belle insoumise aussi, comme tu es ma prisonnière.

O toi, loin-de-moi à qui je suis soumis

Si tu savais.

Corps et Biens

DÉSESPOIR DU SOLEIL

QUEL bruit étrange glissait le long de la rampe d'escalier au bas de laquelle rêvait la pomme transparente

Les vergers étaient clos et le sphinx bien loin de là s'étirait dans le sable craquant de chaleur dans la nuit de tissu fragile.

Ce bruit devait-il durer jusqu'à l'éveil des locataires, ou s'évader dans l'ombre du crépuscule matinal? Le bruit persistait. Le sphinx aux aguets l'entendait depuis des siècles et désirait l'éprouver. Aussi ne faut-il pas s'étonner de voir la silhouette souple du sphinx dans les ténèbres de l'escalier. Le fauve égratignait de ses griffes les marches encaustiquées. Les sonnettes devant chaque porte marquaient de lueurs la cage de l'ascenseur et le bruit persistant sentant venir celui qu'il attendait depuis des millions de ténèbres s'attacha à la crinière et brusquement l'ombre pâlit.

C'est le poème du matin qui commence tandis que dans son lit tiède avec des cheveux dénoués rabattus sur le visage et les draps plus froissés que ses paupières la vagabonde attend l'instant où s'ouvrira sur un paysage de résine et d'agate sa porte close encore aux flots du ciel et de la nuit.

C'est le poème du jour où le sphinx se couche dans le lit de la vagabonde et malgré le bruit persistant lui jure un éternel amour digne de foi.

C'est le poème du jour qui commence dans la fumée odorante du chocolat et le monotone tac tac du cireur qui s'étonne de voir sur les marches de l'escalier les traces des griffes du voyageur de la nuit.

C'est le poème du jour qui commence avec des étincelles d'allumettes au grand effroi des pyramides surprises et tristes de ne plus voir leur majestueux compagnon couché à leurs pieds.

Mais le bruit quel était-il? Dites-le tandis que le poème du jour commence tandis que la vagabonde et le sphinx bien-aimé rêvent aux bouleversements de paysages.

Ce n'était pas le bruit de la pendule ni celui des pas ni celui du moulin à café.

Le bruit quel était-il? quel était-il?

L'escalier s'enfoncera-t-il toujours plus avant? montera-t-il toujours plus haut?

Rêvons acceptons de rêver c'est le poème du jour qui commence.

Corps et Biens

P

LA FOURMI

Une fourmi de dix-huit mètres
Avec un chapeau sur la tête,
Ça n'existe pas, ça n'existe pas.
Une fourmi traînant un char
Plein de pingouins et de canards,
Ça n'existe pas, ça n'existe pas.
Une fourmi parlant français,
Parlant latin et javanais,
Ça n'existe pas, ça n'existe pas.
Eh! Pourquoi pas?

30 Chantefables pour les enfants sages

RAYMOND QUENEAU

SOURDE est la nuit l'ombre la brume
Sourd est l'arbre sourd le caillou
Sourd est le marteau sur l'enclume
Sourde est la mer sourd le hibou

Aveugles la nuit et la pierre
Aveugles l'herbe et les épis
Aveugle est la taupe sous terre
Aveugle un noyau dans le fruit

Muettes la nuit et la misère
Muets sont les chants et la prairie
Muette est la clarté de l'air
Muet le bois le lac le cri

Infirme est toute la nature
Infirmes sont bêtes et rocs
Infirme est la caricature
Infirme l'idiot qui débloque

Mais qui voit? qui entend? qui parle?

Les Ziaux

L'EXPLICATION DES MÉTAPHORES

LOIN du temps, de l'espace, un homme est égaré,
Mince comme un cheveu, ample comme l'aurore,
Les naseaux écumants, les deux yeux révulsés,
Et les mains en avant pour tâter le décor

— D'ailleurs inexistant. Mais quelle est, dira-t-on,
La signification de cette métaphore:
'Mince comme un cheveu, ample comme l'aurore'
Et pourquoi ces naseaux hors des trois dimensions?

Si je parle du temps, c'est qu'il n'est pas encore,
Si je parle d'un lieu, c'est qu'il a disparu,
Si je parle d'un homme, il sera bientôt mort,
Si je parle du temps, c'est qu'il n'est déjà plus,

Si je parle d'espace, un dieu vient le détruire,
Si je parle des ans, c'est pour anéantir,
Si j'entends le silence, un dieu vient y mugir
Et ses cris répétés ne peuvent que me nuire.

Car ces dieux sont démons; ils rampent dans l'espace
Minces comme un cheveu, amples comme l'aurore,
Les naseaux écumants, la bave sur la face,
Et les mains en avant pour saisir un décor

— D'ailleurs inexistant. Mais quelle est, dira-t-on,
La signification de cette métaphore
'Minces comme un cheveu, amples comme l'aurore'
Et pourquoi cette face hors des trois dimensions?

Si je parle des dieux, c'est qu'ils couvrent la mer
De leur poids infini, de leur vol immortel,
Si je parle des dieux, c'est qu'ils hantent les airs,
Si je parle des dieux, c'est qu'ils sont perpétuels,

Si je parle des dieux, c'est qu'ils vivent sous terre,
Insufflant dans le sol leur haleine vivace,
Si je parle des dieux, c'est qu'ils couvent le fer,
Amassent le charbon, distillent le cinabre.

Sont-ils dieux ou démons? Ils emplissent le temps,
Minces comme un cheveu, amples comme l'aurore,
L'émail des yeux brisés, les naseaux écumants,
Et les mains en avant pour saisir un décor

— D'ailleurs inexistant. Mais quelle est, dira-t-on,
La signification de cette métaphore
'Mince comme un cheveu, ample comme une aurore'
Et pourquoi ces deux mains hors des trois dimensions?

Oui, ce sont des démons. L'un descend, l'autre monte.
A chaque nuit son jour, à chaque mont son val,
A chaque jour sa nuit, à chaque arbre son ombre,
A chaque être son Non, à chaque bien son mal,

Oui, ce sont des reflets, images négatives,
S'agitant à l'instar de l'immobilité,
Jetant dans le néant leur multitude active
Et composant un double à toute vérité.

Mais ni dieu ni démon l'homme s'est égaré,
Mince comme un cheveu, ample comme l'aurore,
Les naseaux écumants, les deux yeux révulsés,
Et les mains en avant pour tâter un décor

— D'ailleurs inexistant. C'est qu'il est égaré;
Il n'est pas assez mince, il n'est pas assez ample:
Trop de muscles tordus, trop de salive usée.
Le calme reviendra lorsqu'il verra le Temple
De sa forme assurer sa propre éternité.

Les Ziaux

RENÉ CHAR

COMPAGNIE DE L'ÉCOLIÈRE

Je sais bien que les chemins marchent
Plus vite que les écoliers
Attelés à leur cartable
Roulant dans la glu des fumées
Où l'automne perd le souffle
Jamais douce à vos sujets
Est-ce vous que j'ai vu sourire
Ma fille ma fille je tremble

N'aviez-vous donc pas méfiance
De ce vagabond étranger
Quand il enleva sa casquette
Pour vous demander son chemin
Vous n'avez pas paru surprise
Vous vous êtes abordés
Comme coquelicot et blé
Ma fille ma fille je tremble

La fleur qu'il tient entre les dents
Il pourrait la laisser tomber
S'il consent à donner son nom
A rendre l'épave à ses vagues
Ensuite quelque aveu maudit
Qui hanterait votre sommeil
Parmi les ajoncs de son sang
Ma fille ma fille je tremble

Quand ce jeune homme s'éloigna
Le soir mura votre visage
Quand ce jeune homme s'éloigna
Dos voûté front bas et mains vides

Sous les osiers vous étiez grave
Vous ne l'aviez jamais été
Vous rendra-t-il votre beauté
Ma fille ma fille je tremble

La fleur qu'il gardait à la bouche
Savez-vous ce qu'elle cachait
Père un mal pur bordé de mouches
Je l'ai voilé de ma pitié
Mais ses yeux tenaient la promesse
Que je me suis faite à moi-même
Je suis folle je suis nouvelle
C'est vous mon père qui changez.

Placard pour un chemin des écoliers

CONGÉ AU VENT

A FLANCS de coteau du village bivouaquent des champs fournis de mimosas. A l'époque de la cueillette, il arrive que, loin de leur endroit, on fasse la rencontre extrêmement odorante d'une fille dont les bras se sont occupés durant la journée aux fragiles branches. Pareille à une lampe dont l'auréole de clarté serait de parfum, elle s'en va, le dos tourné au soleil couchant.

Il serait sacrilège de lui adresser la parole.

L'espadrille foulant l'herbe, cédez-lui le pas du chemin. Peut-être aurez-vous la chance de distinguer sur ses lèvres la chimère de l'humidité de la Nuit?

Seuls Demeurent

LA LIBERTÉ

ELLE est venue par cette ligne blanche pouvant tout aussi bien signifier l'issue de l'aube que le bougeoir du crépuscule.

Elle passa les grèves machinales; elle passa les cimes éventrées.

Prenaient fin la renonciation à visage de lâche, la sainteté du mensonge, l'alcool du bourreau.

Son verbe ne fut pas un aveugle bélier mais la toile où s'inscrivit mon souffle.

D'un pas à ne se mal guider que derrière l'absence, elle est venue, cygne sur la blessure, par cette ligne blanche.

Seuls Demeurent

SEUIL

QUAND s'ébranla le barrage de l'homme, aspiré par la faille géante de l'abandon du divin, des mots dans le lointain, des mots qui ne voulaient pas se perdre, tentèrent de résister à l'exorbitante poussée. Là, se décida la dynastie de leur sens.

J'ai couru jusqu'à l'issue de cette nuit diluvienne. Planté dans le flageolant petit jour, ma ceinture pleine de saisons, je vous attends, ô mes amis qui allez venir. Déjà je vous devine derrière la noirceur de l'horizon. Mon âtre ne tarit pas de vœux pour vos maisons, et mon bâton de cyprès rit de tout son cœur pour vous.

Le Poème Pulvérisé

LE MARTINET

MARTINET aux ailes trop larges, qui vire et crie sa joie autour de la maison. Tel est le cœur.

Il dessèche le tonnerre. Il sème dans le ciel serein. S'il touche au sol, il se déchire.

Sa répartie est l'hirondelle. Il déteste la familière. Que vaut dentelle de la tour?

Sa pause est au creux le plus sombre. Nul n'est plus à l'étroit que lui.

L'été de la longue clarté, il filera dans les ténèbres, par les persiennes de minuit.

Il n'est pas d'yeux pour le tenir. Il crie, c'est toute sa présence. Un mince fusil va l'abattre. Tel est le cœur.

La Fontaine Narrative

LA SORGUE

Chanson pour Yvonne

RIVIÈRE trop tôt partie, d'une traite, sans compagnon,
Donne aux enfants de mon pays le visage de ta passion.

Rivière où l'éclair finit et où commence ma maison,
Qui roule aux marches d'oubli la rocaille de ma raison.

Rivière, en toi terre est frisson, soleil anxiété.
Que chaque pauvre dans sa nuit fasse son pain de ta moisson.

Rivière souvent punie, rivière à l'abandon.

Rivière des apprentis à la calleuse condition,
Il n'est vent qui ne fléchisse à la crête de tes sillons.

Rivière de l'âme vide, de la guenille et du soupçon,
Du vieux malheur qui se dévide, de l'ormeau, de la compassion.

Rivière des farfelus, des fiévreux, des équarrisseurs,
Du soleil lâchant sa charrue pour s'acoquiner au menteur.

Rivière des meilleurs que soi, rivière des brouillards éclos,
De la lampe qui désaltère l'angoisse autour de son chapeau.

Rivière des égards au songe, rivière qui rouille le fer,
Où les étoiles ont cette ombre qu'elles refusent à la mer.

Rivière des pouvoirs transmis et du cri embouquant les eaux,
De l'ouragan qui mord la vigne et annonce le vin nouveau.

Rivière au cœur jamais détruit dans ce monde fou de prison,
Garde-nous violent et ami des abeilles de l'horizon.

Fureur et Mystère

POURQUOI SE RENDRE?

— Oh! Rencontrée, nos ailes vont côte à côte
Et l'azur leur est fidèle.
Mais qu'est-ce qui brille encore au-dessus de nous?

— Le reflet mourant de notre audace.
Lorsque nous l'aurons parcouru,
Nous n'affligerons plus la terre:
Nous nous regarderons.

A Une Sérénité Crispée

A***

Tu es mon amour depuis tant d'années,
Mon vertige devant tant d'attente,
Que rien ne peut vieillir, froidir;
Même ce qui attendait notre mort,
Ou lentement sut nous combattre,
Même ce qui nous est étranger,
Et mes éclipses et mes retours.

Fermée comme un volet de buis
Une extrême chance compacte
Est notre chaîne de montagnes,
Notre comprimante splendeur.

Je dis chance, ô ma martelée;
Chacun de nous peut recevoir
La part de mystère de l'autre
Sans en répandre le secret;
Et la douleur qui vient d'ailleurs
Trouve enfin sa séparation
Dans la chair de notre unité,
Trouve enfin sa route solaire
Au centre de notre nuée
Qu'elle déchire et recommence.

Je dis chance comme je le sens.
Tu as élevé le sommet
Que devra franchir mon attente
Quand demain disparaîtra.

A Une Sérénité Crispée

LA TRUITE

RIVES qui croulez en parure
Afin d'emplir tout le miroir,
Gravier où balbutie la barque
Que le courant presse et retrousse,
Herbe, herbe toujours étirée,
Herbe, herbe jamais en répit,
Que devient votre créature
Dans les orages transparents
Où son cœur la précipita?

La Paroi et la Prairie

LA FAUX RELEVÉE

QUAND le bouvier des morts frappera du bâton,
Dédiez à l'été ma couleur dispersée.
Avec mes poings trop bleus étonnez un enfant.
Disposez sur ses joues ma lampe et mes épis.

Fontaine, qui tremblez dans votre étroit réduit,
Mon gain, aux soifs des champs, vous le prodiguerez.

De l'humide fougère au mimosa fievreux;
Entre le vieil absent et le nouveau venu,
Le mouvement d'aimer, s'abaissant, vous dira:
'Hormis là, nul endroit, la disgrâce est partout.'

Anthologie

GUILLEVIC

FAIT-DIVERS

Fallait-il donc faire tant de bruit
Autour d'une chaise?

— Elle n'est pas du crime.

C'est du vieux bois
Qui se repose,
Qui oublie l'arbre—
Et sa rancune
Est sans pouvoir.

Elle ne veut plus rien,
Elle ne doit plus rien,
Elle a son propre tourbillon,
Elle se suffit.

Terraqué

MONSTRES

Il y a des monstres qui sont très bons,
Qui s'assoient contre vous les yeux clos de tendresse
Et sur votre poignet
Posent leur patte velue.

Un soir —
Où tout sera pourpre dans l'univers,
Où les roches reprendront leurs trajectoires de folles,

Ils se réveilleront.

Terraqué

Oui, fleuves — oui, maisons,

Et vous, brouillards — et toi,
Coccinelle incroyable,

Chêne creux du talus,
Ouvert comme un gros bœuf,

Qui ne vous entendrait
Criant comme des graines
Sur le point de mûrir?

— Patience, quelques siècles
Et nous pourrons peut-être
Nous faire ensemble une raison.

Terraqué

Tu te réveilles...

Tu vois encore de grands trous d'ombre,
Des gueules ouvertes, des dents de roches,
Un grand feu
Léchant le métal.

Tu as vu, retiré de la mer incendiée,
Le sel bouchant le noir des longs couloirs brûlés,
Le mouvement des grandes masses d'eau — tu te souviens
De la clameur de leur défaite.

Tu glissais parmi le chaos,
Poussant les roches au rire,
Cherchant l'amitié du feu.

Tes flancs, ta bouche accouchaient les végétaux,
Les animaux criant d'espoir et s'en allant
Attendre la poussée de leur chair exigeante.

Tu faisais claquer la lagune sur ta langue,
Tes doigts montaient dans les écorces,
Tu collais à ta peau
Toute l'argile.

Terraqué (Extract from *Ensemble*)

ANDRÉ FRÉNAUD

MAISON A VENDRE

TANT de gens ont vécu là qui aimaient
l'amour, le réveil et enlever la poussière.
Le puits est sans fond et sans lune,
les anciens sont partis et n'ont rien emporté.
Bouffe le lierre sous le soleil d'hier,
reste la suie, leur marc de café.
Je m'attelle aux rêves éraillés.
J'aime la crasse de l'âme des autres,
mêlée à ces franges de grenat,
le suint des entreprises manquées.
Concierge... J'achète, j'achète la baraque.
Si elle m'empoisonne, je m'y flambe.
On ouvrira les fenêtres... Remets la plaque.
Un homme entre, il flaire, il recommence.

Les Rois-Mages

LES ROIS-MAGES

AVANCERONS-NOUS aussi vite que l'étoile
La randonnnée n'a-t-elle pas assez duré
Réussirons-nous enfin à l'égarer
cette lueur au milieu de la lune et des bêtes
qui ne s'impatiente pas

La neige avait tissé les pays du retour
avec ses fleurs fondues où se perd la mémoire
de nouveaux compagnons se mêlaient à la troupe
qui sortaient des arbres comme les bûcherons

Le juif errant peinait aux blessures bafouées
des fourrures couvraient le roi-noir malade à mourir
le Pasteur de la faim est avec nous
ses yeux bleus éclairent son manteau d'épluchures
et le troupeau rageur des enfants prisonniers.

Nous allions voir la Joie nous l'avons cru
la joie du monde née dans une petite maison par ici
—C'était au commencement... Maintenant on ne parle pas
Nous allions délivrer un tombeau radieux
marqué d'une croix par les torches dans la forêt

Le pays n'est pas sûr les châteaux se glissent derrière nous
pas de feu dans l'âtre des relais les frontières
remuent à l'aube par les coups défendus
Nos paumes qui ont brisé les tempêtes de sable
sont trouées par le charançon et j'ai peur de la Nuit.

Ceux qui nous attendaient dans le vent de la route
se sont lassés le chœur se tourne contre nous
Par les banlieues fermées à l'aube les pays sans amour
nous avançons mêlés à tous et séparés
sous les lourdes paupières de l'Espérance
la Peur haletait comme une haridelle.

Nous arriverons trop tard le massacre est commencé
les Innocents sont couchés dans l'herbe
et chaque jour nous remuons des flaques dans les contrées
et la rumeur se creuse des morts non secourus
qui avaient espéré en notre diligence.

Tout l'encens a pourri dans les boîtes en ivoire
et l'or a caillé nos cœurs comme du lait
la jeune fille s'est donnée aux soldats
que nous gardions dans l'arche pour le rayonnement
pour le sourire de sa Face.

Nous sommes perdus... On nous a fait de faux rapports
c'est depuis le début du voyage
Il n'y avait pas de route il n'y a pas de lumière
seul un épi d'or sorti du songe
que le poids de nos chutes n'a pas su gonfler
Et nous poursuivons en murmurant contre nous
tous les trois brouillés autant qu'un seul peut l'être
avec lui-même
et le monde rêve à travers notre marche dans l'herbe des bas-
    lieux
et ils espèrent quand nous nous sommes trompés de chemin.

Égarés dans les moires du Temps — les durs méandres
qu'anime le sourire de l'Enfant
chevaliers à la poursuite de la fuyante Naissance
du Futur qui nous guide comme un toucheur de bœufs
je maudis l'aventure je voudrais retourner
vers la maison et le platane
pour boire l'eau de mon puits que ne trouble pas la lune
et m'accomplir sur mes terrasses toujours égales
dans la fraîcheur immobile de mon ombre...

Mais je ne puis guérir d'un appel insensé.

Les Rois-Mages

PARIS

O VAISSEAU endormi
qui m'attends
loin de moi ô Paris
mon honneur et ma fête
mon secret réchauffé
dans tes yeux

Q

O ma Seine arrimée
dans tes eaux printanières
ô charniers innocents
de mémoire ô ma vie
trépassée qui verdoies
plus comblée que tes jours
quand ils luirent

O ta neige en mon âme
et mes fleurs ô manteau
pour briller dans l'hiver
de mon âge
mes blessures
sont couleur de ton ciel

O Paris tes arènes
pour combattre mes bêtes
mes taureaux blanchissant
par la nuit et ma mort
piétinée et mon sang
qui surgit dans leurs yeux
et mon rire

O Paris tes ponts-neufs
pour passer mes abîmes
tes deux îles mes yeux
oscillant sur le flux
tes fenêtres du soir
mes attentes lointaines
et tes portes d'hôtel
mes entrées du mystère

O Montmartre ta proue
et tes tours pour hausser
mes refus tes rosaces
pour mirer la beauté
et les Halles au matin
et les cris du jardin
la tendresse du jour

O Paris mon amande
bleue amère
ma réserve songeuse
jusqu'aux pierres
de ton sein
mes douces graminées
tes marchands de couleur
arbres de ma voix vive
et ton ciel pourrissant
ô mon heaume enchanté.

Les Mystères de Paris

UNE FUMÉE

LA vie se rassemble à chaque instant
comme une fumée sur le toit
Comme le soleil s'en va des vallées
comme un cheval à large pas
la vie s'en va

O mon désastre mon beau désastre
ma vie tu m'as trop épargné
Il fallait te défaire au matin
comme un peu d'eau ravie au ciel
comme un souffle d'air est heureux
dans le vol bavard des hirondelles.

Passage de la Visitation

POUR BOIRE AUX AMIS

JE boirai en souvenir de la blancheur des montagnes
Je tirerai du vin du bouillonnement de la source
par-delà les hauts lieux glacés
Pour offrir le meilleur aux amis pour les réjouir

il faut n'avoir eu peur de rien
il faut s'être avancé très haut
Pour m'inviter à boire moi aussi
comme si j'étais devenu mon ami
par la grâce de la blancheur de la source
pour devenir mon ami droit dans les yeux.

Passage de la Visitation

BLASON D'OXFORD

Le gazon blasonnant les pierres
les larmes des pierres qui abondent dans l'ouvrage érigé
Ton sourire de prêtre qui retient dans le quotidien dimanche
le parfait désert sous la parure gothique
l'amour caché dans une absence aussi brûlante
Et ton silence bruit jusqu'aux prairies trop studieuses
Tu t'efforces tu maintiens le pas gagné de l'Angleterre vieille
qui s'acharne ici où détresse est vaillance.

Passage de la Visitation

NOËL MODESTE

Un petit âne pour tenir la promesse,
avec des poules qui l'accueilleraient,
avec un veau pour veiller son visage,
avec nos paroles pour le réchauffer,
notre silence ouvert pour y garder son cri,
une voix d'ange dans son oreille modeste,
une croix noire sur son dos, de la paille,
un ânon gris dans une étable pour nous sauver.

Il n'y a pas de paradis

NON PAS UN TEMPLE

Le temple enfermé dans la terre
non pas berceau mais le tombeau
la crypte parée dans la terre
Venez amis car il fait froid

Pour s'entourer d'une lumière
il aurait fallu plus avant
creuser et dormir à défaut
d'avoir su plaire au grand soleil

Sans vos voix les murs ne s'éclairent
frères compagnons inconnus
Descendez célébrez la fête
Et venez aussi petits chiens

Gardez-le si seul il est las
Tous ses blasons et ses parures
tous les objets bien trop aimés
ne font pas source ni lieu-saint

La noce enfouie le dieu sans foi
Édifié hors du temps hagard
le trésor pourtant s'obscurcit
Toujours le désert prévaudra
Demain déjà Pourquoi la fête
Adieu amis Rien n'avait lui.

Il n'y a pas de paradis

PATRICE DE LA TOUR DU PIN

LÉGENDE

Va dire à ma chère Ile, là-bas, tout là-bas,
Près de cet obscur marais de Foulc, dans la lande,
Que je viendrai vers elle ce soir, qu'elle attende,
Qu'au lever de la lune elle entendra mon pas.

Tu la trouveras baignant ses pieds sous les rouches,
Les cheveux dénoués, les yeux clos à demi,
Et naïve, tenant une main sur la bouche
Pour ne pas réveiller les oiseaux endormis.

Car les marais sont tout embués de légende,
Comme le ciel que l'on découvre dans ses yeux,
Quand ils boivent la bonne lune sur la lande
Ou les vents tristes qui dévalent des Hauts-Lieux.

Dis-lui que j'ai passé des aubes merveilleuses
A guetter les oiseaux qui revenaient du Nord,
Si près d'elle, étendue à mes pieds et frileuse
Comme une petite sauvagine qui dort.

Dis-lui que nous voici vers la fin de septembre,
Que les hivers sont durs dans ces pays perdus,
Que devant la croisée ouverte de ma chambre,
De grands fouillis de fleurs sont toujours répandus.

Annonce-moi comme un prophète, comme un prince,
Comme le fils d'un roi d'au-delà de la mer;
Dis-lui que les parfums inondent mes provinces
Et que les Hauts-Pays ne souffrent pas l'hiver.

Dis-lui que les balcons ici seront fleuris,
Qu'elle se baignera dans les étangs sans fièvre,
Mais que je voudrais voir dans ses yeux assombris
Le sauvage secret qui se meurt sur les lèvres,

L'énigme d'un regard de pure transparence
Et qui brille parfois du fascinant éclair
Des grands initiés aux jeux de connaissance
Et des coureurs du large, sous les cieux déserts...

La Quête de Joie

PSAUME XXVIII

1 Je vois bien le péché de l'origine, — mais le ferais-je, Seigneur, jusqu'au bout?

2 De la semence de celui qui tentait l'aventure divine dans le jardin terrestre, — nous sommes passés dans la semence de ceux qui vous insultaient sur la montagne.

3 De la main de celui qui prenait le fruit à celles qui vous crucifiaient, — pouvons-nous aller plus loin dans l'exécration?

4 Nous n'avons pas voulu de l'enfance et nous n'avons pas voulu des noces, — et pourtant notre destin de créatures n'est pas rempli.

5 Ils sont beaux, les deux premiers quartiers de nos armes ! — encore un, ô fête de l'homme, et nous nous croirons souverains !

6 Celui que nous dessinons avec le don d'être libres, — nous, les interprètes de nous-mêmes.

7 Car toute chose intérieure se prolonge jusqu'aux paroles et aux mains, — tout mystère, même passé, est à demeure en nous.

8 Nous les remonterons pour connaître notre race — et pour reprendre en grâce le refus de notre vie.

9 Et en amour notre contr'amour de jadis, — en poésie, nos défaillances du temps courant.

10 Car la poésie n'est pas notre rêve ou une incarnation magique, — elle est de notre vie active et du travail de nos mains.

11 Pour que vous puissiez dessiner sur notre pauvreté — le dernier quartier lumineux des armes de l'homme.

Psaumes

PIERRE EMMANUEL

JE ME SUIS RECONNU

Le tyran a posé devant lui ses mains nues
et, seul devant ces mains étrangères, ces Mères
presque exsangues sur le drap pourpre des nations,
seul contre ces ménades pâles de l'histoire
dont l'ombre lacère sans trêve l'univers,
il fixe leur blancheur funèbre dans les âges
et sent la nuit grandir derrière elles, le sang
les soulever jusqu'au regard de dieu qui juge !
Les siècles neigeront en vain sur ces déserts
et le sang vainement saturera leur poudre,
ils sont blancs jusqu'au sang même dont ils sont teints
et nus, jusqu'à la mousse aride des armées:
rien n'ose les vêtir devant l'éternité,
pas même le Sang pur de la miséricorde.

Vertige aux innombrables mains, son Ombre immense
agrippe le tyran sans yeux, sans voix, sans mains
(son orbite est le creux des vents visionnaires,
son mutisme le seuil béant de la clameur:
la bouche noire il crie les foules, hérissées
de moignons si pareils aux siens, et qu'elles tendent
vers lui, dérision majeure !). L'Ombre est vide
à pic-horizontal où croulent les armées.

Ah ! saisir ce rameau de ciel qui se balance
ce Signe ultime avant la chute illimitée !
Hélas ! L'homme est sans mains, le monde sans mémoire
l'Ombre aspire en avant le tyran fasciné,
il tombe dans la haine et la gloire: si dure

la surface de son orgueil, que pas un pli
n'en tressaille dans l'avenir. Ainsi la pierre
en sa lourde immobilité tombe sans fin,
ainsi croulent debout dans leur néant sonore
tant de statues coulées de l'airain des nuées.

Comment cesser jamais d'interroger ces mains
si criminellement innocentes des crimes
qu'à leur plus faible signe une légion de mains
perpètrent dans la nuit, à tâtons... Notre monde
de mains sans corps, de corps sans nom, de noms pourris
où nul n'est sûr de n'être un bourreau, où mon ombre
est mon geôlier peut-être aux ordres du tyran,
notre monde où le meurtre est langue universelle
notre monde où l'on ne se tait que pour tuer
et tasser ensuite les mots sur les cadavres,
le voici résumé en ces mains qui jamais
n'ont été de vraies mains, tendres et fortes, d'homme,
des mains capables de tuer pour leur amour,
connaissant la chair ferme et drue sous leur étreinte
éprouvant la rondeur des choses et leur poids
le miracle de toute chose en une seule

O mains! avez-vous vu deux mains en leur colère,
vous comprendrez alors ce que c'est que tuer:
avez-vous vu deux mains se joindre pour prier,
vous comprendrez alors ce que c'est qu'une église
et vous aurez pitié de ces moignons levés

Mais tes mains qui ne sont à personne, ô tyran,
tes mains qui sont partout où s'accomplit le crime
mais pour dépister dieu gantées de sombres mains
usées à manier les outils de torture,

où sont-elles quand tu voudrais saisir et tendre
flatter un sein, tâter un fruit? Le sens est mort
le monde a désappris les mains qui le pétrirent
et toi devant tes mains bleuâtres de noyé
tu trembles...

Combats avec tes Défenseurs (Extract)

CONNAISSANCE DE DIEU

CONSOLATEUR ! quand j'allais ramener le soir
sur mon visage pour m'éteindre avec ma race
une musique m'éveilla: c'était le vent
qui chantait dans mes os, — ou peut-être la terre
ôtée du four et que pénètre le serein
craquelant la chaleur du sol. Ainsi des siècles
se plaignent-ils quand on défourne des tombeaux
couvés par les déserts d'une brûlante Asie
les vases des Empires morts. Si je suspends
la harpe de David dans les saules, je vois
le roi danser autour de l'arche: et quand le livre
s'ouvre aux commandements du vent, voici gémir
Jérémie sur Moab comme une flûte. Aucune
parole grande ne se meurt. J'appris alors
que le verbe est la seule éternité: promesse
d'âme, et qu'un jour viendront des hommes en esprit
fondés sur la très sûre assise du langage,
qui prieront à visage ouvert sans se cacher
honteux, derrière leur chapeau. Car si le chant
est obscur, et la voix du Baptiste enrouée
c'est que l'homme de lourde argile n'est poreux
que par blessure, et non saisi d'égale flamme:
tous parlent, mais bien peu savent chanter. Leur âme
est rare comme l'air prisonnier des murs:
rien ne porte le son au-delà de lui-même,
le poète a les pierres seules pour écho.

Mais ils respirent cette voix s'ils ne l'entendent
et quelque jour des poumons d'hommes connaîtront
que la parole était leur souffle, aussi commune
que l'air ou le soleil sur la peau nue. Ce jour
verra la terre s'arrêter comme la roue
du potier quand le vase a reçu forme. Et Toi,
Consolateur ! Tu saisiras dans Ton brasier
de Pentecôte l'âme unique de ce monde
tous les hommes en un seul verbe réunis
un seul temple votif, un seul sépulcre vide
un seul vase où fera libation l'esprit.

Babel

YVES BONNEFOY

LE SEUL TEMOIN

VI

Sur un fangeux hiver, Douve, j'étendais
Ta face lumineuse et basse de forêt.
Tout se défait, pensai-je, tout s'éloigne.

Je te revis violente et riant sans retour,
De tes cheveux au soir d'opulentes saisons
Dissimuler l'éclat d'un visage livide.

Je te revis furtive. En lisière des arbres
Paraître comme un feu quand l'automne resserre
Tout le bruit de l'orage au cœur des frondaisons.

O plus noire et déserte ! Enfin je te vis morte,
Inapaisable éclair que le néant supporte,
Vitre sitôt éteinte, et d'obscure maison.

Du Mouvement et de l'Immobilité de Douve

DOUVE PARLE

III

Que le verbe s'éteigne
Sue cette face de l'être où nous sommes exposés,
Sur cette aridité que traverse
Le seul vent de finitude.

Que celui qui brûlait debout
Comme une vigne,
Que l'extrême chanteur roule de la crête
Illuminant
L'immense matière indicible.

Que le verbe s'éteigne
Dans cette pièce basse où tu me rejoins,
Que l'âtre du cri se resserre
Sur nos mots rougeoyants.

Que le froid par ma mort se lève et prenne un sens.

Du Mouvement et de l'Immobilité de Douve

LIEU DE LA SALAMANDRE

LA salamandre surprise s'immobilise
Et feint la mort.
Tel est le premier pas de la conscience dans les pierres,
Le mythe le plus pur,
Un grand feu traversé, qui est esprit.

La salamandre était à mi-hauteur
Du mur, dans la clarté de nos fenêtres.
Son regard n'était qu'une pierre,
Mais je voyais son cœur battre éternel.

O ma complice et ma pensée, allégorie
De tout ce qui est pur,
Que j'aime qui resserre ainsi dans son silence
La seule force de joie.

Que j'aime qui s'accorde aux astres par l'inerte
Masse de tout son corps,
Que j'aime qui attend l'heure de sa victoire,
Et qui retient son souffle et tient au sol.

Du Mouvement et de l'Immobilité de Douve

A LA VOIX DE KATHLEEN FERRIER

TOUTE douceur toute ironie se rassemblaient
Pour un adieu de cristal et de brume,
Les coups profonds du fer faisaient presque silence,
La lumière du glaive s'était voilée.

Je célèbre la voix mêlée de couleur grise
Qui hésite aux lointains du chant qui s'est perdu
Comme si au delà de toute forme pure
Tremblât un autre chant et le seul absolu.

O lumière et néant de la lumière, ô larmes
Souriantes plus haut que l'angoisse ou l'espoir,
O cygne, lieu réel dans l'irréelle eau sombre,
O source, quand ce fut profondément le soir !

Il semble que tu connaisses les deux rives,
L'extrême joie et l'extrême douleur.
Là-bas, parmi ces roseaux gris dans la lumière,
Il semble que tu puises de l'éternel.

Hier Régnant Désert

AUBE, fille des larmes, rétablis
La chambre dans sa paix de chose grise
Et le cœur dans son ordre. Tant de nuit
Demandait à ce feu qu'il décline et s'achève,
Il nous faut bien veiller près du visage mort.
A peine a-t-il changé... Le navire des lampes
Entrera-t-il au port qu'il avait demandé,
Sur les tables d'ici la flamme faite cendre
Grandira-t-elle ailleurs dans une autre clarté ?
Aube, soulève, prends le visage sans ombre,
Colore peu à peu le temps recommencé.

Hier Régnant Désert

UNE VOIX

Nous vieillissions, lui le feuillage et moi la source,
   Lui le peu de soleil et moi la profondeur,
   Et lui la mort et moi la sagesse de vivre.

J'acceptais que le temps nous présentât dans l'ombre
   Son visage de faune au rire non-moqueur,
J'aimais que se levât le vent qui porte l'ombre,

   Et que mourir ne fût en obscure fontaine
Que troubler l'eau sans fond que le lierre buvait.
   J'aimais, j'étais debout dans le songe éternel.

Pierre Écrite

ART DE LA POÉSIE

Dragué fut le regard hors de cette nuit.
Immobilisées et séchées les mains.
On a réconcilié la fièvre. On a dit au cœur
D'être le cœur. Il y avait un démon dans ces veines
Qui s'est enfui en criant.
Il y avait dans la bouche une voix morne sanglante
Qui a été lavée et rappelée.

Une ombre respirante

ANDRÉ DU BOUCHET

MATINAL

DANS le pré où tremblent des bouteilles
je pèse dans le jour
appel
pharynx transparent
toujours la première bouche

une porte démasque l'air.

Air

LE MOTEUR BLANC

II

LE feu perce en plusieurs points le côté sourd du
ciel, le côté que je n'avais jamais vu.

Le ciel qui se hisse un peu au-dessus de la
terre. Le front noir. Je ne sais pas si je suis ici
ou là,
   dans l'air ou dans l'ornière. Ce sont des
morceaux d'air que je foule comme des mottes.

Ma vie s'arrête avec le mur ou se met en
marche là où le mur s'arrête, au ciel éclaté. Je
ne cesse pas.

III

   Mon récit sera la branche noire
qui fait un coude dans le ciel.

Le Moteur Blanc

LE LIT

CES pierres dont je n'imagine pas,

sans être rentré,

la chaleur dans l'air sec.

Je conserve,

autour des ongles,

la brûlure de l'horizon,

et notre faiblesse,

coulée,

comme une faux,

dans l'étendue

bleue.

Ajournement

AVANT QUE LA BLANCHEUR

AVANT que la blancheur du soleil soit aussi
proche que ta main, j'ai couru sans m'éteindre.

Dans l'obscurité du jour, tout n'est, sur cette
route, que chute,

et éclats. Jusqu'à ce que le soir
ait fusé.

Notre route n'est pas rompue par la chaleur qui
nous renvoie,

éclairés. Sans que tu t'arrêtes à
cette chaleur. La route où je sombre encore me
devance, comme le vent.

J'ignore la route sur laquelle notre souffle se
retire. Le jour, en tombant, m'entoure.

Ma main, reprise déjà, fend à peine la sécheresse,
le flamboiement.

Dans la Chaleur Vacanet

R

BATTANT

La meule de l'autre été scintille. Comme la face
de la terre qu'on ne voit pas.

Je reprends ce chemin qui commence avant moi.
Comme un feu en place dans l'air immobile,
        l'air qui tournoie au-dessus du chemin.
Tout a disparu. La chaleur déjà.

Souffle l'orage sans eau. Se perd l'haleine des
glaciers. Sans avoir enflammé la paille qui
jonche le champ.

Cette maison dans l'autre orage. Comme un mur
froid au milieu de l'été.

Vers la paille. Vers le mur de plusieurs étés,
comme un éclat de paille dans l'épaisseur de
l'été.

Dans la Chaleur Vacante

CESSION

Le vent,
        dans les terres sans eau de l'été, nous
    quitte sur une lame,
                    ce qui subsiste du ciel.

En plusieurs fractures, la terre se précise. La
terre demeure stable dans le souffle qui nous
dénude.

Ici, dans le monde immobile et bleu, j'ai presque
atteint ce mur. Le fond du jour est encore devant
nous. Le fond embrasé de la terre. Le fond
et la surface du front,

                            aplani par le même souffle,
ce froid.

Je me recompose au pied de la façade comme l'air
bleu au pied des labours.

                Rien ne désaltère mon pas.

                        Dans la Chaleur Vacante

NOTES

CHARLES BAUDELAIRE (1821-1867)

BAUDELAIRE was born on April 9, 1821, in the rue Hautefeuille, Paris. His parents were ill-matched in age, social background, interests and temperament and Baudelaire himself was later to describe the union as 'disproportionné, pathologique, sénile'. His father died in 1827, and the following year his mother married Jacques Aupick, a major in the French army. This remarriage had a profound influence on Baudelaire's development. To the child of seven, it was a betrayal not only of his father's memory but also of his own possessive love for his mother. His stepfather, moreover, was an ambitious man of action who became a general, an ambassador, and finally a senator—the embodiment of those middle-class virtues which Baudelaire despised all his life. When Major Aupick became a colonel, the family moved to Lyons, and in 1832 Baudelaire began his education at the pension Delorme, and the next year entered the Collège Royal as a day-boy. In 1836, Colonel Aupick's career took him to Paris, where Baudelaire completed his education at the Collège Louis-le-Grand. He obtained his baccalauréat, wrote his first verses, and decided, in spite of bitter opposition from his stepfather, to become a writer.

1839 to 1841 were years of freedom and literary activity spent chiefly in the bohemian atmosphere of the Latin Quarter, until his stepfather, alarmed at his stepson's extravagant behaviour, sent him on a voyage to India. Although Baudelaire refused to go farther than the Island of Reunion and returned to France in February 1842, this sea-journey enriched his experience and gave him new and exotic material for his poetry. In June of the same year he settled in Paris at the Hôtel Lauzun on the Ile St.-Louis where, thanks to a small fortune inherited under his father's will on his becoming twenty-one, he was able to start his career as a critic and poet, live the life of a *dandy*, and spend lavishly. Here he met for the first time not only numerous painters and writers, including Gautier and Banville, but also Jeanne Duval (the 'Vénus noire') and Madame Sabatier, the women who inspired two of the most important cycles of love poems in the *Fleurs du Mal*. His extravagant way of living was halted, however, in 1844, when his stepfather appointed a *conseil judiciare* to control his money, and for the rest of his life Baudelaire had the humiliation of being treated as though he were a minor.

Although he had already written a great number of poems, and become known as a sensitive critic of art, and had translated Poe's *Tales of Mystery and Imagination*,[1] it was not until June 1857 that the first edition of *Les Fleurs du Mal* was published by his friend Poulet-Malassis. The volume, dedicated to Théophile Gautier, consisted of *Au Lecteur* and one hundred poems arranged in five sections entitled *Spleen et Idéal, Fleurs du Mal, Révolte, Le Vin* and *La Mort*. The scandal caused by its publication is well known. On August 20, 1857, six of the poems were judged immoral by the public prosecutor and were banned; and the author and his publisher fined. In 1861 a second edition of the *Fleurs du Mal* was published.[2] The six condemned poems were excluded; but Baudelaire, anxious to improve the plan of the book, added thirty-five fresh poems, rearranged the sections and added a new one, *Tableaux Parisiens*. In the same year, after the failure of *Tannhäuser* in Paris, he wrote in *La Revue Européenne* a brilliant appreciation and defence of Wagner; published nine prose poems, and was already engaged on *Fusées* and *Mon cœur mis à nu*. His immense activity even extended to canvassing for admission to the Académie Française. It is not surprising that, fully aware of his own genius, he wrote on May 6, 1861, to his mother at Honfleur: 'Tout sera imprimé ... je laisserai une grande célébrité, je le sais'. But he spoke for posterity. 1862 proved a year of increasing debts, fresh disappointments, and of the 'singulier avertissement' of his fatal illness.[3] In April 1864, embittered by the misunderstanding of the public and the critics, and hoping to earn sufficient money to pay his debts by lecturing, Baudelaire left Paris and went to Belgium. He remained in Brussels for two years, and there, a month before the beginning of his fatal illness, *Les Epaves*,

[1] Profound similarities of temperament unite Baudelaire and Poe, but little direct evidence of the latter's influence is to be found in *Les Fleurs du Mal*. Through Baudelaire, Poe's work became known to a whole generation of writers, in particular to Mallarmé and Valéry; but, as with Baudelaire, their poetic debt to him is slight.

[2] This edition is generally considered to be the best, except, of course, for the omission of the condemned poems. A third edition was published in 1868 by his friends and literary executors, Charles Asselineau and Théodore de Banville.

[3] 'Maintenant j'ai toujours le vertige, et aujourd'hui 23 janvier 1862, j'ai subi un singulier avertissement, j'ai senti passer sur moi le vent de l'aile de l'imbécillité'. (*Fusées*)

a volume of twenty-three poems which included the six banned ones, was published by Poulet-Malassis. About the same time sixteen poems, under the title *Nouvelles Fleurs du Mal*, appeared in the *Parnasse Contemporain* in France. In July Baudelaire became completely paralysed and was brought back to Paris, where, after a year's tragic illness, he died on August 31, 1867.

Baudelaire's place in French poetry is discussed in the Introduction.

BIBLIOGRAPHY

The three original editions of *Les Fleurs du Mal* were published in 1857, 1861 and 1868 (see above). The fifty prose poems which form *Le Spleen de Paris* were published posthumously in 1869 in Vol. IV of *Charles Baudelaire, Œuvres Complètes* (Michel Lévy).

The best critical editions are:

F. F. Gautier and Y.-G. Le Dantec: *Œuvres Complètes* (Nouvelle Revue Française, 1918).

J. Crépet: *Œuvres Complètes* (Conard, 1922).

J. Crépet and G. Blin: *Les Fleurs du Mal* (Corti, 1942).

Œuvres Complètes de Baudelaire, 2 vols. (Le Club du meilleur livre, 1955).

See also:

Les Fleurs du Mal, with preface and notes by Ernest Raynaud (Garnier, 1922).

Baudelaire: *Œuvres*, with notes by Y.-G. Le Dantec, 2 vols. (Bibliothèque de la Pléiade, 1935). (New edition, 1961.)

Les Fleurs du Mal, edited by Enid Starkie (Blackwell, 1942).

Commentaire des Fleurs du Mal, by R.-B. Chérix (Pierre Cailler, 1949).

CONSULT

R. Vivier: *L'Originalité de Baudelaire* (Académie Royale, Brussels, 1926). (New edition, 1952.)

F.W. Leakey: *Baudelaire and Nature* (Manchester University Press, 1969).

P. Mansell Jones: *Baudelaire* (Bowes & Bowes, 1952).

J. Prévost: *Baudelaire* (Mercure de France, 1953).

L. J. Austin: *L'Univers poétique de Baudelaire* (Mercure de France, 1956).

Alison Fairlie: *Baudelaire: 'Les Fleurs du Mal'* (Arnold, 1960).

NOTES

Au Lecteur

First published in the *Revue des Deux-Mondes* on June 1, 1855, and included as the first poem in the first edition of *Les Fleurs du Mal*, to which it stands as a preface.

line 2: *occupent*: in addition to the current sense, this verb has the classical sense of 'to take and hold a military position'. Likewise *travaillent*, which has also the sense of 'torment'. Baudelaire obtains much of his effect by giving to words both their modern sense and their stronger original sense; cf. 'enchanté' (line 10), 'appas' (line 14), 'Ennui' (line 37).

line 9: *Trismégiste*: name given to the Greek god Hermes and to the Egyptian god Thot. From the Greek, meaning 'three times great'.

lines 15-16: cf. *Mon Cœur mis à nu*: 'Il y a dans tout homme, à toute heure, deux postulations simultanées, l'une vers Dieu, l'autre vers Satan. L'invocation à Dieu, ou spiritualité, est un désir de monter en grade; celle de Satan, ou animalité, est une joie de descendre'. Compare also 'sans horreur' with 'gaiement' line 7.

line 18: *catin*: prostitute.

line 21: *helminthes*: parasitical worms which live in the intestines.

line 32: *vices*: because they are represented by seven animals critics have suggested that these are the seven deadly sins. Baudelaire is, however, more concerned with the meaner, though equally grave sins of modern man, which these animals are peculiarly well chosen to embody.

line 37: *l'Ennui*: deadness of spirit, which is to Baudelaire the worst sin.

line 39: *délicat*: cf. 'aimables' (line 3), 'plaisants' (line 26).

line 40: compare Lamartine's *La Foi*: 'Homme, semblable à moi, mon compagnon, mon frère !'; Hugo's preface to the *Contemplations*: 'Ah ! insensé qui crois que je ne suis pas toi !'; and T. S. Eliot's *The Wasteland*: 'You ! hypocrite lecteur ! — mon semblable, — mon frère !'

Corespondances

Probably written in 1845 or 1846, and first published in the first edition of *Les Fleurs du Mal* (*Spleen et Idéal*). It would be impossible here to summarize or even to mention all that has been written about this famous sonnet, or to examine its place in the evolution of the Symbolist movement, of which it became the manifesto; but it is essential to study certain passages in Baudelaire's own work which help towards an understanding of the poem. For the first stanza, the most illuminating passage is the one referring to Fourier and Swedenborg in the essay on Victor Hugo (*L'Art Romantique*: pages 520–521, *Baudelaire Œuvres*, Vol. II, Bibliothèque de la Pléiade); for the rest of the poem, reference should be made to the quotation from Hoffmann in *Salon de 1846* (*Curiosités Esthétiques*, page 71, ibid.); see also *Exposition Universelle 1855* (*Curiosités Esthétiques*); *Notes Nouvelles sur Edgar Poe*, *Théophile Gautier* (*L'Art Romantique*); and *Richard Wagner et Tannhäuser à Paris* (*L'Art Romantique*). In the last-named, Baudelaire actually illustrates his statement by quoting the first two stanzas of *Correspondances*.

The poem affirms the existence of two kinds of *correspondances* or relationships—those which exist in the universe between the spiritual and the material world (stanza I), and those which exist in man himself, between his various senses (stanza II). Baudelaire seems to have intended the second stanza to be a particular example of the universal analogies mentioned in the first; but some critics have found confusing and illogical the suggestion that just as the visible world is related to the invisible so is one sensation related to another. They also point out that the sestet comes as an anti-climax, for it illustrates only the second kind of relationship; and its examples centre on one sense, that of smell. But the sense of smell is the one to which Baudelaire throughout his work has given most importance, and in this poem the contrasting perfumes express the extremes of his sensuous experience.

La Vie Antérieure

First published in the *Revue des Deux-Mondes*, June 1, 1855, and included in the first edition of *Les Fleurs du Mal* (*Spleen et Idéal*). The poem was probably inspired by Baudelaire's voyage to Mauritius in 1841.

La Chevelure

First published in the *Revue Française*, May 20, 1859, and included in the second edition of *Les Fleurs du Mal* (*Spleen et Idéal*). One of the poems inspired by Jeanne Duval, Baudelaire's mulatto mistress.

line 2: *nonchaloir*: languor—an archaic word, also used by Mallarmé.

line 5: cf. the first paragraph of the prose poem *Un Hémisphère dans une Chevelure*, to which this poem is the counterpart: 'Laisse-moi respirer longtemps, longtemps, l'odeur de tes cheveux, y plonger tout mon visage, comme un homme altéré dans l'eau d'une source, et les agiter avec ma main comme un mouchoir odorant, pour secouer des souvenirs dans l'air'.

line 21: *amoureuse d'ivresse*: significant inversion of the conventional 'ivre d'amour'. *Ivresse*, like its opposite, *ennui*, is a key-word in Baudelaire's poetry.

L'Invitation au Voyage

First published in the *Revue des Deux-Mondes* June 1, 1855, and included in the first edition of *Les Fleurs du Mal* (*Spleen et Idéal*). One of the poems inspired by the actress Marie Daubrun. Compare the prose poem of the same name, and also *Any where out of the world*.

line 3: là-bas: usually taken to mean Holland (actually named in *Any where out of the world*). It also represents, of course, an ideal country.

line 6: *qui te ressemble*: cf. the prose poem: 'C'est là, n'est-ce pas, dans ce beau pays si calme et si rêveur, qu'il faudrait aller vivre et fleurir? Ne serais-tu pas encadrée dans ton analogie, et ne pourrais-tu pas te mirer, pour parler comme les mystiques, dans ta propre *correspondance*?'

Obsession

First published in the *Revue Contemporaine* May 15, 1860 and included in the second edition of *Les Fleurs du Mal* (*Spleen et Idéal*).

line 1: cf. *Correspondances*, where nature is compared to a temple.
line 14: *regards familiers*: cf. *Correspondances*, line 4.

Le Goût du Néant

First published in the *Revue Française*, January 20, 1859 and included in the second edition of *Les Fleurs du Mal* (*Spleen et Idéal*). The unusual form and rhyme-scheme are admirably suited to the emotional content.

Le Cygne

First published in *La Causerie*, January 22, 1860. Like *Les Sept Vieillards* and *Les Petites Vieilles*, this poem was dedicated to Victor Hugo, and all three poems were included in the *Tableaux Parisiens* of the second edition of *Les Fleurs du Mal*. The dedication to Hugo was particularly appropriate for at that time he (like the subjects of the poem) was an exile. When the poem first appeared it was accompanied by a quotation from Virgil's *Æneid* (Bk. III, line 302): 'Falsi Simoentis ad undam', a reference to the river which Andromache, held exile in Pyrrhus's capital, had had made in imitation of the river Simois of Troy, to remind her of her native land.

line 3: *veuve*: i.e. of Hector.

line 4: *menteur*: cf. Virgil's 'falsi'.

line 6: *Carrousel*: a wide esplanade between the old buildings of the Louvre and the Tuileries, constructed at the time of the Second Empire.

lines 7-8: In his *Charles Baudelaire* (Book III, chapter 8, *Retour à Paris*) Ernest Raynaud gives an account of the changes that had taken place during Baudelaire's voyage to Mauritius (1841-1842).

lines 14-15: cf. *Le Crépuscule du Matin*, lines 25-28.

line 25: *l'homme d'Ovide*: Ovid, another exile, was one of Baudelaire's favourite poets. The reference is to *Metamorphoses*, Book I, lines 84-85, where Ovid writes that man alone of living creatures has received from the gods the privilege of gazing at the skies and lifting his face to the stars.

line 31: cf. *Un Voyage à Cythère*, line 56.

line 39: *un tombeau vide*: Andromache had built a tomb to Hector's memory on the bank of the imitation Simois.

line 40: *hélas*: in his *Notes sur Baudelaire* (*Mélanges Posthumes*) Laforgue writes of this line: 'Cet Hélas! n'est ni poncif racinien ni une cheville mais d'une subtilité touchante et grande'.

line 40: *Hélénus*: like Andromache, *Hélénus* (Hector's brother) was one of Pyrrhus's captives. Andromache married him after Pyrrhus died.

lines 41-44: cf. *A une Malabaraise*:

> L'œil pensif, et suivant, dans nos sales brouillards,
> Des cocotiers absents les fantômes épars!

Le Crépuscule du Matin

This poem is the counterpart to *Le Crépuscule du Soir* with which it was first published in *La Semaine Théâtrale*, February 1, 1852 under the joint title *Les deux crépuscules de la grande ville*. Both were published in the first edition of *Les Fleurs du Mal*, and in the second edition *Le Crépuscule du Matin* was the last poem in the new section, *Tableaux Parisiens*. Baudelaire sent the two poems to his mother on March 27, 1852, and wrote: 'ils sont très *spécialement parisiens*, et je doute qu'ils puissent être compris hors *des milieux* pour lesquels et sur lesquels ils ont été écrits'. *Le Crépuscule du Matin* differs in temperature from the rest of Baudelaire's work and its colder and more restrained sensuousness is perfectly suited to an evocation of the dawn.

line 1: *diane*: the bugle call for reveille.

line 18: *en gésine*: in childbirth.

line 24: contrast the irony of this line with *L'Aube Spirituelle*:

> Quand chez les débauchés l'aube blanche et vermeille
> Entre en société de l'Idéal rongeur,
> Par l'opération d'un mystère vengeur
> Dans la brute assoupie un ange se réveille.

lines 25-28: cf. *Le Cygne*, lines 14-15.

Un Voyage à Cythère

First published in the *Revue des Deux-Mondes* June 1, 1855 and included in the first edition of *Les Fleurs du Mal* in the section of the same name. According to a marginal note made on the manuscript by Baudelaire, this poem was inspired by some lines from Gérard de Nerval's *Voyage à Cythère* (1844): 'Devant moi, là-bas, à l'horizon, cette côte vermeille, ces collines pourprées qui semblent des nuages, c'est l'île même de Vénus, c'est l'antique Cythère ... en approchant davantage, nous avons enfin distingué clairement l'objet qui signalait cette côte à l'attention des voyageurs. C'était un gibet, un gibet à trosi branches, dont une seule était garnie'. Compare the poem with Hugo's *Cérigo* (another name for Cythère), published in *Les Contemplations* (1856), and probably written in reply to Baudelaire's poem.

title: *Cythère*: an island to the north-west of Crete, to-day called Cerigo, near which Venus was supposed to have risen from the sea-foam. The island was consequently dedicated to her worship.

line 40: *exécuteur*: i.e. 'des hautes œuvres'—hangman.

line 56: cf. *Le Cygne*, line 31.

lines 59-60: Charles du Bos in his article on Baudelaire in *Approximations* (V) says of these two lines: ' ... le cri — pour tant d'entre nous le plus proche, le plus fraternel de tous'.

Le Rêve d'un Curieux

First published in the *Revue Contemporaine*, May 15, 1860, but possibly one of Baudelaire's early poems. It appeared in the second edition of *Les Fleurs du Mal* (*La Mort*) and is dedicated to Félix Nadar,[1]

---

[1] Author of *Charles Baudelaire intime. Le Poète vierge.* (Blaizot, 1911)

a famous photographer and aeronaut, and one of Baudelaire's most faithful friends. Baudelaire wrote of him in *Mon cœur mis à nu*: 'Nadar, c'est la plus étonnante expression de vitalité. Adrien me disait que son frère Félix avait tous les viscères en double. J'ai été jaloux de lui à le voir si bien réussir dans tout ce qui n'est pas l'abstrait'. Nadar was an atheist and in every sense a person who could be described as 'curieux' and 'singulier', words used by Baudelaire in the poem, but with a deeper meaning—and applied to himself. This sonnet has sometimes been considered humorous and one critic has called it a 'spirituelle fantaisie'; but the shock of the anti-climax to the dream, the blank ending with its 'j'attendais encore', is one of terror, more forceful because implicit.

lines 4–5: cf. *Mon cœur mis à nu*: 'Tout enfant, j'ai senti dans mon cœur deux sentiments contradictoires, l'horreur de la vie et l'extase de la vie'.

La Chambre Double

La Chambre Double, Le Mauvais Vitrier and *Envirez-Vous*, are complete prose poems chosen from the fifty which form *Le Spleen de Paris*, a volume which has striking similarities with *Les Fleurs du Mal*—and more particularly with the section *Tableaux Parisiens*. Baudelaire himself said of *Le Spleen de Paris* 'c'est encore *Les Fleurs du Mal*, mais avec beaucoup plus de liberté, et de détail, et de raillerie.' The prose poems, however, are neither preliminary drafts for verse poems nor subsequent revisions of them. In the former, Baudelaire was doing something *different* from the poetry, and he has explained his intentions in the dedicatory notice to Arsène Houssaye: 'Quel est celui de nous qui n'a pas, dans ses jours d'ambition, rêvé le miracle d'une prose poétique, musicale sans rhythme et sans rime, assez souple et assez heurtée pour s'adapter aux mouvements lyriques de l'âme, aux ondulations de la rêverie, aux soubresauts de la conscience?' *La Chambre Double*, first published in *La Presse* August 26, 1862, is one of the most interesting of the *petits poèmes en prose* both for itself and as a key to the understanding of Baudelaire's work.

line 27: *mirettes*: literally 'little mirrors': slang for 'eyes'.

line 47: *saute-ruisseau*: office-boy.

line 50: *la Sylphide*: a reference to the ideal woman mentioned by Chateaubriand in his *Mémoires d'Outre-Tombe*.

line 50: *le grand René*: Chateaubriand.

Le Mauvais Vitrier

First published in *La Presse*, August 26, 1862. In his dedicatory notice to Arsène Houssaye, editor of *La Presse*, Baudelaire wrote: 'Vous-même, mon cher ami, n'avez-vous pas tenté de traduire en une *chanson* le cri strident du *Vitrier*, et d'exprimer dans une prose lyrique toutes les désolantes suggestions que ce cri envoie jusqu'aux mansardes, à travers les plus hautes brumes de la rue?' But whereas Houssaye's *Chanson du Vitrier* (*Poèsies Complètes*, 1858) is fraternal, Baudelaire's prose poem is about a *mauvais* vitrier whom he uses to illustrate a demoniacal force, an 'énergie qui jaillit de l'ennui et de la rêverie', which is a part of his own character and informs much of his work.

line 36: *Minos, Éaque, Rhadamanthe*: the three judges of the underworld.

Enivrez-Vous

First published in *Le Figaro*, February 7, 1864. The title might be taken as Baudelaire's spiritual motto. Compare the ecstasy of this carefully composed lyrical passage with that which he achieves by analysis and anecdote in the more discursive writing of *Le Mauvais Vitrier*.

CHARLES CROS (1842–1888)

Emile-Hortensius-Charles Cros was born at Fabrezan (Aude) on October 1, 1842. He never attended school, and was educated entirely by his father, a University lecturer, writer and philosopher. He was exceptionally talented, and soon developed an intense interest both in the arts and in the sciences, which were to provide, throughout his life, complementary activities for his exploring, inventive mind. He had a remarkable talent for oriental languages which he 'studied'—at the age of fourteen—at the Collège de France, hiding behind pillars to avoid being turned out.[1] It is related that M. J.-C. da Silva, the Brazilian Consul at the Hague, having seen the young Cros at work in a library, presented him with Bopp's *Grammatica Critica Linguae Sanscritae* dedicated to: 'M. Charles Cros, à peine âgé de quatorze ans et quatre mois: faible témoignage de reconnaissance et de la plus profonde estime'. Cros next studied to be a doctor, but never qualified. In 1869 he published two scientific studies:

[1] Recounted by his son, Guy-Charles Cros in *Le Goéland*, No. 35, August 1, 1938.

Essai sur les moyens de communication avec les planètes and *Solution générale du problème de la photographie des couleurs*. At the same time he was writing his first poems and beginning to frequent Paris literary circles. In 1873 Cros published his first volume of poetry, *Le Coffret de Santal*. The next year he founded the *Revue du Monde Nouveau*, the first number of which contained one of his own scientific texts, *L'Alchimie Moderne*, and the first publication of Mallarmé's *Le Démon de l'Analogie*. During this time Cros frequented, with Verlaine, Coppée, Villiers de l'Isle-Adam, and occasionally Mallarmé, the famous salon of Nina de Villard; and he was one of the liveliest members of the many ephemeral bohemian circles—the *Vilains Bonshommes*, the *Hydropathes*, the *Hirsutes* and the *Chat Noir*—where in this transitional period in literature, Parnassians, Decadents and Symbolists all gathered to escape from, and to defy, their common enemy, the bourgeois. In 1877 Cros sent to the Académie des Sciences a detailed description of the *paléophone*—an instrument almost identical with the phonograph which Edison invented nine months later—but Cros was too poor to have his instrument constructed and exploited commercially. From this time onwards his life had a background of relative calm and stability as a result of his marriage in 1878 to Mlle. Hjardemaal, a quiet and dignified Danish woman. In 1883 he founded the *Zutistes*—in friendly opposition to the *Chat Noir* of Montmartre—which met 'tous les soirs, surtout le jeudi' in a kind of Swiss chalet called the Maison de Bois, almost next door to Cros' flat in the rue de Rennes. Its motto was 'Rien pour l'utile, tout pour l'agréable', and like other circles it continued to say *Zut*! to the bourgeois.

This had been Cros' attitude all his life and, although he had achieved fame in Montmartre and Montparnasse through his writing and his monologues, he never sought or obtained any worldly success. *Le Coffret de Santal*, the one volume published during his lifetime, sold only one thousand copies in twenty years. He died in Paris on August 9, 1888, at the age of forty-five, in extreme poverty and, as his brother Antoine wrote, from 'la terrible lassitude des cris dans le désert'.

Félix Fénéon ended the obituary article he wrote on Cros in *La Cravache* (August 18, 1888) with these words: 'ce Saturnien laisse trois ou quatre petits poèmes durables et une précieuse contribution à la physique optique. Même il n'est pas impossible qu'une légende s'adonne à cette anormale personnalité et la perpétue'. And legend, with all its advantages and disadvantages, has so taken possession of Charles Cros that anecdotes about his life have eclipsed the merits of his work. His name is scarcely mentioned in the histories of literature and no critic has yet published a considered appreciation of his poetry. His work, like his life, seems to ɒelong to the by-ways. He founded no school or movement and left no disciples. But he was an innovator and he is usually credited with the invention of the monologue (of which his best-known are perhaps *Autrefois* and *Le Bilboquet*), and with having exercised, through prose poems such as *Effarement*, *Vanité Sous-Marine* and *Le Vaisseau-Piano*, some influence on the Rimbaud of the *Illuminations*. His most important literary publications are *Le Coffret de Santal* and *Le Collier de Griffes*, the latter published posthumously in 1908. His work, although slight, is varied; and whether it be monologue, prose poem, lyric, or scientific text, it is original and has an unmistakable accent of human integrity. Verlaine no doubt placed him too high when he wrote: 'De la taille des plus hauts écrivains de premier ordre'. He was more accurate when he concluded: 'Charles Cros est resté et restera l'un de nos meilleurs ... l'un de nos plus originaux écrivains en vers et en prose'. Since Verlaine's time, few critics—apart from André Breton and the Surrealists who appreciated Cros' *humour noir*—have paid much attention to him and, except for one or two poems, his work remains almost unread.

BIBLIOGRAPHY

Le Coffret de Santal (1873); *Le Fleuve* (1875); *La Vision du grand canal royal des Deux Mers* (1888); *Le Collier de Griffes: Derniers vers inédits* (1908); *Œuvres complètes* (1964).

CONSULT

M. Saillet: Introductory Essay to *Poèmes et Proses* (Gallimard 1944).

J. Brenner and I. Lockerbie: *Charles Cros* (Seghers, 1955).

NOTES

L'Orgue

From *Le Coffret de Santal*. One of Cros' poems which, like *Nocturne*, *Ronde Flamande* and *l'Archet*, is as fresh and direct as a folk-song. Its gravely childlike and tragic quality, which is characteristic of Cros, is unspoilt by any sophistication. The dreamy melancholy recalls Heine's *Lyrisches Intermezzo* which two of Cros' friends, Valade and Mérat, had translated.

Le Hareng Saur

From *Le Coffret de Santal*. This is perhaps the best-known of Cros' poems, and during his lifetime it was recited on numerous occasions in cabarets such as the *Chat Noir* by Coquelin Cadet of the Comédie Française, for whom Cros also wrote many monologues. It is not only a joke, but also one of the lighter engines of war—a forerunner of the heavier and less attractive weapons of Dada and Surrealism— which from time to time poetry directs against 'les personnes qui ont raison'.

Ballade des Mauvaises Personnes

From *Le Collier de Griffes*. This follows the traditional *ballade* form of three stanzas and an envoy, all ending with the same line. The technical virtuosity is reminiscent of Banville, but Cros has given to the playful formality of the rhyme-scheme fresh and incisive feeling.

STÉPHANE MALLARMÉ (1842–1898)

Stéphane Mallarmé was born on March 18, 1842, in the rue Laferrière, Paris. His mother died in 1847, and, after two and a half years schooling in Catholic pensions, Mallarmé went in April 1857 as a boarder to the lycée at Sens. On August 31 of the following year his sister Maria died—an event which one critic, M. Charles Mauron, sees as the key to Mallarmé's whole life and work.[1] During this year he wrote his first poems, which show the influence of Lamartine and Hugo, and also a story in prose, *Ce que disaient les Trois Cigognes*, which has only recently been published.[2] In 1861 two events strengthened Mallarmé's determination to become a writer: Emmanuel des Essarts came to teach at the lycée of Sens, and the second edition of *Les Fleurs du Mal* appeared. The rôle of des Essarts was that of an appreciative friend who encouraged him at the very beginning of his career: the influence of Baudelaire, although direct evidence of it is seen only in the early poems, was decisive and permanent. Mallarmé's first publication, an article on des Essarts' *Poésies parisiennes*, appeared on January 10, 1862 in *Le Papillon*, and three of

[1] See *Mallarmé l'Obscur* (1941) and *Introduction à la Psychanalyse de Mallarme.* (1950)
[2] By Henri Mondor in *Mallarmé Plus Intime.* (1944)

S

his poems, *Placet Futile*, *Le Guignon* and *Le Sonneur* were published shortly afterwards in reviews. This year also saw the beginning of his friendship with Eugène Lefèbure and Henri Cazalis (to his correspondence with the latter we owe some of Mallarmé's most important letters)[1]; and his meeting with Marie Gerhard, a German governess in a family at Sens, whom he married on August 10, 1863, in London. In November 1863 Mallarmé was appointed a teacher of English in the lycée of Tournon, and the three years spent there, although in a material sense the most difficult in his life, were yet the most important in his evolution as a poet. It was there that he began *Hérodiade*; finished—in less than four months—the first version of *L'Après-midi d'un faune*; and composed the ten poems which appeared in the *Parnasse Contemporain* in 1866. After a year at Besançon, Mallarmé was appointed to his third provincial lycée at Avignon. Here he enjoyed the friendship of Mistral, Aubanel and the other Provençal poets of the *Félibrige* group; and began his *Igitur*. In 1871 he took up a new appointment at the lycée Fontanes (now Condorcet) in Paris where he remained for thirteen years. In spite of the drudgery of teaching, and the attacks of the critics, this period was the most satisfying in Mallarmé's life; and by the end of it, through Verlaine's *Les Poètes Maudits* and Huysmans' *A Rebours*, his work had become known to a wider public. It was a period that saw the development of his close friendship with Manet, and his association with Méry Laurent, who influenced both his life and work; it gave him an opportunity to indulge his love of music and ballet; it was the time of the peaceful weekends at Valvins—and of the famous Tuesday receptions in the rue de Rome. Paris was, in a different way, as exacting as the provinces had been, and Mallarmé found it difficult to avoid dissipating the energies he needed for *Hérodiade* and his 'Grand Œuvre'. In a letter to Verlaine in 1885 he wrote that the concessions he had made to necessity and to pleasure had been few[2]; but the years which preceded his retirement from the Collège Rollin demanded other concessions—to fame and the claims of an ever-increasing circle of admirers. After his retirement, however, he was able to continue his meditations on poetic technique and to

[1] See *Propos sur la Poésie* (1953), edited by Henri Mondor.
[2] The letter was published in 1924 under the title *Autobiographie*. By these few concessions he meant *Les Mots Anglais* and *Les Dieux Antiques*, both for use in schools; and the articles on dress, cooking, furniture, education, etc., which, as Marguerite de Ponty and Miss Satin, he had written for *La Dernière Mode*.

publish several important works, including his first collection of poems which appeared only in 1887, and his most obscure work *Un coup de dés jamais n'abolira le hasard* in 1897. He died at Valvins on September 9, 1898, with *Hérodiade* and the Grand Œuvre still unfinished.

At once proud and modest, Mallarmé would have wished that time should preserve his work from the irrelevancies of anecdote and that he should live in his poetry alone. Briefly recounting in his letter to Verlaine a life 'dénuée d'anecdotes', he stressed what was really important in it: 'J'ai toujours rêvé et tenté autre chose, avec une patience d'alchimiste, prêt à y sacrifier toute vanité et toute satisfaction, comme on brûlait jadis son mobilier et les poutres de son toit, pour alimenter le fourneau du Grand Œuvre'.

Mallarmé's place in French poetry is discussed in the Introduction.

BIBLIOGRAPHY

L'Après-Midi d'un Faune (1876); *Les Poésies de Stéphane Mallarmé* (1887); *Album de Vers et de Prose* (1887); *Pages* (1891); *Divagations* (1897); *Un coup de dés jamais n'abolira le hasard* (1897); *Les Poésies de Stéphane Mallarmé* (1899); *Madrigaux* (1920); *Vers de Circonstance* (1920); *Igitur ou La Folie d'Elbehnon* (1925); *Œuvres Complètes* (1951).

The *Œuvres Complètes*, published by Gallimard in the Bibliothèque de la Pléiade, is the most complete edition of Mallarmé's poetry and prose.

CONSULT

A. Thibaudet: *La Poésie de Stéphane Mallarmé* (Gallimard, 1926).

E. Noulet: *L'Œuvre poétique de Stéphane Mallarmé* (Droz, 1940).

Gardner Davies: *Les 'Tombeaux' de Mallarmé* (Corti, 1950).

G. Michaud: *Mallarmé, l'homme et l'œuvre* (Hatier, 1953).

J.-P. Richard: *L'Univers imaginaire de Mallarmé* (Editions du Seuil, 1961).

C. Mauron: *Mallarmé par lui-même* (Editions du Seuil, 1964)

NOTES

Brise Marine

Composed at Tournon in 1865 and first published in the *Parnasse Contemporain*, May 12, 1866. The influence of Baudelaire can be clearly seen in both style and theme (cf. *Parfum Exotique*).

line 8: a reference to Mallarmé's wife and to his daughter Geneviève born in November 1864; one of the few direct autobiographical allusions in Mallarmé's poetry.

L'Après-Midi d'un Faune

This poem is an *églogue*, a pastoral poem, written, in this instance, in the form of a monologue. There are three versions of the poem: (1) *Monologue d'un Faune*, written in 1865 but never published by Mallarmé in its original form; (2) *Improvisation d'un Faune*, refused by the *Troisième Parnasse Contemporain* in 1875, and unpublished until 1948 when M. Henri Mondor included it in his *Histoire d'un Faune* and (3) the present version, *L'Après-Midi d'un Faune*, first published in 1876 in a *de luxe* edition with illustrations by Manet. A study of these three versions—all of which are given in *Histoire d'un Faune*—is more instructive than any commentary. They show how, over a period of twelve years, Mallarmé by the sheer ingenuity of his style transformed a diffuse theme into his most accomplished 'jeu'. In reply to a complimentary letter from Swinburne on the occasion of its publication, Mallarmé wrote, 'Merci de votre amicale poignée de main en échange de ce peu de chose, *Le Faune*: un jeu'.

The spacings in the poem represent pauses in the Faun's monologue—pauses which, according to Mallarmé, are as significant as the words themselves.[1]

line 4: *sommeils touffus*: an expression which blends the sleep of the faun with that of the woods—an intermingling of dream and reality which is characteristic of the poem.

line 9: *la faute idéale de roses*. Cf. *Avant-Dire* au *Traité du Verbe*. 'Je dis: une fleur ! et, hors de l'oubli où ma voix relègue aucun contour, en tant que quelque chose d'autre que les calices sus, musicalement se lève, idée même et suave, l'absente de tous bouquets.'

line 12: *fabuleux*: which create fables, illusions.

lines 19–22: cf. lines 42–45. Preciosity and ambiguity of language—and feeling—is the very theme of the poem.

lines 24–25: *artificiel*: has the meaning 'of art'; 'inspiration' is both the indrawn breath and the poetic inspiration.

line 28: *Tacites*: refers, as does 'Contez', to the marsh. These antithetical words are placed in sharp contrast. A similar effect is produced in line 32 by 'Ondoie' and 'au repos'.

[1] 'L'armature intellectuelle du poème se dissimule et tient — a lieu — dans l'espace qui isole les strophes et parmi le blanc du papier: significatif silence qu'il n'est pas moins beau de composer, que les vers.' (*Sur Poe*)

lines 29–35: the sections in italics (see also lines 67–78, 86–96) refer to the past, to what has taken place before the faun awoke.

line 34: *non*!: the negative is used to present two images, one real, one imaginary.

lines 34–35: *se sauve Ou plonge*: the first version of the poem has only 'se sauve', and the second 'se sauve Et plonge'. The further change from 'Et' to 'Ou' is all-important. It enriches the impression of doubt, wonder, and surprise; continues the sinuous movement set up by 'ondoie', and completes the arabesque of this particular sentence.

line 49: *amusions*: deceive i.e. by suggesting in music the forms of the nymphs.

line 55: *monotone*: one pure tone.

line 57: *Syrinx*: the nymph who fled from Pan and became a reed, from which he made his flute. 'Instrument des fuites' refers to this legend, and also to the fact that in the poem the sound of the flute caused the nymphs to flee. The flute is also a means of escape from reality.

line 96: *encore ivre*: cf. 'avide d'ivresse' lines 64–65, and *Symphonie Littéraire*: 'Qu'écrire, puisque je n'ai pas voulu l'ivresse, qui m'apparaît grossière et comme une injure à ma béatitude? (Qu'on s'en souvienne, je ne jouis pas, mais je vis dans la beauté.)'

Toast Funèbre

First published in *Le Tombeau de Théophile Gautier*[1], a volume consisting of eighty-three poems written as a homage to Gautier. It appeared on October 23, 1873, the first anniversary of his death. This poem expresses not only Mallarmé's genuine admiration for Gautier (to whom he had already paid tribute in *Symphonie Littéraire*, 1865) but also his deepest convictions about the poet and his function.

line 1: *fatal*: in its etymological sense of 'predestined'.

line 2: in apposition to the second half of line 3, and line 4 As frequently in Mallarmé's poetry, the words in apposition come before the words to which they refer.

line 3: *Corridor*: that of time, between life and death.

[1] *Tombeau* is the name given to a collection of poetry and prose written by various authors in honour of an important person. Mallarmé, however, has applied the term (in the titles of his sonnets to Poe, Baudelaire and Verlaine) to single poems.

line 4: *un monstre d'or*: possibly the figure of a monster engraved on the cup. Cf. Gautier's *Ténèbres*:

> Il est beau qu'un plongeur, comme dans les ballades,
> Descende au gouffre amer chercher la coupe d'or
> Et perce, triomphant, les vitreuses arcades.

line 14: *carreau*: a window in the monument erected above the tomb.

line 16: describes Gautier. Cf. line 23.

line 20: *le blason des deuils*: the black hangings embroidered with silver 'tears' (the 'larme' of the next line) on the walls of the death-chamber. Cf. Gautier's *Ténèbres*:

> Vous n'aurez ni blasons, ni chants, ni vers, ni fleurs;
> On ne répandra pas les larmes argentées
> Sur le funèbre drap, noir manteau des douleurs.

line 26: *vaste gouffre*: in apposition to 'cet Homme aboli de jadis' (line 28), another periphrasis for Gautier, who is not actually named until almost the end of the poem (line 52).

line 32: *Le Maître*: in the notes to *Poésies* Mallarmé refers to Gautier as 'Maître et Ombre'.

line 32: *un œil profond*: cf. Mallarmé's letter to Coppée in 1873 about this poem: '... je veux chanter une des qualités glorieuses de Gautier: le don mystérieux de voir avec les yeux (ôtez mystérieux). Je chanterai le voyant qui, placé dans ce monde, l'a regardé, ce que l'on ne fait pas'.

line 42: *tranquille désastre*: Gautier's death.

line 44: *pourpre ivre et grand calice clair*: in apposition to 'paroles'. Cf. line 35.

line 45: *pluie et diamant*: in apposition to 'regard diaphane'.

line 56: in apposition to 'tout ce qui nuit'. If, like Gautier, the poet has accomplished his task, all that is harmful will remain in the tomb and his 'real' life—his immortality—will begin.

Autre Eventail

First published in *La Revue Critique*, 1884; it appeared in 1886 in *Le Décadent*, and the following year in the first collected edition of Mallarmé's poems.

line 1: *rêveuse*: Mademoiselle Mallarmé, whom the fan is addressing.

line 7: *coup prisonnier*: cf. 'vol fermé' (line 19). Antitheses are the essence of this verbal game.

line 9: *Vertige*: the version published in *Le Décadent* had 'Vaste jeu'.

line 11: *fou de naître*: the first version reads 'fier de n'être'. The change is a revealing comment on Mallarmé's playing with, and on words.

line 18: *ce l'est*: the preciosity of this rhyme with 'bracelet' is in perfect harmony with the style and tone of the poem.

Le Vierge, le vivace et le bel aujourd'hui

It is not known exactly when this poem was written, but it was probably about the same time as *Toast Funèbre* and *Le Tombeau d'Edgar Poe*. It was first published in *La Revue Indépendante* (1885).

Le Tombeau d'Edgar Poe

This sonnet, composed in 1876, was first published in *Edgar Allan Poe: a Memorial Volume* (1877), a publication to commemorate the monument to Poe which had been erected at Baltimore, November 16, 1875. It did not appear in France until 1884 when Verlaine included it in his article on Mallarmé in the *Poètes Maudits*. The final version (given in the anthology) appeared in 1887.

line 9: *hostiles*: i.e., to each other. *grief*: 'struggle'—as is shown by Mallarmé's translation; the struggle between the material world ('sol') and the ideal ('nue').

line 10: *avec*: i.e. with the struggle mentioned above.

line 12: *calme bloc*: in apposition to 'granit'. The 'calme bloc', as the etymological sense of 'désastre' suggests, has come from the stars. In this respect, it is interesting to note that in *Divagations* Mallarmé refers to Poe as an 'aérolithe'.

The original version, which follows, differs in several significant details:

> Tel qu'en lui-même enfin l'éternité le change
> Le poète suscite avec un hymne nu
> Son siècle épouvanté de n'avoir pas connu
> Que la mort s'exaltait dans cette voix étrange:
>
> Mais, comme un vil tressaut d'hydre, oyant jadis l'ange
> Donner un sens plus pur aux mots de la tribu,
> Tous pensèrent entre eux le sortilège bu
> Chez le flot sans honneur de quelque noir mélange.

Du sol et de l'éther hostiles, ô grief!
Si mon idée avec ne sculpte un bas-relief
Dont la tombe de Poe éblouissante s'orne,

Sombre bloc à jamais chu d'un désastre obscur,
Que ce granit du moins montre à jamais sa borne
Aux vieux vols de blasphème épars dans le futur.

Mallarmé's English translation (with annotations) of this version has recently been discovered by W. T. Bandy and has been published by M. Charles Chassé in the *Revue de Littérature Comparée* (janvier-mars 1949). This translation—because it is so literal—is a revealing commentary on the poem:

Such as into himself at last Eternity changes him,
The Poet arouses with a naked hymn (1)
His century overawed not to have known
That death extolled itself in this (2) strange voice:

But, in a vile writhing of an hydra, (they) once hearing the Angel (3)
To give (4) too pure a meaning to the words of the tribe,
They (between themselves) thought (by him) the spell drunk
In the honourless flood of some dark mixture (5)

Of the soil and the ether (which are) enemies, o struggle!
If with it my idea does not carve a bas-relief
Of which Poe's dazzling (6) tomb be adorned,

(A) Stern block here fallen from a mysterious disaster,
Let this granite at least show forever their bound
To the old flights of Blasphemy (still) spread in the future (7)

(1) naked hymn means when the words take in death their absolute value.
(2) this means his own.
(3) the Angel means the above said Poet.
(4) to give means giving.
(5) in plain prose: charged him with always being drunk.
(6) dazzling means with the idea of such a bas-relief.
(7) Blasphemy means against Poets, such as the charge of Poe being drunk.

Au Seul Souci de Voyager

First published in the posthumous volume, *Les Poésies de S. Mallarmé* (1899). The theme is the comparison between the spiritual journey of the poet and the voyage of Vasco da Gama.

line 3: *ce salut*: the toast—*Au Seul Souci de Voyager*—which the poet is proposing.

line 11: *inutile*: useless compared with the wealth of the Indies but, precisely because of its uselessness, the ideal material for poetry.

line 12: the three nouns, in apposition to the previous line, evoke the poet's life: his solitude, his struggle with language, his reward.

Toute L'Ame Résumée

First published in *Le Figaro*, August 3, 1895.

line 5: *cigare*: cf. *L'Action Restreinte*: ' . . . ne convint-il spacieuse-ment de s'exprimer, ainsi que d'un cigare, par jeux circonvolutoires, dont le vague, à tout le moins, se traçât sur le jour électrique et cru?'

line 13: *trop*: Mallarmé does not exclude meaning, or even precise meaning from poetry; but only meaning that is *too* precise. The terse advice in the concluding couplet is similar to that of Verlaine's *Art Poétique* and, like it, this poem sums up the aspirations of a whole generation of writers.

PAUL VERLAINE (1844–1896)

Verlaine was born on March 30, 1844, at Metz, where his father an Army captain, was stationed. An only child, he was spoiled by an adoring mother on whom he remained emotionally, and finan-cially, dependent all his life. In 1851 the family settled in Paris and, from 1853 to 1862, Verlaine was a boarder at the Institution Landry, and at the same time attended courses at the Lycée Bonaparte where he met Edmond Lepelletier, his life-long friend and biographer. At the age of fourteen he sent to the exiled Hugo one of his early poems, *La Mort*, and in 1863 his first published poem, *Monsieur Prud-homme*, appeared in *La Revue du Progrès*. Through the founder of this review, Louis-Xavier de Ricard, he met many important writers, among them Banville, Villiers de l'Isle-Adam, Hérédia, and Coppée. In 1864 he obtained a post as clerk at the Hôtel de Ville in Paris, a routine job which gave him time to frequent literary circles and to write the *Poèmes Saturniens* which appeared in 1867, and the *Fêtes Galantes* which followed them two years later. In June 1869 he became engaged to Mathilde Mauté, and the fourteen months' en-gagement (which inspired *La Bonne Chanson*) and the first year of marriage formed the happiest and the least unstable period in Ver-laine's life. This precarious happiness ended when Rimbaud, at Verlaine's invitation, came to Paris in September 1871. Early the following year Verlaine deserted his wife and young child in order to join Rimbaud. This 'drôle de ménage', spent mostly in London, ended dramatically at Brussels on July 10, 1873, when Verlaine, drunk and jealous, fired at Rimbaud and wounded him in the wrist—an event which resulted in Verlaine's being sentenced on August 8 to two years' imprisonment. The four years following his release from prison were spent teaching in both England and France, and during this time Verlaine made considerable efforts to lead a normal life. But his period of 'sagesse' did not last long and in 1879, in his teaching post at Lymington, near Bourne-mouth, he was accompanied by a favourite pupil, Lucien Létinois, to whom he dedicated several poems. For the next five years he divided his time between Paris and Coulommes in the Ardennes, where he had bought a farm for the Létinois family. In 1885 he settled again in Paris, and, after his mother's death in 1886 and his wife's remarriage, his existence became increasingly degraded through vice, poverty and illness—four of the last ten years of his life were spent in hospital. Yet these last years were a period of growing literary fame and, before his death on January 8, 1896, he had the satisfaction of being elected by the rising generation of writers 'Prince of Poets' in succession to Leconte de Lisle.

Verlaine's first volume of poetry, *Poèmes Saturniens*, shows the influence of his predecessors, notably of Baudelaire and Leconte de Lisle; and the epilogue, with its injunction 'sculptons avec le ciseau des Pensées le bloc vierge du Beau', reads like a pendant to Gautier's Parnassian manifesto *L'Art*. But in many of these early and largely derivative poems, the authentic Verlaine is present and his art is already personal, intimate, musical. These qualities are pervasive in subsequent volumes, particularly in the fourth, significantly called *Romances sans Paroles*, in which Verlaine employs the technical innovations formulated somewhat later in the poem *Art Poétique*. *Romances sans Paroles* is (perhaps because it is so slight) homogeneous, and it is free from the crude sentimentality and the dull confessions of licentiousness which, from *Parallèlement* onwards, disfigure most of the later work. It is in the short child-like songs of *Romances sans Paroles* and in those of *Sagesse*, rather than in the over-praised 'catholic' poems, that we find the best of Verlaine. No poet has written purer lyrics than these. Verlaine's poetry is not deep or complex, but its music—a cry from the darkness of his inner life—has the power to awaken echoes in the deepest part of the mind. Neglect followed the Symbolists' over-valuation of Verlaine's work, and it is only in recent years that critics have given his poetry serious, and appreciative, attention.

BIBLIOGRAPHY

Poèmes Saturniens (1867); *Fêtes Galantes* (1869); *La Bonne Chanson* (1870); *Romances sans Paroles* (1874); *Sagesse* (1881); *Jadis et Naguère* (1884); *Amour* (1888); *Parallèlement* (1889); *Femmes* (1890); *Dédicaces* (1890); *Bonheur* (1891); *Choix de Poésies* (1891); *Chansons pour Elle* (1891); *Liturgies Intimes* (1892); *Elégies* (1893); *Odes en son Honneur* (1893); *Dans les Limbes* (1894); *Epigrammes* (1894).

The following volumes appeared posthumously: *Chair* (1896); *Invectives* (1896); *Œuvres Posthumes, Vol. I* (1903); *Hombres* (1903); *Œuvres Posthumes, Vol. II* (1911); *Biblio-Sonnets* (1913); *Œuvres Oubliées, Vol. I* (1926); *Œuvres Oubliées, Vol. II* (1929); *Œuvres Posthumes, Vol. III* (1929).

The best critical editions of Verlaine's work are *Œuvres Poétiques Complètes* (Gallimard, 1959), edited by Y.-G. Le Dantec, and *Œuvres Complètes*, 2 vols. (Le Club du meilleur livre, 1959). See also V. P. Underwood's critical editions (Manchester University Press), J.-H. Bornecque's *Etudes Verlainiennes* (Nizet), and J. Robichez *Verlaine, Oeuvres poétiques* (Garnier).

CONSULT

For an account of Verlaine's life, see his own prose writings: *Pauvre Lélian* in the 1888 edition of *Les Poètes Maudits*; *Mes Hôpitaux* (1891); *Mes Prisons* (1893); *Confessions* (1895) and *Correspondance*, Vols. I, II, III (1922, 1923, 1929).

For a study of his poetry, consult:

P. Martino: *Verlaine* (Boivin, 1924). (New edition, 1951).

A. Adam: *Verlaine, l'homme et l'œuvre* (Hatier, 1953).

J. P. Richard: *Fadeur de Verlaine* (in *Poésie et Profondeur*, Editions du Seuil, 1955).

O. Nadal: *Paul Verlaine* (Mercure de France, 1961).

Éléonore M. Zimmermann: *Magies de Verlaine* (Corti, 1967).

NOTES

Monsieur Prudhomme

This sonnet, Verlaine's first published poem, appeared in *La Revue du Progrès*, August 1863, under the title *Satirettes, I*, and was signed 'Pablo'. It was subsequently included in the *Poèmes Saturniens*.

line 9: *Monsieur Machin*: Mr. What's-his-name.

line 13: *coryza*: a running at the nose, a catarrhal cold.

Un grand sommeil noir

This poem, from *Sagesse*, was originally called *Berceuse*. It is one of the thirty-two poems which Verlaine intended to publish as a volume entitled *Cellulairement*. Written at Brussels, it is dated August 8, 1873, the day on which Verlaine was sentenced to two years' imprisonment.

Le ciel est, par-dessus le toit

This lyric was, like the former poem, written in the Petits-Carmes prison, Brussels. Twenty years later, in *Mes Prisons*, Verlaine referred to the occasion of the poem in these terms: 'Par-dessus le mur de devant ma fenêtre ... je voyais, c'était en août, se balancer la cime, aux feuilles voluptueusement frémissantes, de quelque haut peuplier d'un square ou d'un boulevard voisin. En même temps m'arrivaient des rumeurs lointaines, adoucies, de fête'.

lines 15-16: cf. Villon (*Testament XXII*):

> Je plains le temps de ma jeunesse,
> (Ouquel j'ay plus qu'autre gallé...)

Je ne sais pourquoi

This poem belongs to the same period as the two previous ones. In the manuscript volume, *Cellulairement*, it has the title *Sur les Eaux*. Its ingenious pattern is admirably suited to the feeling expressed; the stanzas are uneven in number and each line is composed of an odd number of syllables.

Art Poétique

This celebrated poem from the volume *Jadis et Naguère* was composed in April, 1874, during Verlaine's imprisonment at Mons. It was first published in *Paris Moderne* on November 10, 1882, and soon afterwards was adopted as one of the manifestos of the new Symbolist school of writers. It has, like those other famous manifesto-poems (Baudelaire's *Correspondances*, and Rimbaud's *Voyelles*) been overpraised—or praised for the wrong reasons—and it is significant that Verlaine himself, towards the end of his life, took the trouble to remind his admirers that *Art Poétique* was above all a *song*.

line 1: this conception of poetry is directly opposed to that of the Parnassians (cf. Gautier's *Art*) and to Verlaine's own creed as expressed in the *Poèmes Saturniens*, which stressed not the musical, but the plastic nature of poetry.

line 2: *Impair*: i.e. lines composed of an odd number of syllables. Verlaine illustrates his principle by using here a nine-syllable line. Such metres were not new however; they had been used by Ronsard and Malherbe.

line 8: cf. Mallarmé's *Toute l'Ame résumée* and, in particular, the conclusion:

> Le sens trop précis rature
> Ta vague littérature.

line 23: *la Rime*: Verlaine is attacking the Parnassians, and especially Banville, who gave an exaggerated importance to rhyme. Verlaine's own practice is, however, less revolutionary than this poem would suggest, and, in March 1888, he wrote in the *Décadent*: 'Notre langue peu accentuée ne saurait admettre le vers blanc... Rimez faiblement, assonez si vous voulez, mais rimez ou assonez, pas de vers français sans cela... La rime est un mal nécessaire'.

line 24: an amusing imitation of a Banvillesque line. Cf. in *Le Saut du Tremplin*:

> Et, sans que l'on sût avec qui,
> Cet émule de la Saqui

line 36: this brusque and scornful dismissal of all that is merely 'littérature' puts in true perspective Verlaine's own advice about *technique*. What matters is poetry, lyrical poetry, and not theorie about it.

TRISTAN CORBIÈRE (1845-1875)

Tristan Corbière, whose real name was Edouard-Joachim Corbière, was born on July 18, 1845, at Coat-Congar, near Morlaix in Brittany. His father, a sea-captain and a talented writer of novels about the sea, had a profound influence on his son's development, and it was to him that Tristan dedicated his only work, *Les Amours Jaunes*. The poet's education, first at Morlaix and later at the lycées of Saint-Brieuc and Nantes, was interrupted several times by attacks of arthritis, and, after a convalescence at Cannes, he returned to settle at Roscoff, where he lived an eccentric, bohemian life, combining the habits of a Baudelairean 'dandy' with those of an honest-to-goodness sailor. His unusual habits and extravagant dress scandalized the inhabitants of Roscoff, and he was so ugly, thin and sickly-looking that they nicknamed him *Ankou*: death. Apart from one holiday in Italy from December 1869 to April 1870, Corbière remained at Roscoff and there wrote the bulk of his poetry—*Armor, Gens de Mer, Raccrocs*—some of the poems, such as the well-known *La Fin*, being actually composed on board his cutter, which he sailed in the wild seas off the coast of Finistère. In the spring of 1871 he made the acquaintance of Count Rodolphe de Battine and his mistress, an Italian actress Armida-Josefina Cuchiani, with whom Corbière fell in love. She is the *Marcelle* of his poetry, and poems such as *A une Camarade* and *Femme*, as well as the title of the collection in which they appear, *Les Amours Jaunes*, were inspired by this jaundiced relationship. In October, Armida and Count Battine returned to Paris. In 1872 Corbière followed them and settled in Montmartre where he spent the last three years of his life. His first published poems—simply signed 'Tristan'—appeared in six numbers of *La Vie Parisienne* in 1873. Later the same year, the Breton poems written at Roscoff, together with the Paris ones and *Rondels pour après*, were published under the title *Les Amours Jaunes*. In December 1874 Corbière fell seriously ill; he died at Morlaix on March 1, 1875, aged 29.

The appearance of *Les Amours Jaunes* had passed completely unnoticed, and it was not until Dr. Chenantais, Corbière's cousin, and Léo Trézenic brought the poems to the attention of Verlaine that they received any recognition. Verlaine then wrote enthusiastically about them in *Les Poètes Maudits* (1884), Huysmans mentioned them in *A Rebours* and, later, articles were written by Laforgue and Remy de Gourmont; but in spite of this, Corbière's importance was not recognised for nearly half a century. He himself had declared at the end of his poem *Ça?*: 'L'Art ne me connaît pas. Je ne connais pas l'Art'. The remark is characteristic of his defiant attitude to the official art of his time. Most of his work is a ruthless attack, by sarcasm, irony and caricature, on what seemed to him the sentimental rhapsodizings of the Romantic poets—especially Hugo. This distaste for Romanticism he acquired partly from his father and partly from the work of Baudelaire whose influence is evident in much of *Les Amours Jaunes*. But his poetry, like that of Baudelaire, is more than a revolt against traditional concepts of art; it is an affirmation of the values of life. His feelings are never set, literary ones; they are first-hand personal reactions, expressed in new, dynamic images, and taut, staccato rhythms of unusual vitality. Profoundly Breton in inspiration, Corbière has none of the limitations usually implied by the term 'regional poet'. He is more than the poet of Brittany as Baudelaire is more than the poet of Paris. His work is clearly less mature (he died before he was thirty) than that of Baudelaire, but it expresses a comparable human and artistic integrity. Corbière remains one of the most important poets of the nineteenth century and his influence on later poets has not yet been fully recognized.

BIBLIOGRAPHY

Since *Les Amours Jaunes* was first published by Glady Frères in 1873, there have been several editions of Corbière's work—including an 'édition définitive' (1912). A reliable edition was published in 1950 by Le Club Français du Livre, with a preface by Tristan Tzara. The first critical edition of *Les Amours Jaunes* (Gallimard), appeared in 1953.

CONSULT

Jules Laforgue: *Une Etude sur Corbière* (in *Mélanges Posthumes*, Mercure de France, 1903).

Ida Levi: *Tristan Corbière, a biographical and critical study* (MS. D.Phil. d. 1019, Oxford, 1951).

A. Sonnenfeld: *L'Œuvre poétique de Tristan Corbière* (P.U.F., 1960)

C. Angelet: *La poétique de Tristan Corbière* (Palais des Académies, Brussels, 1961).

NOTES

La Rapsode foraine et le Pardon de Sainte-Anne

This poem, of which only the first part is given, is from the section *Armor*. The title indicates the double nature, secular and sacred, of the Breton *pardons*, which combine a fair and a religious pilgrimage. Sainte-Anne, the mother of the Virgin Mary, is the object of particular devotion in Brittany, and the most famous of the *pardons* takes place on her feast day, July 26, at Auray. The subject of Corbière's poem is, however, the *pardon* of Sainte-Anne-de-la-Palud which is held annually on the last Sunday in August. The chapel of Sainte-Anne-de-la-Palud (so named because of the *palus* or low-lying plains which surround it) is situated near Plonévez on the Bay of Douarnenez.

title: many editions have 'Rapsod*ie*': but the original edition, corrected by Corbière himself, has 'Rapsode': she is the 'singer' mentioned in the third and final section of the poem.

line 14: *déjà*: the beggars' *pardon* takes place before the official festival.

line 19: tents are erected all round the church, as well as on the shore, for the sale of food and drink to the pilgrims.

line 24: compare this 'Cantique spirituel' with the more orthodox Catholic poetry of Jammes, Claudel and Péguy.

La Fin

This poem, the last in the section *Gens de Mer*, is Corbière's reply to Hugo's *Oceano Nox*, of which he quoted—and misquoted—twelve lines (ll. 1–3, 7–10, 38–42) at the head of *La Fin*.

line 6: *boujaron*: ration of spirits.

line 7: *Camarde*: Death.

Rondel

This poem, from the section *Rondels pour après*, represents another aspect of Corbière's work—nearer to Verlaine than to Baudelaire—and which Laforgue described as 'La plus fine, la plus ténue, la plus pure partie comme art'. It will be noticed that Corbière's *rondel* does not follow the usual pattern of fourteen lines rhyming abba, abab, abbaab.

line 10: *les ours*: an allusion to La Fontaine's fable *L'Ours et l'Amateur des Jardins*.

line 11: *demoiselles*: dragonflies.

LAUTRÉAMONT (1846–1870)

Comte de Lautréamont was the pseudonym of Isidore Ducasse, and was probably suggested to him by the title of Eugène Sue's novel *Latréaumont* (1838). Although legends surround the life of this poet, the known facts are few. He was born on April 4, 1846, at Montevideo where his father, who had emigrated to Uruguay in 1840 from the Hautes-Pyrénées, occupied an official position in the French Consulate. At the age of fourteen, Lautréamont was sent to France to continue his education, first at the lycée of Tarbes (1861–1862) and then at Pau (1863–1865), where he showed special aptitude for mathematics and natural history—subjects which have inspired some of the strange images in his work. In 1867, he arrived in Paris to study for admission to the École Polytechnique and the École des Mines with the intention of following a scientific career. Instead, he devoted himself to literature and wrote with amazing rapidity his two works *Les Chants de Maldoror* and *Poésies*. He died in a hotel in Montmartre on November 24, 1870, aged 24. His own comment from the first *Chant* could serve as his epitaph: 'Ci-gît un adolescent qui mourut poitrinaire: vous savez pourquoi: Ne priez pas pour lui'.

His works consist of *Les Chants de Maldoror*, a long book divided into six sections (called *Chants*); and *Poésies*, a preface in prose to a volume of poems which he never lived to write. The *Chants de Maldoror* is a 'novel of terror' interspersed with passages of declamatory lyricism, and this mixture of prose and poetry is given a precarious unity by the activities of the ubiquitous Maldoror, who represents the spirit of evil. Its aim is to attack 'l'homme et Celui qui le créa', and the author makes both God and man so evil that all his own evil impulses are justified. But Maldoror's revolt against God and man is not convincing. Unlike those other, and greater, 'revolutionary' works—*Une Saison en Enfer*, *Les Amours Jaunes* and *L'Hiver qui Vient* (also by youthful poets) whose revolt springs from the condition of life itself, the *Chants de Maldoror* is rooted in literature, and in literature in one of its most decadent phases. But literature too is being attacked, and Lautréamont's intention was doubtless to expose the artificialities of an expiring Romanticism by pushing its devices to extreme limits—an interpretation which is supported by the way he uses irony to destroy the means by which he achieves his effects; and also by the ironically named *Poésies*, which constitute an apparent denial of the earlier work. Yet the *Chants de Maldoror* derives its value from the exploitation of those very literary formulae which it set out to attack, and it is as literature that it must be judged— a fact which the Surrealists have strongly resisted.[1]

The *Chants de Maldoror* has been regarded as something entirely new in French literature—an expression in violent, and at the same time lucid language of the instinctive forces of man's nature—a 'Bible of the Unconscious'. As such, its effect on the Surrealists was

[1] 'Il était une attitude au monde qui défiait hautement toute entreprise de vulgarisation, de classement intéressé, toute volonté d'opportunisme, qui ne relevait de rien que d'éternel. Nous nous opposons, nous continuons à nous opposer à ce que Lautréamont entre dans l'histoire, à ce qu'on lui assigne une place entre Un Tel et Un Tel'. (*Lautréamont envers et contre tout* by Aragon, Breton and Eluard.)

T

profound and, through their pamphleteering, it has had an influence far exceeding its value as a work of art. Lautréamont provided the Surrealists with a mass of material drawn from the unconscious mind; a fresh technique—the *écriture automatique*; and a new idea of beauty based on unusual associations, such as the celebrated 'beau comme... la rencontre fortuite sur une table de dissection d'une machine à coudre et d'un parapluie'. But the *Chants de Maldoror* is neither the work of a god, as the Surrealists would have us believe, nor of a madman, as Remy de Gourmont imagined. It is the product of a brilliantly talented but perverse adolescent, and it remains a minor phenomenon in the literary landscape, a comment on our civilization rather than an effectual protest against it.

BIBLIOGRAPHY

Les Chants de Maldoror (1869); *Poésies* (1870). The two best editions are: *Comte de Lautréamont, Œuvres Complètes* (GLM 1938), *Œuvres Complètes* (Corti, 1961). See also *Lautréamont, Œuvres Complètes* (Garnier-Flammarion, 1969).

CONSULT

Gaston Bachelard: *Lautréamont* (Corti, 1939).

P.-G. Castex: *Le Conte Fantastique en France*, Chapter VI (Corti, 1951).

G. Goldfayn and G. Legrand: *Comte de Lautréamont, Poésies* (Le Terrain Vague, 1960).

M. Pleynet: *Lautréamont par lui-même* (Editions du Seuil, 1967).

NOTES

This hymn to the ocean is taken from the first of the six *Chants* which was published separately in 1868. The author introduces it with these words: 'Je me propose, sans être ému, de déclamer à grande voix la strophe sérieuse et froide que vous allez entendre...' Cf. Baudelaire's *L'Homme et la Mer*.

ARTHUR RIMBAUD (1854–1891)

Rimbaud was born on October 20, 1854, at Charleville in the Ardennes. His mother, of peasant stock, was a native of the district; his father, an officer in the French army, came from Burgundy. Rimbaud's schooling began in 1862 at the Institution Rossat in Charleville where, at the age of 10, he wrote a prose exercise[1] in

---

[1] The complete text is given by Suzanne Briet in *Rimbaud notre prochain* (Nouvelles Editions Latines, 1956).

which rebellion was already the dominant theme. In 1865 he entered the Collège de Charleville; his first known poem, *Les Etrennes des Orphelins*, was written in 1869, and was followed in 1870 by twenty-two more poems. 1870 was also the year of his first flight from home—from the provincial bourgeois town and the austere unhappy family environment, the 'geôle familiale'—to which, in spite of his hatred of it he felt compelled to return frequently throughout his life. Two letters written the next year show the rapidity of Rimbaud's development. On May 13, 1871, he wrote to his friend and former teacher Izambard, announcing his personal ideas about a new kind of poetry, and two days later he elaborated these in a letter (since called the *Lettre du Voyant*) to his friend Paul Demeny. Towards the end of September 1871 in answer to an appeal from Verlaine (whom he had never met): 'Venez, chère grande âme, on vous appelle, on vous attend !'— Rimbaud arrived in Paris bringing with him several poems, including *Le Bateau Ivre*. Through Verlaine he met a number of writers, but his taciturn and insolent behaviour repelled those who tried to befriend him and, in March 1872, he returned to Charleville profoundly disappointed by his first contact with Paris literary circles. This pattern of flight and return runs all through Rimbaud's life and poetry, and is particularly marked in his tormented relationship with Verlaine. For more than a year from May 1872 (interrupted by Rimbaud's periodic flights back to the Ardennes, and once by Verlaine's flight to Brussels) they lived together, in Paris, Brussels and London. Rimbaud continued to write, and it is generally accepted that most of the *Illuminations* were written in this period.[1] The association with Verlaine reached breaking-point in July 1873 in Brussels, when Verlaine, drunk, and goaded by Rimbaud's threat to leave him for good, shot him in the wrist. Verlaine was arrested and sentenced to two years' imprisonment; while Rimbaud, after a week in hospital, returned to the family farm at Roche in the Ardennes to finish *Une Saison en Enfer*[2]—a title which, after his experiences, suggested itself to replace the original *Livre païen, ou Livre nègre*. *Une Saison en Enfer* was Rimbaud's farewell to literature and marked the end of his astonishingly short and brilliant literary career.

[1] See footnote 2, page xxviii, Introduction.
[2] The section *Délires I* evokes the tragic 'drôle de ménage' in which Verlaine was the *Vierge Folle* and Rimbaud the *Epoux Infernal*.

During the early part of 1874 Rimbaud was again in London,[1] this time with the poet Germain Nouveau. He returned home for Christmas, but soon left to take a post as a tutor at Stuttgart. Here there was a final unsatisfactory meeting with Verlaine, after which Rimbaud entered on a period of prolonged wanderings which lasted for the next five or six years—Verlaine aptly called him 'l'homme aux semelles de vent'. These adventurous journeys, which covered many countries of Europe and involved a picturesque variety of jobs, were, like the flights of his childhood, punctuated by regular returns home. The last eleven years of his life, however, were spent entirely away from Charleville. In 1880 he obtained employment with the firm of Viannay, Mazeran, Bardey et Cie, traders in coffee and skins, and was sent to their branch office at Harar. His work as a trader involved him in long desert expeditions. On behalf of his firm, he explored the Somaliland and the country of the Gallas tribes; and was the first European to reach Bubassa and to explore the Ogaden, the last-named expedition being the subject of a report by him to the Société de Géographie. After the firm closed down, Rimbaud continued to trade in Abyssinia, and to make exploratory expeditions, some of which involved incredible hardship. As can be seen from his letters home, which read like further pages—prose ones—from his 'carnet de damné', this last period of Rimbaud's life was dominated by thoughts about money, by a desperate purposeful- ness and a pathetic endeavour to achieve personal independence and fulfilment according to values and by means he had once despised— those of his bourgeois mother. But the new magic—money and practical 'useful' knowledge—failed, as the earlier magic of words had failed, to deliver him from his 'season in hell'. In 1891, suffering from a tumour on his right knee, he was forced to make an agonizing return journey to France. Treatment at the hospital of the Immacu- late Conception at Marseilles proved useless, and his leg had to be amputated. After a last visit to the farm at Roche, Rimbaud returned to the hospital at Marseilles, where he died on November 10, 1891, at the age of 37.

Rimbaud's place in French poetry is discussed in the Introduction.

BIBLIOGRAPHY

Une Saison en Enfer (Alliance Typographique, Brussels, 1873);

[1] See *Voyage à Londres* in *Journal de Vitalie Rimbaud* (published in *Rimbaud: Œuvres Complètes*, Bibliothèque de la Pléiade, 1946).

Les Illuminations, Preface by Verlaine (Publications de la Vogue, 1886); *Reliquaire. Poésies,* Preface by Rodolphe Darzens (Genonceaux, 1891); *Poésies Complètes,* Preface by Verlaine (Vanier, 1895); *Œuvres de Jean-Arthur Rimbaud,* Preface by Paterne Berrichon and Ernest Delahaye (Mercure de France, 1898).

These first publications of Rimbaud's works have been followed by many new editions, a list of which, arranged in chronological order, and with detailed information about each of them, is given in *L'Œuvre et le Visage d'Arthur Rimbaud: essai de bibliographie et d'iconographie* by P. Petitfils (Nizet, 1949). The best single-volume editions are the *Œuvres Complètes* (Gallimard, 1963), and *Œuvres,* edited by Suzanne Bernard (Garnier, seconde édition, 1960).

An *Edition Critique* of Rimbaud's three main works has been published by the Mercure de France in separate volumes: *Poésies* (1939): *Une Saison en Enfer* (1941); *Illuminations* (1949), with introduction and notes by H. de Bouillane de Lacoste. See also A. Py's critical edition of *Illuminations* (Droz, 1967).

CONSULT

E. Rickword: *Rimbaud, the Boy and the Poet* (Heinemann, 1924). (New edition, Daimon Press, 1963.)

J. Rivière: *Rimbaud* (Kra, 1930).

R. Etiemble and Y. Gauclère: *Rimbaud* (Gallimard, 1950).

C. A. Hackett: *Rimbaud* (Bowes & Bowes, 1957).

C. Chadwick: *Etudes sur Rimbaud* (Nizet, 1960).

Enid Starkie: *Arthur Rimbaud* (Faber, 1961).

W. M. Frohock: *Rimband's Poetic Practice* (O.U.P., 1963).

W. Fowlie: *Rimbaud* (University of Chicago Press, 1965).

M. A. Ruff: *Rimbaud* (Hatier, 1968).

Les Effarés   NOTES

This poem, written in 1870, forms part of the *recueil Demeny,* i.e. the twenty-two poems (including *Ma Bohème* and *Roman*) which, in October 1870, Rimbaud copied into two exercise books and entrusted to his friend Paul Demeny. The version printed here is the original one. Most editions publish another version made by Verlaine, either from his recollection of the original text, or copied from a possible revision made by Rimbaud. Verlaine was particularly fond of this poem, and he says of it in *Les Poètes Maudits*: 'Nous ne connaissons pour notre part dans aucune littérature quelque chose d'un peu farouche et de si tendre, de gentiment caricatural et de si cordial, et de si *bon*, et d'un jet franc, sonore, magistral, comme *Les Effarés*'.

The chief variants between the original version and that of Verlaine are:

line 12: Grogne un vieil air.

lines 16–17: Quand pour quelque médianoche,
                        Façonné comme une brioche

line 22: Que ce trou...

line 26: Les pauvres Jésus...

line 29: Au treillage, grognant des choses

lines 31–32: Tout bêtes, faisant leurs prières
                        Et repliés vers ces lumières

line 35: Et que leur chemise tremblote

title: In the *Lettre du Voyant*, Rimbaud refers to himself as a 'pauvre effaré'. This theme runs through all his work from early poems, like *Les Etrennes des Orphelins*, *Ma Bohème*, *Les Poètes de Sept Ans*, to the *Adieu* of *Une Saison en Enfer*.

line 2: *soupirail*: cf. Rimbaud's letter to Billuart, October 8, 1870: 'J'ai soupé en humant l'odeur des soupiraux'.

line 4: *A genoux*: the bakehouse is below the level of the street.

Roman

Written when Rimbaud was not quite 16.

line 17: *Robinsonne*: a verb invented by Rimbaud.

line 18: probably a reminiscence of the opening line of Baudelaire's *Le Vin des Chiffonniers*: 'Souvent, à la clarté rouge d'un réverbère'.

line 19: *une demoiselle*: perhaps the daughter of Verlaine's *Monsieur Prudhomme* whose 'faux-col engloutit son oreille'! (page 32). Rimbaud, in his letter to Izambard (August 25, 1870), was already enthusiastic about Verlaine's poetry, and he may have derived some inspiration from *Monsieur Prudhomme* (first published 1863).

line 24: *cavatines*: from the Italian 'cavatina', a short simple song.

Ma Bohème

Written during the period of Rimbaud's first flights from home.

line 2: *idéal*: i.e. in holes like his pockets.

line 6: *Petit-Poucet*: the diminutive hero of folklore, Tom Thumb. Gaston Paris states in *Le Petit Poucet et la Grande Ourse* that, in the Ardennes, the Grande Ourse was once called the Char de Poucet, because of the small star Alcon—locally named Poucet—placed in front of the wain as if to guide it. This gives added significance to 'mes étoiles', line 8.

Le Bateau Ivre

Rimbaud wrote this poem when he was not yet seventeen and before he had seen the sea.

line 1: *je*: i.e. the boat.

line 15: possibly an allusion to Hugo's *Oceano Nox*.

line 18: *L'eau verte*: cf. 'azurs verts' line 23, and 'nuit verte' line 37. Green is the colour which occurs most frequently in Rimbaud's poetry, and usually symbolizes purity.

line 22: *lactescent*: a Symbolist word, listed by Jacques Plowert (Paul Adam) in his *Petit Glossaire pour servir à l'intelligence des auteurs décadents et symbolistes* (1888).

lines 25–28: *bleuités ... rutilements ... rousseurs*: Rimbaud frequently uses abstract nouns in the plural, thereby giving them a concrete quality (cf. lines 38, 83, 95).

line 28: *rousseurs*: cf. 'La mer a perlé rousse à tes mammes vermeilles' (*L'Etoile a pleuré rose*).

line 28: *amères*: cf. line 91. 'L'âcre amour'.

line 29: *Je sais*: followed by 'je sais,' 'j'ai vu,' 'j'ai vu,' 'j'ai rêvé,' 'j'ai suivi,' 'j'ai heurté,' 'j'ai vu' recalls a similar pattern in Section IV of Baudelaire's *Le Voyage*.

line 43: *Maries*: This may refer to the images of the Virgin Mary frequently carried on boats for their protection and in front of which a light was kept burning. Miss Starkie ingeniously suggests (*Arthur Rimbaud*, page 136) that the reference is to the three Maries: Marie Jacobé, Marie Salomé and Marie-Madeleine, who, according to the Provençal legend, were set adrift by the Jews of Jerusalem in a boat which was without sails, oars and provisions. They landed eventually at the place now known as Les Saintes-Maries-de-la-Mer in the Camargue. The comparison of the waves to herds of animals gains in interest when it is remembered that the Camargue is a region of wild horses and bulls.

line 45: *savez-vous*: a familiar expression which, like 'Mais, vrai' in line 89, lends reality to Rimbaud's imaginary visions.

line 45: *Florides*: countries resembling Florida in their strange, exotic flora and fauna; 'incroyables' further prepares us for the imagery of the next three lines. The stanza expresses the deliberate blending of elements which characterizes the poem.

line 51: *bonaces*: dead-calm waters.

line 56: *noirs parfums*: cf. 'parfums ... verts' (Baudelaire's *Correspondances*).

line 59: *dérades*: a breaking-away from the *rade*, the anchorage.

line 69: *cheveux des anses*: trailing grasses and reeds in the creeks.

line 71: *Monitors*: small warships, first used in 1861 during the American Civil War.

line 71: *voiliers des Hanses*: merchant ships of the thirteenth-century Hanseatic League.

line 73: *monté de*: equipped with; striking use of a strictly technical expression with a poetic image.

lines 75–76: Rimbaud characteristically prefers this original confection to the conventionally beautiful flowers of Parnassian poetry.

line 82: *Béhémot*: monster mentioned in the book of Job.

line 100: *pontons*: hulks used as prison-ships.

Voyelles

This poem should be related (1) to Rimbaud's prophesy about a new poetic language: 'Cette langue sera de l'âme pour l'âme, résumant tout, parfums, sons, couleurs, de la pensée accrochant la pensée et tirant' (*Lettre du Voyant*), and (2) to his disillusion expressed two years later: 'J'inventai la couleur des voyelles ! — A noir, E blanc, I rouge, O bleu, U vert. — Je réglai la forme et le mouvement de chaque consonne, et, avec des rhythmes instinctifs, je me flattai d'inventer un verbe poétique accessible, un jour ou l'autre, à tous les sens' (*Une Saison en Enfer*).

Voyelles shows an extraordinary development in Rimbaud's technique but it is not one of his best poems. It is an arrogant affirmation of power over the elements of language, and it has taken its place, with Baudelaire's *Correspondances* and Verlaine's *Art Poétique*, as one of the most discussed theories of poetry in the French language. Some critics have seen in it a development of Baudelaire's theory of *correspondances*, and many of the Symbolists based on it elaborate theories of *audition colorée*. But what is striking in the poem is the lack of system, the disparity between the theory and its application.

Even in 'O, suprême Clairon plein des strideurs étranges' it is the *sight* of the trumpet, with its O-shaped mouth, which predominates. In fact, we have here a series not of auditory, but of visual (and motor) images. What interested Rimbaud, the child and the *voyant*, was less the sound of the vowels than his visual impression of them. Other critics consider that the sonnet is based on the doctrine of alchemy (the word itself occurs in line 11 of the sonnet) and the sequence of the colours—black, white, red, green, blue—is, apparently, identical with that which occurred in the alchemist's retort as he attempted to turn base metal into gold. It seems more probable, however, that *Voyelles* is a poetic commentary on an alphabet with coloured letters which Rimbaud used as a child, and the following has been suggested as a 'solution': A — Abeille; E — Eau; I — Indien or Iroquois; U — Univers; O — Orgue and Œil.[1] But the poem cannot be dismissed as a crossword puzzle.[2] It is in many ways the epitome of Rimbaud's whole work for, while affirming his mastery over language, it announces his ultimate failure—the failure to co-ordinate the separate colours of his universe into a clear vision.

line 4: *bombinent*: an expressive onomatopoeic verb made up by Rimbaud from the Latin *bombus*, a humming. Some critics have seen here a reminiscence of Rabelais' 'Quaestio subtilissima, utrum Chimera in vacuo bombinans . . .' (*Pantagruel*, chapter VII).

line 6: *rois blancs*: many editions give *rais blancs*, but the manuscript has *rois blancs* which continues the associations of pride and war in the previous words. The white kings may also be an illustration of 'E —Esquimau'.

Après le Déluge

The first poem of the *Illuminations*.

line 1: *l'idée du Déluge*: In a series of abrupt and vivid images, Rimbaud evokes the various activities which began again as soon as the *idea* of the flood had 'subsided'. But along with the wonder and purity of this 'new' world there is mediocrity, cruelty and, above all, *sameness*.

line 7: *étals*: butchers' stalls. The sound, as well as the sense, of the words, 'sale,' 'étals,' expresses Rimbaud's contempt for the beginnings of trade and commerce.

[1] See *Du Nouveau sur Rimbaud* by H. Héraut. (*Nouvelle Revue Française*, October 1, 1934)
[2] See *Rimbaud l'Enfant* by C. A. Hackett. (Corti, 1948)

line 8: *étagée*: the terraced appearance of the sea as represented in the upper half ('là-haut') of an engraving.

line 10: *le sceau de Dieu*: God's seal, i.e. the rainbow. (Cf. line 3.)

line 12: *mazagrans*: black coffee and brandy served in a glass. The name is taken from a village in Algeria.

line 15: *les merveilleuses images*: the pictures referred to are perhaps those which Rimbaud had been forced to study each Sunday in the family Bible. Illustrations of various kinds (cf. 'gravures', line 8), as well as fairy stories, gave Rimbaud material for his poetry.

line 26: *Eucharis*: the most beautiful of Calypso's nymphs (see Fénelon's *Télémaque*, Book VI).

line 27: *printemps*: cf. the opening section of *Une Saison en Enfer*: 'Et le printemps m'a apporté l'affreux rire de l'idiot'. Rimbaud's references to spring are usually ironical; especially so here, for the spring Eucharis announces means only the return of the old order.

lines 28–31: the balancing of verbs and nouns, and the biblical-like repetition of *et*, give great force to this invocation, which is Rimbaud's reply both to Eucharis and to the 'Sorcière'. To the creative forces of life, to the dull magic of ceaseless renewal, he opposes an ecstasy of destruction.

line 34: *qui allume sa braise*: Nature renewing the source of life. Rimbaud may be thinking of Michelet's *La Sorcière* who possessed 'la sublime puissance de la *conception solitaire*'.

line 34: *pot de terre*: the earth, scornfully reduced to the size of a witch's cauldron.

Encore tout enfant

From *Mauvais Sang*, the second section of *Une Saison en Enfer*.

line 39: *enfants de Cham*: the Negroes, said to be the descendants of the second son of Noah.

Matin and Adieu

These form the last two sections, 8 and 9, of *Une Saison en Enfer*.

JEAN MORÉAS (1856–1910)

Yannis Papadiamantopoulos was born of Greek parents on April 15, 1856, at Athens. He is known to literature as Jean Moréas, a pseudonym which he took from Morea, the part of Greece in which his ancestors had lived. His early education by a French governess gave him a love of her country's literature, and at the age of 10 he had already decided to become a French poet. His father, however, who was an eminent magistrate in Athens, determined that his son should follow his profession and sent him to study law at Heidelberg. Once in Germany Moréas, while attending lectures on law, continued to pursue his literary interests, reading Goethe, Schopenhauer and Heine. He travelled widely in Europe, and after a short visit to Paris in 1872, he compiled, on his return to Athens, an anthology of Greek verse. In 1878 he published *Tourterelles et Vipères*, a small unimportant collection of his own poems in Greek and French. Law studies were again the ostensible reason for his settling a year or so later in Paris where, through the arrogance of his manner and the dandy-like elegance of his person, he quickly became a prominent picturesque figure in the literary circles of Montmartre and Montparnasse. He recited poems at the Chat Noir, contributed to the *Nouvelle Revue Gauche*, and in 1884 published his first volume of French poems, *Les Syrtes*. Two years later there appeared in the supplement to the *Figaro* of September 18, 1886, his famous manifesto in which he used the word 'symbolisme', and formulated in vague and confused terms the new poetic creed. When his second volume, *Les Cantilènes*, appeared soon afterwards, Moréas, the least 'symbolist' of writers, was acclaimed the founder of the Symbolist School. His fame reached its height in February 1891, when a banquet, attended by numerous poets and artists and presided over by Mallarmé, was held to celebrate the appearance of his latest book of poems, *Le Pèlerin Passionné*. But the preface to the new volume already suggested a turning towards classicism, and a few months later Moréas was declaring that Symbolism was something opposed to the French tradition, a transitional phenomenon that was already dead. In 1891, with Maurice du Plessys, Raymond de la Tailhède, Charles Maurras and Ernest Raynaud, he founded the École Romane. His manifesto, which appeared in the *Figaro* of September 14, attacked the Romantics, Parnassians and Symbolists and affirmed the intention of the rival school to return to the vigour, purity and dignity of the classical tradition. But the aim was too ambitious. Moréas, although a born publicist and maker of manifestos, was not a powerful, original poet. As a Symbolist he had imitated Baudelaire, Verlaine, and Mallarmé; as a Romaniste he now imitated Ronsard, Malherbe, La Fontaine and André Chénier, and the result was a series of pastiches. When he was over forty, however, he began to write his last poems *Les Stances*. In them he declared 'Me voici seul, enfin, tel que je devais l'être,' and it was here that the man who had been an animator of literary movements was to find himself as a poet.

Moréas had returned for only two brief visits to his native Greece after he settled in France, and he became a naturalized Frenchman in 1909. He died in the hospital of Saint-Mandé on the outskirts of Paris on March 30, 1910. During his lifetime he had numerous disciples. He achieved fame and was praised, not only in ephemeral reviews, but by critics as acute as Mallarmé, Verlaine and Gide. To-day only one work remains at all vital: *Les Stances*, a small volume of one hundred and five poems, divided into seven books, six of which were published during the author's lifetime, and the seventh in 1920. The poems consist for the most part of one, two or three quatrains, and, as the title indicates, they are classical in form. Although repetitive in mood and subject, they express concisely some of the simple eternal themes of poetry, with a grave clear lyricism that reflects the melancholy stoicism of Moreas' own temperament. They are the most authentic of his works. The rest are dead and belong to the history of literature rather than to literature itself.

BIBLIOGRAPHY

Les Syrtes (1884); *Les Cantilènes* (1886); *Le Pèlerin Passionné* (1891); *Autant en emporte le vent* (1893); *Enone au clair visage* (1893); *Eriphyle et quatre Sylves* (1894); *Les Stances* (Books I–II, 1899; III–VI, 1901: VII, posthumously, 1920).

Moréas also published *Iphigénie*, a drama in verse (1903) and some prose works, notably *Esquisses et Souvenirs* (1908).

CONSULT

René Georgin: *Jean Moréas* (N.R.C., 1929).
Ernest Raynaud: *Jean Moréas et Les Stances* (Malfère, 1929).
R. Niklaus: *Jean Moréas poète lyrique* (P.U.F., 1936).

JULES LAFORGUE (1860–1887)

Laforgue, the second of eleven children, was born at Montevideo, on August 16, 1860, of a Breton mother and a Gascon father. At the age of 6, he was brought to Tarbes, his father's native town in the

Hautes-Pyrénées, and in 1869 entered the lycée Théophile Gautier, where he remained as a boarder for seven years. In May 1875 the rest of the family had returned from South America, and in October of the following year they settled in Paris. After finishing his education at the lycée Fontanes, Laforgue worked for two years as secretary to M. Charles Ephrussi, editor of the *Gazette des Beaux-Arts*. The period 1879 to 1881 was important in his development—he studied the work of the Impressionist painters; read German philosophy (to which he had turned after abandoning the Catholic faith), and all the modern poets, especially Baudelaire; and frequented with Gustave Kahn the Cercle des Hydropathes. At the end of 1881 he obtained, through the help of M. Ephrussi and Paul Bourget, a post as reader to the Empress Augusta, and although the succeeding five years in Germany were a sad exile, they gave him the leisure to write almost the whole of his work. His first volume of poetry, *Les Complaintes*, was published in 1885. In September, 1886, on becoming engaged to an English girl, Miss Leah Lee, he resigned his post at the court and left Germany. They were married in London at the beginning of 1887, and returned to Paris where they lived until Laforgue's death of tuberculosis on August 20, 1887, at the age of 27.

Laforgue's poetry is one of changing and conflicting moods rather than of clearly defined themes. His work conveys with an unusual immediacy the feelings of a sensitive person who, while striving towards something beyond the banality of our urban age, is obsessed with the transience and ultimate futility of everything. The impressionistic landscapes of his poems, in which nature has become a 'fade Usine de sève', and where only the sadness of autumn and the wind seem permanent, are exact reflections of both his spasmodic aspiration and his melancholy resignation. Between these extremes, Laforgue finds a compromise by adopting towards all his experience a distrustful, mocking, ironical attitude. His use of irony (which shows itself even in his punning inventiveness with words—'éternullité', 'sangsuelles', 'féminiculture', etc.) makes his work a complete contrast to that of the Romantics, and gives his poetry an original quality. His irony may be a sign of a certain immaturity, but it is an immaturity which, unlike that of Lautréamont, is always attempting to come to terms with life. Laforgue's brief work shows a surprisingly rapid development from the traditional metres of *Le Sanglot de la Terre*[1] (mostly sonnets), through the experimental forms of *Les*

[1] Written between 1878 and 1882, and published posthumously (1903).

Complaintes, to the free verse of the *Derniers Vers*. This last work, although limited in range, is unique in inspiration and expression, and it is here that Laforgue's greatness as a poet is best seen. Given a work as original as *Derniers Vers*, it is surprising that critics should compare Laforgue unfavourably with lesser writers such as Lautréamont and Apollinaire. Laforgue's work is more revolutionary and more important than theirs, and his influence both in France and England (notably on the early work of T. S. Eliot) has been more fruitful.

BIBLIOGRAPHY

Le Complaintes (1885); *L'Imitation de Notre-Dame la Lune* (1886); *Le Concile Féerique* (1886). These were the only works published in volume form during Laforgue's lifetime. The following were published posthumously: *Derniers Vers* (consisting of *Des Fleurs de Bonne Volonté*, *Le Concile Féerique* and *Derniers Vers*) (1890); and *Le Sanglot de la Terre* (1903).

In addition to poetry,. Laforgue's work includes the *Moralités Légendaires* (1887), written in poetic prose; the *Mélanges Posthumes* (1903) which contains some fragmentary but penetrating art and literary criticism; and a body of important correspondence.

The best collected edition of Laforgue's work is that prepared by M. Jean-Aubry. Six of the eight volumes have already been published (*Mercure de France*). The *Poésies* are contained in the first two, which appeared in 1922.

The *Derniers Vers* have been edited, with an introduction and notes, by M. Collie and J. M. L'Heureux (University of Toronto Press, 1965). *Poésies Complètes* (Le Livre de Poche, Gallimard, 1970), edited by Pascal Pia, contains sixty-six hitherto unpublished poems.

CONSULT

François Ruchon: *Jules Laforgue: Sa Vie. Son Œuvre* (Ciana, 1924).

L. Guichard: *Jules Laforgue et ses Poésies* (P.U.F., 1950).

Marie-Jeanne Durry: *Jules Laforgue* (Seghers, 1952).

Warren Ramsey: *Jules Laforgue and the Ironic Inheritance* (O.U.P., 1953).

P. Reboul: *Laforgue* (Hatier, 1960).

NOTES

Complainte de l'oubli des morts

One of the fifty poems of *Les Complaintes*, written between 1880 and 1885. The *complainte* is a popular song form.

L'Hiver qui vient

The first of a sequence of twelve poems entitled *Derniers Vers*, first published in *La Vogue*, August 1886.

In this poem, expression and feeling, while free and highly personal, are clearly related to traditional styles and themes. Laforgue still uses rhyme in his flexible *vers libre*, and many of the lines are far closer to the alexandrine than is at first apparent. Similarly, the feeling—conveyed through a series of impressions, related by tones and nuances rather than by logic—while singularly modern, evokes the autumnal climate of a past poetic age. The poem is, for example, at once reminiscent of *Le Cor* and very different from it. Laforgue's melancholy refrains re-echo Vigny's nostalgic 'Dieu! que le son du Cor est triste au fond des bois!', but whereas the Romantic poem recalls a heroic age of chivalry, Laforgue's *hallali* is that of the poet exiled, and at bay, in the modern environment. It is through such similarities and contrasts that the poem achieves its effect.

line 1: *Blocus sentimental!*: a play on 'blocus continental'. In contrast, *Messageries du Levant* suggests communication with the Orient.

line 16: *Pactoles*: a river of Lydia, whose sandy waters became famous in ancient times for the gold they contained.

line 19: Cf. 'Comme ce soleil couchant est manqué! La nature est pitoyable ce soir'. (Alfred de Musset, *Fantasio*, Act I, Sc. 2).

line 43: Cf. Baudelaire's *Chant d'Automne*.

line 64: Cf. 'Adieu paniers, vendanges sont faites'—the refrain of an old song sung by the grape-pickers at the end of the harvest, and mentioned by Rabelais in *Gargantua*, chap. XXVII. Now a proverbial saying meaning 'It's all over. It's too late'.

line 65: *paniers*: Laforgue plays on this word. Here, an article of dress; in the line above, 'baskets'.

lines 76–77: a pastiche of Mallarmé.

Simple Agonie

The sixth poem of the *Derniers Vers*; first published in *La Vogue*, October 1886.

line 1: a similar contrasting effect to that in the first line of *L'Hiver qui vient*.

line 3: cf. La Fontaine's *La Grenouille qui veut se faire aussi grosse que le Bœuf*.

MAURICE MAETERLINCK (1862–1949)

Maurice Maeterlinck was born at Ghent on August 29, 1862. His parents, who belonged to an old Flemish family, were Roman Catholics, and for seven years he was educated at the Jesuit College of Sainte-Barbe. Here he wrote some of his first prose and poetry and became friendly with Charles van Lerberghe and Grégoire le Roy who, like himself, were destined to be poets. Although interested chiefly in literature, he submitted to the wishes of his parents and went on to study at the University of Ghent, graduating in law in 1885. The following year, at the age of 24, he went with Grégoire le Roy for the first time to Paris. This short visit, spent in frequenting literary circles, where he met Villiers de l'Isle-Adam and other Symbolists, strengthened his ambition to become a writer. In the same year, a short-lived review, *La Pléiade*, published his first prose story, *Le Massacre des Innocents*, and some of the poems which were later to be included in *Serres Chaudes*. On his return to Belgium, Maeterlinck published more poems, in *La Jeune Belgique* and also practised at the bar. His shy nature and thin harsh voice, however, made him a poor and unsuccessful advocate, and in 1889 he gave up law to devote himself entirely to literature. The same year saw the publication of the *Serres Chaudes*—his first collection of poems—and a five-act play, *La Princesse Maleine*, which Octave Mirbeau hailed in the *Figaro*, as 'superior in beauty to the most beautiful in Shakespeare'. Such praise was, as the modest author himself well knew—and declared—grossly exaggerated, but it resulted in overnight fame. Maeterlinck, however, shunned the publicity it brought and continued his peaceful pursuit of literature in Flanders. He wrote several more plays, including *Pelléas et Mélisande*, for which Debussy later composed a musical accompaniment; and translated into French a book by the Flemish mystic, Ruysbroeck l'Admirable, and another by Novalis—an activity which pointed the way to his future preoccupation with philosophical and religious speculation.

In 1895 he met the actress Georgette Leblanc, who interpreted the rôles of the heroines in his plays. The next year he left Belgium to settle near Paris, but took no part in the literary life of the capital. Ten years later he removed to the Benedictine Abbey of Saint-Wandrille in Normandy, and henceforward divided his time between it and his villa near Grasse. The production of *L'Oiseau*

Bleu in 1909 made him famous all over Europe; in 1911 he was awarded the Nobel prize for literature; and the same year he declined an invitation to become a member of the Académie Française as he was unwilling to give up his Belgian citizenship. At the beginning of the first world war he tried to enlist, but the Belgian Government wrote to him: 'Votre superbe plume nous rendra autant de services que toute une batterie d'artillerie'. His activities were consequently confined to lecturing and writing in the allied cause.

Shortly after the end of the war, Maeterlinck broke with Georgette Leblanc, married Renée Dahon and went to live near Nice. A lecture tour in the United States in 1920 was followed by travel in Greece, Algeria and Tunisia. By now his interests, no longer strictly literary, had turned to entomology, philosophy and spiritualism, subjects which were to occupy him for the remainder of his life. A retiring, diffident and solitary person, he had already received his full share of public honours; and in addition he was created a Count on his seventieth birthday, and a member of the French Académie des Sciences Morales et Politiques in 1937. In 1940 he arrived as a refugee in the United States and remained there until 1947. He then returned to his home at Nice where he died on May 6, 1949, at the age of 87.

Maeterlinck is remembered chiefly for his plays, particularly *La Princesse Maleine*, *Pelléas et Mélisande* and *L'Oiseau Bleu*; for numerous essays of a philosophical nature, and for semi-scientific, semi-poetical works such as *La Vie des Abeilles*. His strictly poetic production is slight, and in his long career as a writer he has left only *Serres Chaudes* and a handful of *Chansons*. In the thirty-three poems of *Serres Chaudes*, many critics have seen nothing more than a series of miscellaneous and chaotic notes which Maeterlinck subsequently developed into themes for his plays; while others, who recognized that they were at least intended as poems, dismissed them as the expression of a listless, morbid, Pre-Raphaelite-like pose—the poison to which the sanity and health of the later works provided a necessary antidote. Recently, however, critics have discovered that Maeterlinck's small volume has a definite, if minor, place in the development of French poetry, and that it possesses a certain actuality relevant to our own time. *Serres Chaudes* contains some of the first free verse poems to be published in France, and in them we find—in their least complicated form—some of the devices which have been exploited by many subsequent writers. Maeterlinck uses these

U

devices—enumeration, repetition, exclamation, the juxtaposition of apparently unrelated images—to evoke incongruous aspects of a world in which the individual is helpless, and life stifles in the restricted air of a materialistic age. Maeterlinck's free verse is, like the ballad poetry of his *Chansons*, largely derivative and it is full of symbolist properties—lilies, swans, princesses, etc.—yet its oppressive atmosphere is in many ways similar to that of this century, and his cry 'le vent dans la serre !' still has a modern ring.

BIBLIOGRAPHY

Serres Chaudes (1889); *Douze Chansons* (1897); *Serres Chaudes*, suivies de *Quinze Chansons* (1900).

Poésies Complètes, édition définitive, J. Hanse, La Renaissance du Livre, Brussels, 1965.

CONSULT

Edward Thomas: *Maurice Maeterlinck* (Methuen, 1911).

M. Lecat: *Le Maeterlinckianisme* (Castaigne, 2 vols., 1937–1939).

G. Doneux: *Maurice Maeterlinck* (Palais des Académies, Brussels, 1961).

Maeterlinck (*Europe*, No. 399–400, 1962).

R. Bodart: *Maurice Maeterlinck* (Seghers, 1962).

NOTES

Regards

Compare Walt Whitman's *Faces*, where a similar free verse technique is used, but to produce a quite different effect. Whitman's poem, translated into French by Vielé-Griffin, appeared in No. 25 of *La Revue Indépendante*, November 1888—a year before the publication of *Regards*—and no doubt inspired it.

Last line: cf. Reverdy's 'poème-phrase': 'On ne peut plus dormir tranquille quand on a une fois ouvert les yeux'.

HENRI DE RÉGNIER (1864–1936)

Henri-François-Joseph de Régnier was born on December 28, 1864, at Honfleur in Normandy. The family belonged to the French nobility; on his mother's side his ancestors were literary, and on his father's military. Henri was a contemplative, rather melancholy child who, when the family moved to Paris in 1871, took with him vivid memories of the small northern port, which were later to form the background of many of his poems and novels. After studying at the Collège Stanislas and the École de Droit, he worked for a short time in the Ministry of Foreign Affairs. But he soon turned to literature and, by the age of 21, was contributing poems to various little reviews (among them *Lutèce*) under the pseudonym Hugues Vignix, a token of his admiration for both Hugo and Vigny. His first collection of poems, *Lendemains*, appeared in 1885, and was quickly followed by three more volumes at the rate of one a year. In these early works, although the fluidity of the music derives from Verlaine, the treatment and subject-matter are reminiscent of Leconte de Lisle and the Parnassian school. Through his regular visits to Mallarmé's Tuesday 'at homes' in the rue de Rome, Régnier became interested in Symbolism and, when he published his *Poèmes anciens et romanesques* in 1890, the influence of Mallarmé could be clearly seen—Mallarmé himself declared the volume to be a 'pur chef-d'œuvre'. In it Régnier succeeded in harmonizing with perfect artistry and an unfailing urbanity of tone the more obvious qualities of *both* Parnassian and Symbolist poetry but, apart from this and a graceful, though timid, use of free verse, the book showed little development. Régnier's third manner—if such an expression does not suggest too brusque a change in a work more notable for uniformity than diversity—marks a turning towards classical themes and forms. This can be seen in *Les Médailles d'Argile* (1900), dedicated to the memory of André Chénier; and in the sonnets of *La Cité des Eaux* (1902), dedicated to Hérédia (whose daughter Marie, herself a poet and novelist writing under the pseudonym Gérard d'Houville, Régnier had married in 1896). From *La Sandale Ailée* (1906) onwards, Régnier, as though unable to respond to the deeper and more disturbing aspects of Symbolism, returned, like Moréas—but with a surer and more intuitive art—to the expression of variations on the eternal commonplaces of poetry. In addition to his poetic works, Régnier published many novels, and his importance in the literary world was recognized in 1911 when he was elected a member of the Académie Française. He died in Paris on May 23, 1936.

Although during his lifetime Régnier was generally regarded as a leader of the Symbolist movement, he was, in reality, only one of its many talented disciples. While assimilating some of its formal refinements, he never saw in it the spiritual adventure to which Mallarmé (whose achievement is by contrast thrown into high relief) sacrificed everything. Régnier's homage to literature was as tepid and as

discreetly reserved as his homage to life. His much-quoted pro-
nouncement 'Vivre avilit' is a key to his work, most of which is
concerned with the past—his own, or that of antiquity. He was so
little interested in the present, in the concrete actuality of life, that he
accepted its passing with no more than an exquisite and vaguely
melancholy regret—the characteristic note of his poetry. The best of
Régnier—a few anthology pieces—is already well known and will
survive, but his considerable poetic output reserves no further surprises
or discoveries for a modern reader. Graceful, but dated, it remains a
faded back-cloth to an exciting literary age.

BIBLIOGRAPHY

Lendemains (1885); *Apaisement* (1886); *Sites* (1887); *Episodes*
(1888); *Poèmes anciens et romanesques* (1890); *Episodes, Sites et Sonnets*
(1891); *Tel qu'en songe* (1892); *Aréthuse* (1895); *Poèmes, 1887-1892*
(1895); *Les Jeux rustiques et divins* (1897); *Les Médailles d'argile* (1900);
La Cité des Eaux (1902); *La Sandale Ailée* (1906); *Le Miroir des heures*
(1911); *1914-1916 Poèmes* (1918); *Vestigia flammae* (1921); *Flamma
tenax* (1928). *Œuvres de Henri de Régnier* (7 vols., Mercure de France,
1930-1931).

CONSULT

J. de Gourmont: *Henri de Régnier et son œuvre* (Mercure de France,
1908).
    H. Berton: *Henri de Régnier, le poète et le romancier* (Grasset, 1910).
    R. Honnert: *Henri de Régnier, son œuvre* (N.R.C., 1923).

NOTES

Odelette

This poem, one of the best known of Régnier's *Odelettes*, is taken
from *La Corbeille des Heures*, the fourth book of *Les Jeux rustiques et
divins*. Régnier's *odelette*, with its irregular stanzas composed of eight-
and four-syllable lines, and its mixture of rhyme and assonance, is a
variant of a lyrical form which was first used, and perfected, in
France by Ronsard.

PAUL-JEAN TOULET (1867-1920)

Toulet was born on June 5, 1867, in Pau, to which town his parents
had returned from Mauritius in order that their child might be born

in France. His mother died soon after his birth and Toulet was brought up in Béarn. A brilliant but wild pupil, he was educated first at the École des Dominicaines in Pau, and later at the lycées of Pau, Bayonne and Saintes. At the end of 1885 he went to Mauritius, whose landscape and exotic atmosphere he later recalls in many of his poems. After three years there, he spent a year in Algiers where he modestly began his career as a journalist by writing regularly for *La Vigie Algérienne*. Towards the end of 1889, he returned to Béarn and remained there—except for two visits to Paris and a holiday in Spain—for the next nine years, leading a carefree though turbulent existence as a dandy and gentleman farmer. During this time he wrote a few short poems, *contrerimes*, but little else. In 1898 he settled in Paris, and, although he quickly became a well-known figure with a reputation for brilliant conversation and nocturnal living, the publication of his first novel, *Monsieur du Paur, homme public*, at the end of that year passed almost unnoticed. During the next eight years he wrote more novels, contributed articles and short stories to *La Vie Parisienne* and other reviews, and in 1901 published a French translation of Arthur Machen's book *The Great God Pan*. After a year's holiday in the Far East, he was back in Paris in 1903, where he continued his eccentric life until 1912, when, ill and discouraged, he went to live near Bordeaux. Shortly after this he married Marie Vergon, and finally settled in her native district on the Basque coast at Guéthary. Ill-health prevented his taking part in the first world war, and in 1918, after a silence of thirteen years, he published a prose work, *Comme une Fantaisie*—a title which aptly suggests the way in which Toulet himself saw his work and his life of disappointment and suffering. He died at Guéthary on September 6, 1920.

Most of Toulet's career was spent in journalism and the writing of novels which, although little read to-day, form an interesting record of the bohemian existence of poets, actors and artists in the Paris of 1900. His fame as a poet, like that of Moréas who influenced him considerably, rests on one small volume, *Les Contrerimes*. These resemble *Les Stances* in atmosphere and, like them, represent a timid reaction against the excesses of Romanticism and Symbolism. Both are minor works, but Toulet's verses are more incisive, more natural and more alive than those of Moréas. Although he too has nothing more important to communicate than his memories, and nothing to affirm except that life passes and is vain, Toulet makes his whispered confessions with the utmost delicacy and irony. He has often been grouped with Francis Carco, Tristan Derème and Jean Pellerin as a 'Fantaisiste', and, though the classification is somewhat arbitrary, the term does suggest the quality which gives *Les Contrerimes* their special distinction.

BIBLIOGRAPHY

Les Contrerimes (1921); *Vers inédits* (1936).

CONSULT

H. Martineau: *La Vie de P.-J. Toulet* (Le Divan, 1921).

P.-O. Walzer: *Paul-Jean Toulet. L'Œuvre — L'Ecrivain.* (Ed. des Portes de France, 1949).

P.-O. Walzer: *P.-J. Toulet* (Seghers, 1963).

NOTES

The first five poems are taken from *Les Contrerimes*, some of which were written as early as 1898. A few of them appeared during Toulet's lifetime, notably in a special number of *Le Divan*, July–August 1914; but it was not until 1921, five months after his death, that a collected edition was published. Toulet's *contrerimes* consist of quatrains in which the first and third lines have eight syllables, the second and fourth lines six syllables, and the rhyme-scheme is ABBA. The *contrerime*—obtained by the rhyming of long and short lines—gives the stanza unity and lightness.

The third poem is inspired by the island of Mauritius.

Romance sans Musique.

This is the first poem in the section entitled *Chansons*.

line 1: *Aliscams*: a long, shady avenue bordered by trees and marble tombs—all that remains of the Necropolis of ancient Arles.

FRANCIS JAMMES (1868–1938)

Francis Jammes was born on December 2, 1868, at Tournay in the Hautes-Pyrénées, where he spent the first seven years of a very happy childhood. His education, at the lycées of Pau and Bordeaux, was marked by his love of literature and his intense interest in botany and entomology. When his father died in 1888, he moved with his mother and sister to Orthez where he worked for a time in a solicitor's office, and then decided to become a writer. In 1891 he published *Six Sonnets*, and the next year seven poems entitled *Vers*. In 1893, a further collection of twenty-one poems appeared bearing the same modest title and was sent by an English friend, Hubert Crackanthorpe, to Mallarmé, Henri de Régnier, and Gide, who received them with enthusiastic praise. Gide's reply, accompanied by the gift of a copy of his *Voyage d'Urien*, marked the beginning of a friendship which lasted over twenty years. In October 1895 Jammes came to Paris for the first time on the occasion of the publication of his play *Un Jour*. In March 1897 the *Mercure de France* published his literary manifesto, which attacked the numerous 'ismes' of the time—in particular the 'naturisme' of Saint-Georges de Bouhélier—and offered yet another, but less artificial, one in their place: *le Jammisme*. This creed advocated a return to naturalness, truth, and God, and it found its first and most complete expression in *De l'Angélus de l'Aube à l'Angélus du Soir*, a collection of poems which remains Jammes' most representative volume. In 1905, influenced by Claudel, Jammes was converted to the Catholic faith—or rather he returned to it—for he had always been instinctively a Catholic. His poetry was religious in inspiration, and in the short preface to *De l'Angélus* he had already affirmed: 'Mon Dieu, Vous m'avez appelé parmi les hommes. Me voici!... J'ai parlé avec la voix que Vous m'avez donnée... Je m'en irai où Vous voudrez, quand Vous voudrez'. *Clairières dans le Ciel*, published the following year, expressed a more formal attitude. After his marriage on October 8, 1907, to Ginette Goedorp, a devout Catholic, he continued to live at Orthez until 1921 when, with his wife and seven children, he settled at Hasparren. In this Basque town, Jammes' patriarchal existence was more than ever detached from contemporary life; and, although famous, he suffered from the lukewarm reception given to his latest works, and from lack of official recognition—he twice failed to be elected to the Académie Française. During this last period he completed four volumes of *Mémoires*, and the four books of *Quatrains* which Claudel has ranked as one of his most important works. He died at Hasparren on November 2, 1938.

To a modern reader it seems strange that Jammes' work should have been received with such generous praise by poets as different as Mallarmé and Henri de Régnier; and that young writers at the beginning of this century should have considered it revolutionary, and have found in it a source of liberation. To-day we are conscious more of its restricted nature. Deep emotions and all unpleasant disturbing elements are excluded from it, and, even within the deliberately imposed limits of a pastoral world, it rarely communicates the *rhythm* of the lives of the people it describes, or touches them with a sense of the universal. Yet Jammes' detachment from literary influences and schools, and indeed from all interests other than local and personal ones (evident not only in his poetry but also in the admirably lucid prose of his *Mémoires*), served at least to preserve his supreme virtue: an instinctive simplicity of feeling. This simplicity, best seen in the poems written before his return to the Catholic faith, is not that of great and mature poetry; it belongs to an unreturning adolescence. Jammes' voice is that of an authentic regional poet; and the tender, nostalgic lyricism of his small, precise world is fragrant with what Gide has called an 'aromatic' quality.

BIBLIOGRAPHY

Six Sonnets (1891); *Vers* (1892); *Vers* (1893); *Vers* (1894); *Un Jour* (1895); *La Naissance du Poète* (1897); *De l'Angélus de l'Aube à l'Angélus du Soir, 1888-1898* (1898); *Quatorze Prières* (1898); *La Jeune Fille Nue* (1899); *Le Poète et l'Oiseau* (1900); *Le Deuil des Primevères, 1898-1900* (1901); *Le Triomphe de la Vie, 1900-1901* with *Jean de Noarrieu* and *Existences* (1902); *Tristesses* (1905); *Pensée des Jardins* (1906); *L'Eglise habillée de Feuilles* (1906); *Clairières dans le Ciel, 1902-1906* (1906); *Poèmes mesurés* (1908); *Rayons de Miel* (1908); *Les Géorgiques Chrétiennes* (1912); *La Vierge et les Sonnets* (1919); *Epitaphes* (1921); *Le Premier Livre des Quatrains* (1923); *Le Deuxième Livre des Quatrains* (1923); *Le Troisième Livre des Quatrains* (1924); *Le Quatrième Livre des Quatrains* (1925); *Ma France Poétique* (1926); *Diane* (1928); *Alouette* (1935); *De Tout Temps à jamais* (1935); *Sources* (1936); *Feux* (1937).

Published posthumously: *Sources et Feux* (1944); *Prends nos vieux Souvenirs* (1948); *Le Poème d'Ironie et d'Amour* (1950).

Jammes has also written several novels and stories, and some essays.

CONSULT

For an account of Jammes' life, see his four volumes of *Mémoires*: *De l'Age divin à l'Age ingrat* (1921); *L'Amour, les Muses et la Chasse* (1922); *Les Caprices du Poète* (1923); *Le Patriarche et son Troupeau* (1949).

For his poetry, see: E. Pilon: *Francis Jammes et le sentiment de la nature* (Mercure de France, 1908).

R. Mallet: *Francis Jammes* (Seghers, 1950).

Rose M. Dyson: *Les sentiments et la sensibilité chez Francis Jammes* (Droz, 1954).

Monique Parent: *Francis Jammes. Etude de langue et de style* (Les Belles Lettres, 1957).

NOTES

J'allais dans le verger...

This poem and the following one, *Il va neiger*, are taken from *De l'Angélus de l'Aube à l'Angélus du Soir*, a collection of simple, nostalgic poems, partly descriptive, partly lyrical, in which the humble aspects of life in the Pyrenean countryside are mingled with exotic echoes of the island of Guadeloupe where Jammes' father and grand-father were born. These poems contain the themes and the inspiration of all his subsequent work, and thirty-seven years later, in one of his last works, Jammes proudly affirms that he had 'toujours suivi la même ligne' (*De tout temps à jamais*). The form of this par-ticular poem, at once traditional and free, is characteristic of Jammes' style. The alexandrine is used, though sometimes with more, and sometimes with less, than the regular number of syllables; some lines depend on assonance, some are rhymed, some unrhymed.

Guadalupe de Alcaraz

A playfully ironic portrait of one of the young heroines of Jammes' poetry. Like his other heroines—Clara d'Ellébeuse, Almaïde d'Etre-mont, and Laure d'Anis—Guadalupe de Alcaraz is as chaste as she is passionate. The exotic atmosphere of this poem contrasts with his usual pastoral vein.

PAUL CLAUDEL (1868–1955)

Claudel was born on August 6, 1868, in the little village of Villeneuve-sur-Fère in the north-east of France. He received his early education at Bar-Le-Duc and in 1881, when the family settled in Paris, he continued his classical and philosophical studies at the Lycée Louis-le-Grand. In 1886, an important year in his life, he experienced, in reading Rimbaud's *Illuminations* and *Une Saison en*

260 ANTHOLOGY OF MODERN FRENCH POETRY

Enfer, a release from the materialistic doctrines of the time and a 'living, almost physical impression of the supernatural'.[1] His conversion to the Catholic faith took place the same year on Christmas Day in Notre-Dame, Paris, during the singing of the Magnificat —and the work begun by Rimbaud was completed by the Church. For the next four years, Claudel frequented the literary circle of Mallarmé, formed friendships—particularly with Gide, Valéry and Jules Renard—and wrote the first versions of two plays, *Tête d'Or* and *La Ville*. Most of his subsequent work was written during the leisure moments in a distinguished official career. He entered the Consular Service in 1890 and for the next forty-five years held appointments in the United States, China (where he lived almost continuously for fifteen years), Germany, Uruguay, Japan and Belgium. This service was punctuated by periods spent in Paris, and in 1911 Claudel began his association with the *Nouvelle Revue Française*. The end of the next year saw the production of his play *L'Annonce Faite à Marie*, an event which brought him long-delayed recognition, for, although he had already written the *Cinq Grandes Odes*, *Art Poétique*, six plays and the prose poems, *Connaissance de l'Est*, his work was still almost unknown. From that time until he retired from the Diplomatic Service in 1935, Claudel continued to combine his official duties with the work of a creative artist. The *Soulier de Satin*, his most ambitious play, was begun in Paris in 1919 and completed in Tokyo in 1924; and its belated production at the Comédie Française in 1943 was followed by highly successful revivals of many of the earlier plays. At more than eighty years of age, Claudel had the distinction of being the most successful of contemporary French dramatists. During his retirement at Brangues in the Isère, he continued writing his commentaries on the Apocalypse, the Psalms and the Song of Solomon. He was elected to the Académie Française in 1946. He died on February 23, 1955.

Baudelaire, Rimbaud and Mallarmé, all in different ways, influenced Claudel's spiritual development, but it was in his opposition to them that he found himself as an artist. His work differs from theirs in both content and style. To the searching of Baudelaire and Rimbaud for the new and unknown, he opposes the inexhaustible riches of a finite world; and to Mallarmé's negations, a triumphant certitude. Claudel claims as his literary masters Æschylus, Dante, Shakespeare and Dostoevski, but in reality it is the Bible,

[1] *Ma Conversion.*

the Church, and Thomist philosophy that have been the formative influences in his work. He is in all senses of the word a *Catholic* writer, and his literary faculties, which, he declares, developed from the time of his conversion, have always been the servants of his faith. In a key passage of his *Introduction à un poème sur Dante* he writes: 'L'objet de la poésie, ce n'est pas, comme on le dit souvent, les rêves, les illusions ou les idées. C'est cette sainte réalité, donnée une fois pour toutes, au centre de laquelle nous sommes placés. C'est l'univers des choses visibles auquel la Foi ajoute celui des choses invisibles. C'est tout cela qui nous regarde et que nous regardons. Tout cela est l'œuvre de Dieu, qui fait la matière inépuisable des récits et des chants du plus grand poète comme du plus pauvre petit oiseau'. Within this 'sainte réalité', Claudel is both an observer who, like the psalmist, enumerates and praises the wonders of God's world; and a participator who is privileged to share in the working out of a divine order. Despite his insistence on the organic nature of his poetry, Claudel, in this two-fold rôle, speaks as the self-conscious apologist of the Catholic faith. He was richly equipped with spiritual virtues and with doctrines, but his emotions were seldom fully realized in poetic terms. His images remain vaguely evocative; and his work lacks the intensity—and precision—of great poetry.

In 1910, Jacques Rivière foresaw Claudel's work as developing towards 'une poésie fervente et brève comme l'Eté'. This prophecy by his most ardent admirer and most acute critic was not completely fulfilled, but it is precisely in those moments of concentration and hushed adoration, which occur at some point in all his plays and in much of his poetry, that Claudel is at his best. He will be remembered for the poems of the *Cinq Grandes Odes* and for the prose poems of *Connaissance de l'Est*, as well as for his plays. The opinions expressed in *Art Poétique* are arbitrary and naïve, and his critical judgments (for example, on Stendhal and Jules Verne) are often unreliable; but when he forgets about theories and talks purely as a craftsman, his comments (notably on Hugo, Rimbaud and Mallarmé) are shrewd and penetrating. This aspect of his work has so far received insufficient attention.

BIBLIOGRAPHY

Vers d'Exil (1895); *Les Muses* (1905); *Cinq Grandes Odes suivies d'un processionnal pour saluer le siècle nouveau* (1910); *La Cantate à*

Trois Voix (1914); *Corona Benignitatis Anni Dei* (1915); *La Messe là-bas* (1917); *Ode jubilaire pour le six centième anniversaire de la mort de Dante* (1921); *Poèmes de Guerre 1914-1916* (1922); *Feuilles de Saints* (1925); *Morceaux choisis* (1925); *Cent Phrases pour Eventails* (1927); *Poèmes et Paroles durant la Guerre de Trente ans* (1945); *Le Livre de Job* (1946); *Visages radieux* (1947); *Oeuvre poetique* (1957).

CONSULT

J. Rivière: *Paul Claudel* (*Etudes*, pp. 63–126, Gallimard, 1936).

A. Maurocordato: *L'Ode de Paul Claudel* (Droz, 1955).

W. Fowlie: *Claudel* (Bowes & Bowes, 1957).

M. F. Guyard: *Recherches Claudéliennes* (Klincksieck, 1963).

NOTES

O mon âme! le poème...

Taken from *Les Muses*, the first of the *Cinq Grandes Odes*. This short passage expresses Claudel's poetic creed. It is written in a special kind of free verse (which he developed) based on speech rhythms, and a series of 'breath-groups' which vary in length and emphasis according to the emotion expressed. The name 'verset', which Claudel has given to this particular type of verse, indicates its source, the Bible, although it also owes much to the prose poems of Baudelaire and Rimbaud, as well as to Whitman. A full account of Claudel's ideas about style and the 'verset' will be found in his essay *Réflexions et Propositions sur le Vers Français*.

line 2: *blanc*: cf. 'il est impossible de donner une image exacte des allures de la pensée si l'on ne tient pas compte du blanc et de l'intermittence. Tel est le vers essentiel et primordial, l'élément premier du langage, antérieur aux mots eux-mêmes: une idée isolée par du blanc' and '*Le vers composé d'une ligne et d'un blanc est cette action double, cette respiration par laquelle l'homme absorbe la vie et restitue une parole intelligible*'. (*Réflexions et Propositions sur le Vers Français*.)

La Vierge à Midi

This poem, with its lulling, almost hypnotic, use of words and rhythms, contrasts sharply with Corbière's *Pardon de Sainte-Anne* (page 38) where a more vigorous Catholic inspiration finds expression in images which arouse and enrich our sensibility. Claudel's poem is nearer in feeling to the sophisticated simplicity of Verlaine's poem on a similar subject, *Je ne veux plus aimer que ma mère Marie* (*Sagesse*).

Ballade

This poem, which is dated January 1917 and was written at sea, forms part of the collection *Feuilles de Saints*. It is an ingenious experiment in which, by mixing Biblical constructions and allusions with deliberately familiar modern terms, Claudel attempts to renew the *ballade* form used by Villon. Poetic prose—the *verset*—is used; but the division into three stanzas, the rhyme-scheme (although irregular), the refrain coming after a series of enumerations, and the *envoi* are all reminiscent of Villon. But the similarities end with the form. The bluff vigour, the heavy irony, and the cynicism which characterize Claudel's poem have nothing in common with such poems as *Ballade des Dames du Temps jadis* and *L'Epitaphe Villon*.

line 12: cf. 'Ah, la coupe de la douleur est profonde. Et qui y met une fois la lèvre ne l'en retire plus à son gré!' (*L'Annonce Faite à Marie*, Act III, Sc. 3).

Salut donc, ô monde nouveau...

Taken from *L'Esprit et l'Eau*, the second of the *Cinq Grandes Odes* which was written at Peking in 1906. Claudel explains the occasion and the theme of this ode in a prose preface: 'Le poète dans la captivité des murs de Pékin, songe à la Mer. Ivresse de l'eau qui est l'infini et la libération. Mais l'esprit lui est supérieur encore en pénétration et en liberté. Elan vers le Dieu absolu qui seul nous libère du contingent. Mais en cette vie nous sommes séparés de lui. Cependant il est là quoique invisible et nous sommes reliés à lui par cet élément fluide, l'esprit ou l'eau, dont toutes choses sont pénétrées. Vision de l'Eternité dans la création transitoire. La voix qui est à la fois l'esprit et l'eau, l'élément plastique et la volonté qui s'impose à elle, est l'expression de cette union bienheureuse...'

line 4: *cœur catholique*: cf. 'âme sauvage' in line 4 of the extract from *Les Muses*.

line 6: *octave*: in both the liturgical and the musical sense. Cf. lines 21–23.

line 11: *recensé — dressé*: Only God can create. Claudel's function as a poet (as he often stresses) is therefore to re-create by naming things, and to record, like the medieval scribe; hence the frequent enumerations in his work.

line 12: *les grandes Figures*: the constellations.

line 17: *évent*: the blow-hole or spout of the whale—the *souffleur*.

line 34: *l'eau continue l'esprit*: cf. the words of his preface: 'L'esprit en toute chose dégage l'eau, illumine et clarifie... L'eau qui purifie quand elle jaillit à l'appel de Dieu, ce sont ces larmes qui sortent d'un cœur pénitent'.

PAUL VALÉRY (1871–1945)

Valéry was born on October 30, 1871, at the small Mediterranean port of Sète, of an Italian mother and a French father. In 1884 the family moved to Montpellier where Valéry attended the lycée and later studied law at the University. While a student he read Poe, Baudelaire, the Parnassians, the Symbolists and, through reading Huysmans' *A Rebours*, went on to read Verlaine, Rimbaud and Mallarmé. At Montpellier he wrote his first poems, which were published in reviews, and met two writers who were to have an important influence on his life—André Gide and Pierre Louÿs. It was the latter who, in 1891, when Valéry went on a month's visit to Paris, introduced him to Mallarmé; and, when Valéry settled in Paris the following year, he became one of the regular members of the group which met each Tuesday in Mallarmé's flat in the rue de Rome. His early poems immediately won the appreciation of this literary élite, but, in spite of this encouragement, Valéry decided to write no more poetry. He worked for a short time in London, but soon returned to Paris where, in 1895, he published *L'Introduction à la Méthode de Léonard de Vinci* and, the following year, *La Soirée avec Monsieur Teste*, two of his most important prose works. These were followed by a prolonged period of literary silence. From 1897 to 1900 Valéry worked as a Civil Servant in the French War Ministry. On May 31, 1900 he married Jeannie Gobillard, a friend of Mallarmé's daughter Geneviève and a niece of Berthe Morisot. Shortly afterwards he moved to a new post at the Agence Havas where he remained until 1922. During these years Valéry adopted the motto of Monsieur Teste—*Maturare*. He studied mathematics and science, the technique of writing and poetic method and, in 1917, won immediate fame with the publication in the *Nouvelle Revue Française* of *La Jeune Parque*—a long poem which had taken him four years to write, yet which, in the dedication to Gide, he modestly describes as an exercise. In 1920 he published *Odes*, *Le Cimetière Marin* and *Album de Vers Anciens*, the last-named a collection of his early poems; in

1921 *Le Serpent* appeared, and the next year a series of short poems entitled *Charmes*. After this brilliant sequence of productions, Valéry's poetic activity ended and, apart from the verse passages in *Mon Faust*, the rest of his work, which included the five volumes of *Variété*, was confined to criticism and prose. The last twenty years of his life were crowded with honours. He was received into the Académie Française in succession to Anatole France in 1927; he was elected President of the Committee for Intellectual Co-operation at the League of Nations in 1936; the next year he began his famous *Cours de Poétique* at the Collège de France; he was invited to lecture in almost every European country and received numerous decorations and honorary degrees. Even more than Mallarmé, he experienced the penalties of greatness and found it increasingly difficult to reconcile an ideal with the claims of fame, and to preserve from the pressure of social obligations the 'monsieur qui se porte bien et pense'.[1] In his last work, *Mon Faust*, written in 1940, he declares through the character of Faust: 'Il est gênant et fatigant de faire figure de grand homme: ceux qui s'y plaisent font pitié', to which the disciple is made to reply: 'Mais enfin, Maître, vous aviez conscience de l'œuvre admirable que vous avez donnée aux hommes. Elle existe... Elle est immortelle'. Something had been lost, but Valéry the Académicien, who had accepted all that society could offer, was still the Valéry of *L'Introduction à la Méthode de Léonard de Vinci* and the *Soirée avec Monsieur Teste*. In *Mon Faust* he expresses, though with an extreme lassitude of spirit, the theme that gives unity both to his prose and to his poetry—the conflict between the artist and the philosopher, the opposition between a life of achievement and a life of contemplation. Valéry died in Paris on July 20, 1945, at the age of seventy-three. He was given a State funeral and is buried in the *cimetière marin* of Sète.

Valéry's place in French literature is discussed in the Introduction.

BIBLIOGRAPHY

Premiers Poèmes (1891); *La Jeune Parque* (1917); *Odes* (1920); *Le Cimetière Marin* (1920); *Album de Vers Anciens, 1891–1893* (1920); *Le Serpent* (1921); *Charmes* (1922); *Poésies* (1933); *Poésies* (1942). The

[1] Letter to Mallarmé on June 24, 1898: 'si j'avais besoin de la notion du sublime, si on me requérait de la préciser, je dirais que je me représente, à ce sujet, simplement la matinée d'un monsieur qui se porte bien et pense...'

best critical edition is *Paul Valéry: Œuvres*, with notes by Jean Hytier, 2 vols. (Gallimard, 1957, 1960). See also O. Nadal's edition of *La Jeune Parque* (Le Club du meilleur livre, 1957).

CONSULT

Alain: *Charmes: poèmes de Paul Valéry* (Gallimard, 1929).

G. Cohen: *Essai d'Explication du Cimetière Marin* (Gallimard, 1946).

P. O. Walzer: *La Poésie de Valéry* (Cailler, 1953).

J. Hytier: *La Poétique de Valéry* (Colin, 1953).

F. Scarfe: *The Art of Paul Valéry* (Heinemann, 1954).

W. N. Ince: *The Poetic Theory of Paul Valéry* (Leicester University Press, 1961).

J. R. Lawler: *Lecture de Valéry* (P.U.F., 1963).

J. Duchesne-Guillemin, *Etudes pour un Paul Valéry* (A la Baconnière, 1964).

NOTES

L'Abeille

A sonnet from the collection of poems *Charmes*, a title taken from the Latin 'carmen', meaning a song or incantation. Valéry described *La Jeune Parque* as a 'carmen mysticum' and later referred to it in his dedication to Gide as an 'exercice'. Like that poem, the poems in this collection are songs and incantations and, at the same time, exercises in which nothing is left to chance. The sensuous music of *L'Abeille* is achieved by a technique which, while owing much to Mallarmé (as can be seen by the syntax of the first two lines and the preciosity of the periphrasis 'tendre corbeille') is the result of long and disciplined meditation. A commentary on this poem will be found in Alain's *Charmes: poèmes de Paul Valéry*.

Les Grenades

Another sonnet from *Charmes*. A commentary is given in Lefèvre's *Entretiens avec Paul Valéry* (pages 349–353).

Le Cimetière Marin

First published in *La Nouvelle Revue Française* June 1, 1920 and included in 1922 in *Charmes*. The epigraph to the poem, taken from Pindar, is a key to it: 'O my soul, strive not for life immortal but drink deep of that which can be done'.

Commentaries on the poem will be found in the first two books recommended for consultation. A translation into English has been done by C. Day Lewis, and into Lowland Scots by Douglas Young.

title: Valéry said of this graveyard by the sea: 'Ce cimetière existe. Il domine la mer sur laquelle on voit les colombes, c'est-à-dire les barques des pêcheurs, errer, picorer...' The cemetery is at Sète, the Mediterranean port where Valéry was born.

line 1: in the poem, the roof symbolizes the apparent calm and changelessness of the sea, of the poet's mind, and of the cemetery.

line 3: *Midi le juste*: cf. line 75. The sun, motionless at the zenith, symbolizes the absolute.

line 60: *fidèle*: leads on to the images in the next stanza where the sea becomes the 'Chienne splendide'; the poet, the shepherd; and the peaceful tombs, the sheep.

line 68: *L'insecte*: the cicada. Compare the alliteration in this line with 'mille tuiles, Toit' (line 18) and lines 23–24, where Valéry seems preoccupied with purely verbal effects.

line 89: *singulières*: individual, unique.

lines 91–96: the direct sensuousness of this and the previous stanza, unusual in Valéry, is particularly effective in a philosophical meditation.

line 101: *poreuse*: a striking word which gives an immediate, physical quality to the abstract noun it qualifies: cf. 'épaisse' and 'blanche' (lines 85–86).

line 111: *confondez*: used in two senses—the dead cannot distinguish the footsteps of the living, and the living are troubled by the reminder of death.

line 113: *la table*: the marble slab of the tomb.

line 121: *Zénon d'Elée*: Zeno, an ancient Greek philosopher of the Eleatic school, who tried to prove by the celebrated examples of the arrow, and of Achilles and the tortoise, that movement and time are illusions. Valéry rejects these sophisms, not by argument but by action, and the poem moves towards a positive response to life.

line 134: *chlamyde*: a Greek military cloak.

line 135: *idoles*: images.

line 144: *où picoraient des focs*: *foc*—a small sail at the front of a ship, whose dipping movement suggests the pecking of a bird's beak. The *focs* are the 'doves' of the opening line of the poem, and the image is now conveyed by the verb *picorer* of which Valéry said: 'Ce mot a scandalisé. Les marins disent d'un navire qui plonge de l'avant dans la lame, qu'il *pique du nez*. L'image est analogue. Elle s'impose à qui a vu la chose'.

x

Palme

The last poem in *Charmes*.

line 4: *le lait plat*: in his *Journal* (January 16, 1933) Gide has the following note: 'Je me souviens d'avoir désapprouvé naguère le 'lait plat' d'un des plus beaux poèmes de Valéry. L'épithète me paraissait trop volontaire et tirer trop à soi l'attention. Elle me paraît aujourd'hui merveilleuse et je serais bien désolé qu'il l'eût changée. Il fallait tout le génie de Valéry pour l'inventer. Il fallait, pour la mériter, l'aspect si particulier du lait dans la jatte, son opacité, sa matité, sa blancheur, etc...; une épithète qui ne convenait à aucun autre liquide, ne pouvait être qu'excellente'.

CHARLES PÉGUY (1873-1914)

Péguy was born at Orléans on January 7, 1873. His father, a carpenter, died when Péguy was only ten months old, and the poet has left us a moving account of his childhood—of his mother, a mender of chairs, who taught him to count and read; of his schooling at Orléans and instruction in the catechism in the parish of Saint-Aignan; and of his affection for the peasants and artisans of this district of France, the district of Joan of Arc. Péguy was proud to say 'Je suis peuple', and all his life he remained profoundly attached to his humble origins. A scholarship obtained at the lycée of Orléans enabled him to continue his education in Paris and, in 1894, intending to be a University teacher, he entered the École Normale Supérieure where he had as masters Romain Rolland and Bergson, the second of whom exercised a profound influence on his thought and poetry. He left the École Normale after only two years, and in October 1897 married the sister of his friend Marcel Baudouin, whose death some time earlier had been a tragic blow to him. In December of the same year he published his first *Jeanne d'Arc*; and the following year *Premier Dialogue de la Cité Harmonieuse*, a series of ethical observations on his ideal of a universal socialist republic. But Péguy's idealism was also militant and he fought uncompromisingly for the revision of the Dreyfus case, which he saw as a moral crisis in French life, 'une affaire essentiellement mystique'. In 1900 he founded, with Romain Rolland, the *Cahiers de la Quinzaine*, a literary and political periodical which grouped writers who shared Péguy's idealistic views in opposition to the materialistic doctrines of Taine and Renan. For fifteen years it exerted a considerable, if ill-defined influence on French thought; introduced to the public many new writers—André Suarès, Daniel Halévy, Jérôme and Jean Tharaud, Julien Benda; and published for the first time Romain Rolland's *Jean Christophe*, and most of Péguy's own works. In 1908 Péguy turned from Christian socialism to Catholicism, but, although in more than the usual meaning of the word a practising believer, he never enjoyed the full rites of the Church. His new faith found expression the following year in *Le Mystère de la Charité de Jeanne d'Arc*. In spite of poverty and countless difficulties, he continued to edit and produce the *Cahiers* in his shop in the rue de la Sorbonne until the outbreak of war. These last years of his life were devoted to poetry rather than to polemical writing. He crowded into them a series of long poems, the last of which, *Eve*, contains in the section *Prière pour nous autres charnels* the well-known quatrain:

> Heureux ceux qui sont morts pour la terre charnelle,
> Mais pourvu que ce fût dans une juste guerre.
> Heureux ceux qui sont morts pour quatre coins de terre.
> Heureux ceux qui sont morts d'une mort solennelle.

The lines read like his own epitaph. Péguy was killed in action at Villeroy on September 5, 1914.

Péguy's poetry, like his life, shows a remarkable fidelity to a few simple and tenaciously held convictions. It seems dissociated from the literary climate in which it was produced, and critics, unable to classify his work as 'Romantic', 'Parnassian', or 'Symbolist', have compared it to a series of litanies. Although loose in texture and lacking in artistic restraint, it has certain formal qualities—enumeration, repetition of words, expressions and cadences—which undoubtedly suggest the litanies. But whereas in the liturgy these qualities are organically related to a whole body of theological doctrine, with Péguy they become devices which are used not to enact religious experience but to simplify it. He is, in fact, more interested in making statements about reality than in exploring its complexity, and the words he uses are so obviously and intentionally simple that, while they express a sincere Christian faith, they fail to convey a sense of its fundamental mystery. Péguy's 'litanies' are essentially literary stylizations in which the influence of Hugo—his rhetorical devices without, however, his genius for concrete presentation—is more evident than that of the liturgy from which they ostensibly derive.

Péguy's idealistic life and his heroic death have made him an almost legendary figure. During the 1914–1918 war he became a symbol of heroism, and, in the second world war, of the French will to resist. His reputation as a man and a patriot is secure. His reputation as a poet will rest on a small number of verses in which his inspiration, unspoilt by excessive repetitions, retains its original freshness and simplicity.

BIBLIOGRAPHY

Jeanne d'Arc (1897); *Le Mystère de la Charité de Jeanne d'Arc* (1910); *Le Porche du Mystère de la Deuxième Vertu* (1911); *Le Mystère des Saints Innocents* (1912); *Sonnets* (1912); *La Tapisserie de Sainte Geneviève et de Jeanne d'Arc* (1912); *La Tapisserie de Notre-Dame* (1913); *Eve* (1914); *Morceaux choisis* (1927).

The most reliable edition of Péguy's poetic work is *Œuvres Poétiques Complètes* (Gallimard, 1962).

CONSULT

Many books have been written on Péguy's life, the most famous being those of Daniel Halévy and Romain Rolland. The following are the most important studies of his poetry:

Albert Béguin: *La Prière de Péguy* (La Baconnière, Neuchatel, 1942).

Jean Delaporte: *Connaissance de Péguy* (Plon, 1944).

Albert Chabanon: *La Poétique de Charles Péguy* (Laffont, 1947).

Bernard Guyon: *L'Art de Péguy* (Labergerie, 1948).

NOTES

Nuit tu es sainte...

This prayer to night (which is spoken by God) is the last section of a long poem in free verse, *Le Porche du Mystère de la Deuxième Vertu*. The 'deuxième vertu', Hope, was for Péguy the most important one.

Présentation de Paris à Notre-Dame

This poem, complete in itself, forms the opening of the long work *La Tapisserie de Notre-Dame*. The regular alexandrines and stanza form, to which Péguy returned in 1912 after he had read Verlaine's *Sagesse*, are used. The rhyme-scheme is the same as that of several of the poems in Verlaine's collection.

ALFRED JARRY (1873–1907)

Alfred Jarry was born at Laval (Mayenne) on September 8, 1873. His father was a commercial traveller, and Jarry's upbringing was left to his mother, a Breton, eccentric, brilliant and partly mad. He was educated first at Saint-Brieuc and then, from 1888 to 1891, at the lycée of Rennes. There, at the age of fifteen, to ridicule a pompous physics master, M. Hébert, he wrote and produced a puppet play, *Les Polonais*, which later became the celebrated farce *Ubu-Roi*. In 1891 Jarry went to Paris to complete his education at the lycée Henry IV, where he had Bergson as one of his teachers and Léon-Paul Fargue and Thibaudet as fellow-students. After contributing to *L'Art Littéraire* and the *Mercure de France*, he published in 1894 his first and longest work, *Les Minutes de Sable Mémorial*, a curious volume of verse, prose and plays, with the inevitable Père Ubu as one of the characters. About the same time he founded with Remy de Gourmont the short-lived review *L'Ymagier*, and discovered, and spread the fame of, the artist 'Douanier' Rousseau who later painted a portrait of Jarry showing him in the company of a parrot and a chameleon! In 1896 the *Mercure de France* published *Ubu-Roi*, and on December 10, Lugné-Poë produced it at the experimental Théâtre de l'Œuvre. From the first word *Merdre* to the last, this adolescent attack (a forerunner of Dada manifestations) against the powerful monster of bourgeois stupidity and cruelty provoked riots among the audience, and brought Jarry fame and notoriety. But his success took a sinister revenge. For the rest of his life, although he produced a considerable number of volumes of plays, novels, essays and poems (and a translation of Coleridge's *Ancient Mariner*) Jarry came more and more to resemble the grotesque figure he had created. He played out in reality, and with a comic self-importance which he had satirized in others, the extremes of aggression and timidity embodied in Père Ubu. His wild living, absinth drinking, and poverty ruined his health. He died on November 1, 1907, at the age of thirty-four in the Hôpital de la Charité, Paris.

Jarry is a minor, marginal figure whom the Surrealists have placed at the summit of their hierarchy of predecessors. In him they see the triumph of a particular kind of humour—practised only intermittently by Lautréamont—whereby, they say, the opposition between the objective and the subjective world is destroyed. It is true that, by cultivating many varieties of humour from the farcical to the sinister, Jarry caricatures both the literary and the social order; yet his work, although perhaps anarchical in intention, is characterized not by destructive energy but by spiritual deadness. In that sense it is, like Père Ubu, a symbol of his own life and of a materialistic age. Jarry's poetry, which forms only a small part of a considerable production, is an interesting museum piece. Its nightmare-by-daylight atmosphere derives from Pétrus Borel and Lautréamont; its forced, decadent imagery from Villiers de l'Isle-Adam and the ultimate phase of Symbolism; while its 'humour' and automatic writing (of which there are some striking examples) announce the experiments of Surrealism. With the recent publication of Jarry's complete works, a human figure—shapeless, undeveloped, adolescent—is beginning to emerge. The literary myth created by Jarry will remain, but it no longer obscures its author whose literary output as a whole can now be re-examined and evaluated.

BIBLIOGRAPHY

Jarry's complete works, edited by M. René Massat, were published by Editions du Livre, Monte Carlo, 1942. His poems and prose poems which (with the exception of *Les Minutes de Sable Mémorial*, his first and most coherent poetic production) are scattered throughout his novels, plays and dialogues, have been collected and published in *Œuvres Poétiques Complètes* (Gallimard, 1945).

CONSULT

F. Lot: *Alfred Jarry* (Nouvelle Revue Critique, 1934).

M. Jean and Arpad Mezei: *Jarry et le Tourbillon Contemporain* (in *Almanach Surréaliste du Demi-Siècle, La Nef*, Nos. 63-64, 1950).

A. Lebois: *Alfred Jarry l'Irremplaçable* (Le Cercle du Livre, 1950).

M. Saillet: *Jarry et la peur de l'amour* (in *Sur la route de Narcisse*, Mercure de France, 1958).

R. Shattuck: *Alfred Jarry* (in *The Banquet Years*, Anchor Books, 1961).

NOTES

Le Miracle de Saint-Accroupi

The first of the three *Lieds Funèbres* with which Jarry begins *Les Minutes de Sable Mémorial*.

Trois Grenouilles

This lullaby, an example of the way in which Jarry uses traditional literary forms, is what might be called an anti-lullaby, for it is intended not to soothe but to terrify.

line 13: *Elbeuf*: famous for its cloth.

MAX JACOB (1876–1944)

Max Jacob was born at Quimper on July 11, 1876. His childhood was profoundly unhappy, and he tried three times to commit suicide. After attending the lycée at Quimper and the École Coloniale in Paris, he decided to become an artist, but the necessity of earning a living compelled him to do all kinds of jobs, and he was in turn music-teacher, art critic, secretary, solicitor's clerk and tutor in a family. In addition to painting, writing novels and poems, he was a brilliant conversationalist and a charming letter-writer. He knew all the important authors and painters who lived in Paris during the years 1901 to 1920, and Apollinaire and Picasso were his close friends. Like them, he lived in the rue Ravignan, Montmartre, a street which was then the headquarters of the Cubist movement in art and literature, and which became almost as famous as the rue de Rome where Mallarmé held his 'mardis'. Max Jacob was converted to Roman Catholicism in 1915, and it seems natural enough that he, whose life was such a curious mixture of religious and burlesque elements, should have had his first vision of Christ, not in a church, but in a cinema and 'aux places à quatre-vingt-quinze centimes'. In 1921, just when he had become famous as a writer, he retired from the social world of Paris to live as a recluse in the presbytery of Saint-Benoît-sur-Loire. He returned each summer to Quimper to visit his family, and his friend the poet Saint Pol-Roux, whom he saw for the last time in 1939. Both died during the Occupation. As a Jew, Max Jacob was compelled by the Germans to wear the yellow star, a bitter experience which he refers to in one of his last prose poems, *Amour du Prochain*. He was arrested on February 24, 1944, and died in the concentration camp at Drancy ten days later. One of his last messages to his friends was, characteristically, a pun: 'Pris par la Gestapo. Prononcez: J'ai ta peau'.

This tragic and humorous play on words is typical of the man and the poet. His closest friends confess that they were never able to discover the real man in the numerous parts he acted during his lifetime, and his work has presented critics with the same difficulty.

He was as versatile in his poetry as he was in his life, and in it, too, he enjoyed playing the rôle of a 'mystificateur'. His work is uneven and combines, in a most disconcerting manner, affectation and sincerity. It differs from both the descriptive lyricism of the Romantics, and the deeper explorations of his more immediate predecessors, Baudelaire and Rimbaud; for, as he says in his *Art Poétique* (1922), poetry was for him a 'distraction'. This 'distraction' finds expression in an acrobatic virtuosity of rhyme and rhythm, puns, humour, parody, burlesque and, above all, in irony—an irony which springs from a belief in the fundamental absurdity of life. Everything becomes of equal value in a world where there are no values, and in poetry subjects are all of equal importance—or no importance. All that matters is 'l'accord des mots, des images et de leur appel mutuel et constant'—the verbal pattern formed by the poet—but this, too, reflects the universal absurdity and in its turn becomes the victim of irony and tends to disintegrate. But to attack the conventions of literature and language is to admit dependence on them, and Max Jacob remains through all his poetry a conscious artist who, while defying reason and tradition, draws strength from them. His work, which marks a critical moment in the development of French poetry, looks to the past and, at the same time, prepares the way for Apollinaire, the Dadaists and the Surrealists.

The charm of his life and the tragedy of his death have led critics to exaggerate the importance of Max Jacob's work. His influence on contemporary French literature cannot be denied, but, when a complete edition of his poems and a full and accurate biography are available, a revaluation may be necessary. The *Cornet à Dés*, a volume of prose poems, remains his most important work and the one which has had most influence on French literature.

BIBLIOGRAPHY

Les Œuvres Burlesques et Mystiques de Frère Matorel (1912); *Le Cornet à Dés* (1917); *La Défense de Tartufe* (1919); *Le Laboratoire Central* (1921); *Visions Infernales* (1924); *Les Pénitents en Maillots Roses* (1925); *Fond de l'Eau* (1927); *Sacrifice Impérial* (1929); *Rivage* (1931); *Morceaux Choisis* (1937); *Ballades* (1938); *Derniers Poèmes en vers et en prose* (1945); *Poèmes de Morven Le Gaëlique* (1953); *Le Cornet à Dés II* (1955).

No complete edition of Max Jacob's work has yet appeared; The published work falls into three main divisions: prose poems.

Catholic poems; and Breton poems, published under the pseudonym
Morven Le Gaëlique.

CONSULT

Henri Hell: *Max Jacob* (*Fontaine*, No. 34, 1944).
André Billy: *Max Jacob* (Seghers, 1946).
S. J. Collier: *Max Jacob's 'Cornet à Dés'* (*French Studies*, Vol. XI,
No. 2, April 1957).

NOTES

La Guerre

This prose poem, and *Dans la Forêt Silencieuse*, which follows, are
both taken from *Le Cornet à Dés*. They should be read in the context
of the short note which introduces the poems in the 1917 edition
and which is reprinted in the edition of 1945: 'Les poèmes qui font
allusion à la guerre ont été écrits vers 1909 et peuvent être dits
prophétiques. Ils n'ont pas l'accent que nos douleurs et la décence
exigent des poèmes de la guerre: ils datent d'une époque qui ignorait
la souffrance collective. J'ai prévu des faits: je n'en ai pas pressenti
l'horreur'.

Etablissement d'une Communauté au Brésil

The stylized realism, simplicity, and humour of this poem, together
with a certain sinister element, suggest comparison with a painting
by the 'Douanier' Rousseau, whom Jacob knew.

line 31: *la teigne*: tinea—a particularly appropriate word here as it
means both a skin disease and a disease of plants and trees.

Villonelle

This is a pastiche of Villon's *Ballade des Dames du Temps Jadis*—
hence the title, itself a pastiche of the word 'villanelle', meaning a
kind of pastoral poem. Jacob frequently begins his parody of a poem
in the title, and this is especially true of the collection *Le Laboratoire
Central* from which this poem is taken. The first two stanzas were no
doubt inspired by the passage from Sir Thomas Browne's *Urn
Burial* (quoted at the head of Edgar Allan Poe's *The Murders in the
Rue Morgue*) of which Baudelaire's translation reads: 'Quelle chanson
chantaient les sirènes? quel nom Achille avait-il pris, quand il se
cachait parmi les femmes? — Questions embarrassantes, il est vrai,
mais qui ne sont pas situées au delà de toute conjecture'.

line 6: *cheval bourré de son*: the reference is to the wooden horse of Troy, and 'son' has the double meaning 'sound' and 'bran'.

lines 12–16: probably a reference to the legend of Jaufré Rudel's love for the Princess Mélissinde of Tripoli, whom Rostand made the subject of his play *La Princesse Lointaine*.

line 19: *Zeuxis*: famous Greek artist.

line 20: *faridondaine*: refrain of a song.

LÉON-PAUL FARGUE (1876–1947)

Léon-Paul Fargue was born in Paris on March 4, 1876. He attended a variety of schools, and for a short time was a pupil in Mallarmé's English class at the Collège Rollin. In *La Classe de Mallarmé* (published in *Refuges*) he has given us a vivid portrait of the Mallarmé he knew as the teacher of *Twinkle, Twinkle, Little Star*, and of the Mallarmé to whom he was introduced eight years later by Henri de Régnier and Hérold at the famous 'mardis' of the rue de Rome. At this latter meeting Mallarmé praised the series of poems entitled *Tancrède* which Fargue, then only eighteen, had already published in the review *Pan*. By that time he had also founded with several other poets the review *Le Centaure*, and his work was known and appreciated in Symbolist circles. It was not, however, until after the 1914–1918 war that, with a re-edition of his *Poèmes*, he became more widely known and began to have an influence on French poetry. In March 1919 he published *Ecrits dans une Cuisine* in the first number of the Surrealist review *Littérature*; in 1924 he was directing with Valery Larbaud and Paul Valéry the review *Commerce*; and during 1928 and 1929 he published in book form the poems which had previously appeared in reviews. From then until his death, his work consisted chiefly of a series of essays, in which nostalgic memories of childhood mingle with sensitive observations on contemporary events. In 1932 he was elected a member of the Académie Mallarmé and was awarded the Prix de la Renaissance. Full recognition from the general public came finally in 1946 with the award by the Ville de Paris of its Grand Prix Littéraire. The next year he died in Paris after an illness which had lasted four years.

For many readers Fargue will always be known by the title of one of his books, *Le Piéton de Paris*. He spent his whole life in his native city, living first in Passy, later near the 'deux gares'—the Gare du

Nord and the Gare de l'Est, which have inspired several of his poems
—and finally in Montparnasse; and the Paris of his childhood and of
1900 is the theme of much of his writing. He knew everyone who
counted in the artistic world of the capital, and this stimulating
background has inspired the wittiest, though perhaps the least
durable, aspects of his work. He was, however, fundamentally
solitary, and from his childhood to his death he thought of life as
'la flamme sans rien à chauffer'. This sense of the emptiness of life
is felt even in the phonetic games and the verbal ingenuities of his
short poems *Ludions* (some of which he composed at the age of
twelve), but it is expressed with simple tenderness, and is never
accompanied by rancour or Romantic laments. In *Suite Familière*,
his *art poétique*, Fargue defines poetry as 'cette vie de secours où l'on
apprend à s'évader des conditions du réel, pour y revenir en force et
le faire prisonnier'. This movement away from, and back to, reality
is maintained with remarkable sureness of touch throughout his
work, from his verse-poems *Pour la Musique* to the prose-poems
Poèmes, his most important volume.

A lyrical expression of feeling relates Fargue to Lamartine and
Verlaine, but his verbal inventiveness and experiments in technique
make him a transitional poet between the Symbolists and the
Surrealists. It is not surprising that his work, by its personal intimate
quality, has defied classification, and those critics who place him
on the margin of all literary schools and movements do so with
reason. His work is slight and contains no profound analysis and no
'great' emotions (Fargue suspected them as he suspected all the
'grands mots') but a fidelity to a 'certaine façon de comprendre et de
sentir',[1] and its expression in sensuous, musical language, makes him
an important minor poet in a generation where there were few great
ones.

BIBLIOGRAPHY

Most of Fargue's verse- and prose-poems are contained in the
following four volumes: *Poèmes* suivis de *Pour la Musique* (1918);
Espaces (containing *Vulturne* and *Epaisseurs*) (1928); *Sous la Lampe*
(containing *Banalité* and *Suite Familière*) (1929): *Tancrède*; *Ludions*
(1943). See also *Poésies*, with preface by Saint-John Perse (Gallimard,
1963).

[1] The conclusion of his last essay, 9 *Mai* 1945, in *Méandres* contains the
following sentence: 'Ce n'est ni la grosse industrie ni la puissance militaire,
ni la sociologie pure, ni l'orchestration économique qui rétabliront la con-
corde et la douceur, mais une certaine façon de comprendre et de sentir',

CONSULT

Hommage à Fargue (*Cahiers du Sud*, No. 286, 1947).
Claudine Chonez: *Léon-Paul Fargue* (Seghers, 1950).

NOTES

Postface

The last poem in *Sous la Lampe*. Despite the assonances, internal rhymes, and *vers blancs*, this *Nocturne*—as it is sometimes called—is clearly related to traditional French poetry. In technique, and in feeling, it is surprisingly orthodox for a poet who was influenced by Rimbaud, Laforgue and Mallarmé.

line 4: *Orvet*: slow-worm or blind-worm.

La rampe s'allume

Taken from the volume of prose poems, *Poèmes*. This impressionistic and musical picture justifies Fargue's statement: 'Je dispose certes de tout un monde de souvenirs musicaux'.

line 2: *noctiluque*: a minute sea-animal about the size and shape of a pinhead. This animalcule (which might be called a water-glow-worm) produces a phosphorescent appearance in the sea.

line 4: *chape*: 'cope' or 'cloak'—used here for the diaphanous head of the jelly-fish instead of the usual word 'ombrelle'.

line 5: *méduse*: a jelly-fish, so called because of its resemblance to a head with snake-like curls.

line 5: *obliquement*: an accurate observation: Fargue had an intimate knowledge of animal life; and the same 'fin génie aux sens d'insecte' which he attributed to La Fontaine.

GUILLAUME APOLLINAIRE (1880–1918)

Guillaume Apollinaire is the pseudonym of Guillaume de Kostro-witzky, who was born in Rome on August 26, 1880. His mother belonged to an aristocratic Polish family, and his father is thought by some to have been either a Cardinal; or the Bishop, or Prince, of Monaco. M. Marcel Adéma seems, however, by his recent research to have resolved the mystery and, as well as giving us more precise information about Apollinaire's mother, Angélique de Kostro-witzky, has established that his father was Francesco Flugi d'Asper-mont, a man many years her senior, who came of a distinguished

Italian military family. After 1885 nothing more is heard of d'Aspermont, and in 1889 Madame de Kostrowitzky went with her two children to live in the Principality of Monaco where Guillaume was given a French education. In the autumn of 1899 the family settled in Paris. In 1901 Guillaume became tutor to the daughter of the Vicomtesse de Milhau—a post which took him for a year to Honnef and Bennerscheid in the Rhineland, where he met an English girl, Annie Playden, who inspired several of his poems, among them *La Chanson du Mal-Aimé* and *L'Emigrant de Landor Road*. On his return to Paris he worked for a time in a bank; wrote numerous articles for daily papers as well as for the *Revue Blanche* and Jean Royère's *Phalange*; and founded with André Salmon the review *Le Festin d'Esope*. His great gift for friendship, and his sparkling conversation made him an outstanding and popular figure wherever writers and artists met together, and it was at this time that he first met Picasso and the Cubist painters and became interested in their art. In 1904 he went to London in search, it is said, of Annie. The next few years were occupied by journalism, his own Wednesday receptions, and meetings with the Fauves and Cubists. In 1909 he began his long association with the *Mercure de France* by publishing in it *La Chanson du Mal-Aimé*. His first volume, *L'Enchanteur Pourrissant*, a prose story (illustrated with woodcuts by Derain) in which some critics have seen the prelude to Surrealism appeared the same year; and in 1911 his first book of poems *Le Bestiaire ou Cortège d'Orphée* (illustrated by Dufy) appeared. In this same year, following an incident wherein Apollinaire had 'received' two statues stolen from the Louvre by a friend, he was arrested for suspected complicity in the theft of the Monna Lisa and imprisoned for a short time. In 1912, at the invitation of friends who wished to show their loyalty to him, he became editor of *Les Soirées de Paris*. The first exhibition of Cubist paintings had been held in Paris in 1911 and, two years later, Apollinaire published *Les Peintres Cubistes* in which he analysed the technique and aims of the new school, and introduced its leaders to the public in a series of pen-portraits. In the same year he published *L'Enfer de la Bibliothèque Nationale* which he had been compiling for several years with two friends. About this time money difficulties drove him to write a number of pot-boilers, and he also edited a series of erotic texts by eighteenth-century writers. In the spring of 1913, *Alcools*, one of his most important works, appeared and attracted attention—more by the complete absence of punctuation, and by Picasso's portrait of the author than by the poems themselves. The outbreak of war aroused in Apollinaire an irresponsible, excited amusement, very much as other 'new' things—negro art, the paintings of the 'Douanier' Rousseau, Cubism—had done in the past. He enlisted and, during his first year of army life, spent at Nîmes and then at the front, he continued to write his column *La Vie Anecdotique* for the *Mercure de France*; composed the poems *Case d'Armons*; and sent to friends amusing childish letters in verse, and to 'Lou', with whom he had had an unhappy love affair, the erotic lyrics which have recently been published as *Ombre de Mon Amour*. In November 1915 he transferred to the infantry with the rank of second lieutenant, and on March 17, 1916, he received a shrapnel wound in the head while reading the current number of the *Mercure de France*. He was evacuated to a Paris hospital where two trepanning operations were only partially successful. On leaving hospital he first worked as a press censor, and next in the Colonial Office. He continued writing and, on June 24, 1917, his farcical play on repopulation *Les Mamelles de Tirésias* (subtitled *Drame Surréaliste*) was produced; and on November 26 he gave the lecture at the Théâtre du Vieux Colombier on *L'Esprit Nouveau* which expressed his own ideas about the future of poetry, and was in fact his manifesto. (This was published in an enlarged and revised form by the *Mercure de France* three weeks after Apollinaire's death.) 1918 also saw the publication of *Calligrammes*, poems more experimental in form and substance than *Alcools*, yet artificial both in their typography—which was an attempt at visual 'cinematic' lyricism—and in their self-conscious modernity. On May 4, 1918, he married Jacqueline Kolb, who had nursed him in hospital. He died on November 9, 1918, from influenza and the effects of his wounds.

With Apollinaire, the writing of poetry was only one of a wide variety of activities, which he pursued with an erratic brilliance. He was above all an experimenter. He attempted to enlarge the domain of poetry and to discover new lyrical forms to express what, in his preface to Baudelaire's *Fleurs du Mal* and in his own manifesto, he called the 'new spirit' of the machine age. His poems have a veneer of modernity and a technique based chiefly on the use of surprising images; but his attitude to the 'new spirit' was uncritical, and in *Alcools* and *Calligrammes*—his two most important poetic works—

he is more concerned with what is 'new' than with what is significant. Apollinaire's achievements, like those of the Surrealists who claimed him as their immediate predecessor, are less impressive than his intentions. His work is extraordinarily mixed and uneven, but in it there are individual verses, refrains, and short lyrics which have more than a period interest. He is at his best, not when he is striving to be modern, nor when he is prophesying about the future of poetry, but when he is drawing strength from traditional sources. His most successful work is, in fact, that which reflects the work of other and greater poets, such as Villon, Rimbaud and Verlaine.

BIBLIOGRAPHY

Le Bestiaire ou Cortège d'Orphée (1911); *Alcools* (1913); *Case d'Armons* (1915); *Vitam Impendere Amori* (1917); *Calligrammes* (1918); *Ombre de mon Amour* (1948); *Tendre comme le souvenir* (1952); *Le Guetteur mélancolique* (1952); *Poèmes à Lou* (1955).

Œuvres Poétiques Complètes, edited by M. Adéma and M. Décaudin (Gallimard, 1959).

Œuvres Complètes, edited by M. Décaudin (Balland et Lecat, 1966).

CONSULT

Marie-Jeanne Durry, *Guillaume Apollinaire, Alcools*, tomes I–III (S.E.D.E.S., 1956–1964).

M. Décaudin, *Le Dossier d'"Alcools"* (Droz, 1960).

Guillaume Apollinaire (*La revue des lettres modernes*, vols. 1–8, 1962–1969).

Margaret Davies, *Apollinaire* (Oliver and Boyd, 1964).

Apollinaire (*Europe*, No. 451–452, 1966).

Scott Bates: *Guillaume Apollinaire* (Twayne Publishers, 1967).

L. C. Breunig: *Guillaume Apollinaire* (Columbia University Press, 1969).

NOTES

Les Colchiques

line 9: *hoquetons*: sleeveless, cotton tunics.

Saltimbanques

Compare Reverdy's prose poem of the same name.

Les Sapins

This poem, from the section *Rhénanes* of *Alcools*, was inspired by Apollinaire's visit to the Rhineland.

JULES SUPERVIELLE (1884-1960)

Supervielle's life was spent almost equally in two countries—South America and France. He was born in January 1884 at Montevideo, also the birthplace of Laforgue and Lautréamont. His parents were French from the Basque country, and at the age of ten he was sent to Paris to continue his education at the Lycée Janson de Sailly and later at the Sorbonne. His studies pointed to a diplomatic career, but in 1907 he returned to Uruguay where he settled and married. During the 1914-1918 war he was called up, and worked in Paris at the Ministère de la Guerre. At the end of the war he returned to his home in South America, and during the inter-war years constantly maintained his contacts with France. During the Occupation he wrote *Poèmes de la France Malheureuse*—which, when they reached occupied France, were passed secretly from hand to hand and helped to inspire members of the resistance movement. In July 1946 Supervielle returned to France as Cultural Attaché to Uruguay. In 1955 he was awarded the Grand Prix de Littérature de l'Académie Française. He died on May 17, 1960, at his home in Paris.

Supervielle never belonged to any literary movement, and he always denied the traces of surrealist influence which some critics have seen in an early work like *Le Forçat Innocent*. He declared that he did not write poetry for the 'spécialistes du mystère', and felt that it was he who was at fault if his poetry could not be understood by a sensitive reader. He believed, in fact, that however complicated and 'mysterious' the subject, a poem should be clear and intelligible. Such scruples concerning the poet and the public explain, perhaps, why his work can be more readily understood by foreign readers than that of most contemporary French poets. A coherent form; extreme delicacy of feeling; a mingling of irony and fancy; a balanced, sane attitude—these are qualities which have brought his poems deserved recognition from both critics and a wide public. His poetry has, in addition, a further significant and, in these days, unusual quality—it reassures. This power to reassure indicates positive virtues as well as what, on closer examination, prove to be limitations. Whether Supervielle is expressing man's estrangement from the world and his irremediable solitude or, as is more frequent, an instinctive faith in the possibility of reconcilation and harmony, his poetry is inspired by a fundamental respect for life. On the other hand, just as in his *Contes* the great myths of the world are reduced in their proportions and significance to become witty tales delightfully told; so in his poetry eternal themes like transience and death become familiar, friendly presences which need never, for long, disturb us profoundly. It is no doubt this essentially 'human' quality of his poetry— or rather its 'humanizing' power—and the apparent ease and simplicity of its expression (as well, of course, as the fact that he writes about animals) that have made many critics compare Supervielle and La Fontaine. This comparison, as it is usually made—to establish resemblances—is misleading. There is a fundamental difference between Supervielle's particular kind of simplicity in, for example, the poems of *La Fable du Monde*, with their nostalgic tenderness and grave whimsicality, and the simplicity of La Fontaine, which gives to the best of the *Fables* directness, depth of feeling and a tragic finality. It is the difference between a poetry which is concerned to reassure and please, and one which, for all its ease and charm of manner, can penetrate deeply enough to disturb. Supervielle's virtues, as well as his limitations, are implicit in his own affirmation. 'Le conteur surveille en moi le poète'.

BIBLIOGRAPHY

Brumes du Passé (1900); *Comme des Voiliers* (1910); *Poèmes* (1919); *Débarcadères* (1922); *Gravitations* (1925): *Oloron-Sainte-Marie* (1927); *Saisir* (1928); *Le Forçat Innocent* (1930); *Les Amis Inconnus* (1934); *La Fable du Monde* (1938); *Les Poèmes de la France Malheureuse* (1941); *1939-1945 Poèmes* (includes the previous volume) (1945); *A la Nuit* (1947); 18 *Poèmes* (1947); *Choix de Poèmes* (includes poems from all the previous volumes and, in addition, six new poems grouped under the heading *Poèmes Récents*) (1947); *Oublieuse Mémoire* (1949); *Naissances*, poèmes, suivis de *En Songeant à un Art Poétique* (1951); *L'Escalier* (1956); *Le Corps Tragique* (1959).

CONSULT

C. Roy: *Jules Supervielle* (Seghers, 1949).

Tatiana W. Greene: *Jules Supervielle* (Droz, 1958).

Hommage à Jules Supervielle (*La Nouvelle Revue Française*, No. 94, 1960).

J. A. Hiddleston, *L'Univers de Jules Supervielle* (Corti, 1965).

Y

NOTES

Le Retour

This poem was written in Uruguay to which the poet returned after the first world war. In it he evokes the background and atmosphere of the primitive country, with its gauchos and pampas, where he was born, spent his childhood and settled. The vivid concrete images, the vigorous rhythm and the 'earthy' quality in these *versets* disappear from Supervielle's later poems. His evolution is towards a sophisticated simplicity. In this respect, the contrast between *Le Retour* and *Hommage à la Vie* is particularly striking.

line 14: *O Surfaite*: death—whose importance has been exaggerated. This invocation is reminiscent of another—yet very different—meditation on death: Valéry's *Le Cimetière Marin*, published two years earlier.

line 26: *talas*: large thorny bushes; *ceibos*: trees with beautiful red flowers, similar to the West Indian silk-cotton tree; *pitas*: cactus plants, with stems of yellow flowers. All three are typical pampa vegetation.

line 36: *quintes*: fits (usually applied to a cough or a fever—here most effectively applied to light).

Dans l'Oubli de mon Corps

Compare Eluard's *Le front aux vitres* (p. 144).

Hommage à la Vie

Lines 5-8: Compare the first six lines of an earlier poem, *Saisir*:

Saisir, saisir le soir, la pomme et la statue,
Saisir l'ombre et le mur et le bout de la rue.

Saisir le pied, le cou de la femme couchée
Et puis ouvrir les mains. Combien d'oiseaux lâchés

Combien d'oiseaux perdus qui deviennent la rue,
L'ombre, le mur, le soir, la pomme et la statue!

In each the poet pays homage to life, but in the later poem it is to life already 'seized' and seen in retrospect.

JULES ROMAINS (1885-   )

Louis Farigoule, known to literature as Jules Romains, was born on August 26, 1885, at Saint-Julien Chapteuil in the Cévennes. His youth was spent in Montmartre where his father was a schoolmaster, and after a brilliant career at the École Normale Supérieure (1906–1909), which finished with his taking degrees in both arts and science, he taught philosophy for ten years in lycées at Laon, Brest, Nice and Paris. He published a small volume of verses, *L'Ame des Hommes*, in 1904; a prose story, *Le Bourg Régénéré*, in 1906; and in 1908, *La Vie Unanime*, his first work of real importance. In 1919, at the age of thirty-four, he gave up the teaching profession in order to become a writer, but his interests have not been confined to literature. He has travelled over most of Europe, parts of Africa and Asia, and much of North and South America; and he has given to international problems—both social and political—the same close attention that he has given to those of his own country. In an idealistic way, he has always been a supporter of peace, freedom, and European unity; in 1930, he advocated a Franco-German *rapprochement*. He was International President of the P.E.N. Club from 1938 to 1941. In 1940 he went to the United States where he continued to affirm his faith in the Allied cause by broadcasting and writing. He returned to France after the Liberation, and in 1946 was elected a member of the Académie Française.

The theory of *unanimisme*, first expressed in the poems of *La Vie Unanime*, is the basis of all Romains' work. Critics have found sources for this book in Zola, Verhaeren, Whitman and the sociologist Durkheim. But Romains stresses the influence of Hugo and his own intensely religious upbringing, and claims that the idea of *unanimisme* came to him on a day in 1903 when he suddenly became aware of an elemental being emanating from and transcending the jostling crowds and traffic of the rue d'Amsterdam in Paris. This superhuman spirit, or *Unanime*, is, according to Romains, latent in any group, large or small, that is united by a common purpose or interest; and it is the various relationships between this collective soul and the individual which form the theme of the poems of *La Vie Unanime*. In the first section, the poems show the collective soul as it is manifested in various groups—the family, a theatre audience, a church congregation; and in places—streets, factories, and towns; and to these Romains succeeds in giving a certain rudimentary existence. In the second section, the individual, now united with, now separated from, these *unanimes*, is finally dominated and absorbed by them so that the collective soul may be enriched and endure. But the total effect is unconvincing, and the poetry seems to derive from a theory rather than a conviction. Nevertheless, in his masterpiece, the short novel *Mort de Quelqu'un*; in his most successful play *Knock*; as well as in the twenty-seven novels of *Les Hommes de Bonne Volonté* (all of which have their source in *La Vie Unanime*); Romains has shown great skill in exploiting and often in giving life to his theory.

In later volumes of poetry, in particular *Odes et Prières* and *Amour Couleur de Paris*, the pseudo-philosophical concepts are less frequent; and the poet, no longer seeking refuge in the myth of the collective soul, expresses with delicate intuitive art his own individuality. The best of Romains is in the restrained lyricism of these short poems. It is unfortunate, however, that they should have been followed in 1936 by the diluted Hugolian rhetoric of *L'Homme Blanc*, a naïve epic poem in which the white race is shown advancing from a tribal existence to the universal republic. The poems which Romains has written since then are more in the style of his early work, but they have not increased his stature as a poet.

Jules Romains is chiefly famous in literary history as one of the founders (with Georges Chennevière, René Arcos, Charles Vildrac, Duhamel, etc.) of the *Unanimiste* movement. Since then he has aspired to become the poet of Europe and of humanity; but it is by the few unambitious poems in which he has felt and spoken as an individual that he will be remembered.

BIBLIOGRAPHY

L'Ame des Hommes (1904); *La Vie Unanime* (1908); *Premier Livre des Prières* (1909); *Deux Poèmes* (1910); *Un Etre en marche* (1910); *Odes et Prières* (1913); *Europe* (1915); *Amour Couleur de Paris* (1921); *Le Voyage des Amants* (1921); *Ode Génoise* (1923); *Chants des dix années* (1928); *L'Homme Blanc* (1936); *Complaintes* (1940); *Pierres Levées* (1948); *Maisons* (1953).

The most important of these poems appear in *Choix de Poèmes* (1948), which also contains a brief summary of Romains' theory of versification as explained in *Petit Traité de Versification* (1923), which he wrote in collaboration with Georges Chennevière.

CONSULT

Jules Romains: *Petite introduction à l'unanimisme* (in *Problèmes Européens*, Kra, 1931).

A. Cuisenier: *Jules Romains et l'Unanimisme* (Flammarion, 1935).

A. Thibaudet: *Unanimisme* (in *Réflexions sur la Littérature*, Gallimard, 1938).

A. Figueras: *Jules Romains* (Seghers, 1952) (New edition, 1964).

NOTES

Je ne puis pas oublier

The first of the three sections which form the poem of that name in *Ode Génoise*.

PIERRE-JEAN JOUVE (1887-   )

Jouve was born in Arras in the year 1887. After a general education which included mathematics, law, archaeology and medicine, he began his literary career in 1907 by founding with Paul Castiaux a review, *Bandeaux d'Or*, which during the three years of its existence was linked with Jules Romains' *Unanimiste* movement. Between 1910 and 1913 Jouve published three volumes of poetry On the outbreak of war in 1914 he volunteered for service as a medical orderly, but ill-health soon compelled him to give up this work. He then went to Switzerland where he produced three more volumes of poetry and became friendly with Romain Rolland, who inspired his book *Romain Rolland vivant 1914-1919*. Jouve has stated that, after a stay in Italy in 1923, a spiritual crisis—which led to his conversion to Catholicism in the following year—made him reject all his previous writings, and he adds that his 'real' work began two years later with the poem *Les Mystérieuses Noces*. His most important poetical works —*Noces*, *Sueur de Sang*, *Matière Céleste* and *Kyrie*—as well as all his novels—were published in the succeeding years from 1925 to 1939. In 1941, Jouve went to Geneva where he remained until 1945. The poem *La Vierge de Paris*, the essays entitled *Défense et Illustration*, a revaluation of Mozart, *Le Don Juan de Mozart*, and two pamphlets, *Processionnal de la Force Anglaise* and *L'Homme du 18 Juin*, were the chief products of this period during which his attitude was, to use his own words: 'résolument non-politique et pour une Poésie qui se suffit à elle-même'. Since 1945 Jouve has lived in Paris. In 1962 he was awarded the Grand Prix National des Lettres.

At the beginning of his literary career, Jouve was attracted to the newly-formed *unanimiste* group of writers but, unable to share Jules Romains' naïve optimism based on the *mystique* of the crowd, he soon abandoned this creed and developed a poetry more suited to his fundamentally pessimistic vision. After his conversion to Catholicism, he was increasingly preoccupied with the problem of good and evil, both as interpreted by the dogmas of the Catholic Church, and by the equally rigid doctrines of Freud in which he had always been interested. In the preface to *Sueur de Sang*, the most important statement of his beliefs about poetry,[1] he writes: 'l'homme moderne a découvert l'inconscient et sa structure; il y a vu l'impulsion de l'éros et l'impulsion de la mort, nouées ensemble, et la face du monde de la Faute, je veux dire du monde de l'homme, en est définitivement changée. On ne déliera plus le rapport entre la culpabilité — le sentiment fondamental au cœur de tout homme — et l'intrication initiale des deux instincts capitaux'. Such beliefs have necessarily led Jouve to conclude that man is a 'conflit insoluble', and of this conflict his poems are—to quote the title of one of his works—*Témoins*. With the examples of Baudelaire and Rimbaud before him (his debt to both is great), and equipped with the technique of Freudian psychology, Jouve has come to consider himself as fulfilling a prophetic function, as 'l'œil de la catastrophe',[2] an eye which reveals and explores the tragic atrophy of both man and his civilization.

Poets have often assumed this prophetic rôle, and one thinks in particular of Agrippa d'Aubigné with whom Jouve has sometimes been compared. The comparison, however, reveals Jouve's weakness rather than his strength. His intentions may be equally serious but, even in his best works, he never achieves d'Aubigné's certainty of tone nor the violent intensity of his essentially concrete imagery. The psychological and sexual elements of Jouve's poetry mix uneasily with the religious themes; and his reliance on purely rhetorical devices—enumeration, repetition, invocation—and on the manipulation of impressive abstractions—such as 'le Tout' and 'le Rien'—has become more pronounced. The pseudo-philosophical statements, of, for example, *Ode* make us regret the sensuous lyricism of the earlier works, where similar preoccupations were expressed in authentic poetic terms. But since 1950, Jouve's development has been towards less metaphysical and more musical modes of expression;

[1] See also his preface to Pierre Emmanuel's poem *La Colombe*.
[2] This striking phrase, which he has recently applied to Rimbaud, should be compared with the following statement from the preface to *Sueur de Sang*: 'Incalculable accroissement du tragique que nous donne la métapsychologie, et d'abord la connaissance d'un œil qui est dirigé vers notre secret, de notre œil même'.

and his themes which were always aspiring to universality have at last achieved it, because they have become fully personal and human. The eight volumes that have appeared since *Ode* are the work of a poet about whose stature and greatness there can no longer be any doubt.

Jouve has remained apart from most literary movements, but his work has had in France a marked influence on Pierre Emmanuel and Yves Bonnefoy; and, in England, on David Gascoyne.

BIBLIOGRAPHY

Les Muses Romaines et Florentines (1910); *Présences* (1912); *Parler* (1913); *Vous êtes des Hommes* (1915); *Poème contre le grand Crime* (1916); *Danse des Morts* (1917); *Heures, Livre de la Nuit* (1919); *Heures, Livre de la Grâce* (1920); *Tragiques*, suivis du *Voyage sentimental* (1923); *Prière* (1923); *Les Mystérieuses Noces* (1925); *Les Noces* (1928); *Le Paradis perdu* (1929); *La Symphonie à Dieu* (1930); *Sueur de Sang* (1934); *Matière céleste* (1937); *Kyrie* (1938); *A la France* (1939); *Gloire* (1940); *Porche à la Nuit des Saints* (1941); *Vers Majeurs* (1942); *Les Témoins* (1943); *La Vierge de Paris* (1945); *A une Soie* (1945); *La Louange* (1945); *Hymne* (1946); *Génie* (1947); *Diadème* (1949); *Ode* (1950); *Langue* (1954); *Quatre Suites* (1956); *Lyrique* (1956); *Mélodrame* (1957); *Inventions* (1958); *Proses* (1960); *Moires* (1962); *Ténèbre* (1965); *Poésie*, vols. I, II, III, IV (1964, 1965, 1966, 1967).

CONSULT

Starobinski, Alexandre, Eigeldinger: *Pierre-Jean Jouve* (La Baconnière, 1946).

R. Micha: *Pierre-Jean Jouve* (Seghers, 1956).

G. Bounoure: *Pierre-Jean Jouve* (in *Marelles sur le Parvis*, Plon, 1958).

Margaret Callander, *The Poetry of Pierre Jean Jouve* (Manchester University Press, 1965).

Jouve himself has given illuminating comments on his work in two important volumes, *Commentaires* (1950) and *En Miroir* (1954).

NOTES

Mozart

The work of Mozart has inspired several of Jouve's poems, notably *Tempo di Mozart* and *Zauberflöte* (*Matière céleste*). The present poem, taken from *Les Noces*, evokes in a series of lyrical notations both the atmosphere of Mozart's music and that of Salzburg.

line 5: *ancolie*: columbine.

La Chute du Ciel

Written in 1939, this poem answers to Jouve's conception of poetry as a 'traduction directe des faits bouleversants' and a 'méditation beaucoup plus éloignée de ce qui est à la racine'. Compare the rhetoric of this apocalyptic poetry with d'Aubigné's *Jugement* (*Les Tragiques*).

line 1: *apostème*: an external tumour which exudes pus.

line 29: *Satan de Berlin*: Hitler.

line 50: *aine*: groin—a word characteristic of Jouve's erotic vocabulary.

line 73: *poète*: Baudelaire in *Le Crépuscule du Matin*: 'L'aurore grelottante en robe rose et verte'.

SAINT-JOHN PERSE (1887-   )

Saint-John Perse, whose real name is Alexis St. Léger Léger, was born in 1887 on the small island of Saint-Léger-les-Feuilles near Guadeloupe. At the age of eleven he came to France, and, while still a schoolboy, met Francis Jammes and Claudel, and in 1906 was a student at the University of Bordeaux with Jacques Rivière. In 1914 Alexis Léger gave up his medical studies and entered the Diplomatic Service. He was appointed to the post of second secretary in Peking, and remained in China for seven years. In 1921 he returned to work in the Asia division of the French Foreign Office, and in the same year he was a member of the French delegation at the Washington Naval Conference where he met Briand, with whom he subsequently worked as secretary for ten years. He remained at the Quai d'Orsay until 1940 and his important, but self-effacing work in international affairs earned him rapid promotion to the highest rank. This brilliant career was interrupted when the Vichy Government deprived him of his civic rights and confiscated his possessions. In 1940 he went to the United States and settled at Washington, where he worked for a time with Archibald MacLeish at the Library of Congress, as Consultant on French literature. Saint-John Perse received numerous honours during his long stay in America, and in 1960 he was awarded the Nobel Prize. He has now returned to France.

The desire of Saint-John Perse to remain anonymous emphasizes the fact that for him poetry is, as beauty was for Valéry, 'une affaire privée', something quite distinct from, and secondary to, his public and official work as a diplomat. Yet his poetry constantly reflects his diplomatic experience and qualities. The nostalgic and exotic atmosphere owes much to his extensive travels in China and remote parts of Asia; the language is ceremonious and words are used with scrupulous discrimination; the tone, and the choice of subject are aristocratic; and the poet, while showing his familiarity with the world, politely keeps it at a distance. The subject of the poetry is 'le monde entier des choses', and to this vast theme St.-John Perse brings the connoisseur's highly specialized and selective interests, the nature of which is revealed in this extract from one of his letters:

'De tous les Musées d'Europe que j'ai dû traverser par courtoisie (la politesse n'est-elle pas encore la meilleure formule de liberté?) j'ai gardé peu de souvenirs: à Londres, au British Museum, un crâne de cristal de la Collection pré-colombienne, et, au South Kensington Museum, un petit bateau d'enfant recueilli par Lord Brassey en plein Océan Indien; à Moscou, au Kremlin, un bracelet de femme au paturon d'un cheval empaillé, sous le grossier harnachement d'un conquérant nomade; à l'Armeria de Madrid, une armure d'Infant; à Varsovie, une lettre princière sur feuille d'or battu; au Vatican, une lettre semblable sur peau de chèvre; à Brême, une collection historique d'images irréelles pour fonds de boîtes à cigares ...'[1]

Such rare, precious objects are seen in his poems against a background of elemental forces, some of which are indicated by the titles —Pluies, Neiges, Vents. The minutely particular and concrete becomes merged into a vast, fluid landscape; and a highly organized verbal pattern is developed with the sustained and ceremonious eloquence of what St.-John Perse has called a 'pur langage sans office'. The poems are, as the title of his first volume suggests, Eloges; a theme in which the influence of Claudel can be seen (although Claudel's praise is addressed to God and includes the world of invisible, as well as visible things). This influence is even more evident in the mode of expression, in which poetic prose in the form of a verset is varied from time to time by the introduction of a regular metre, frequently the alexandrine.

In his Lettre sur Jacques Rivière, St.-John Perse declares: 'Mon nom n'appartient pas aux lettres'; yet it is to the world of pure letters that his work belongs. It is essentially 'literary', and has the limitations, and the virtues, which that word implies.

---

[1] Letter to Archibald MacLeish (1942). Different versions of this same extract have been quoted by (a) Roger Caillois in L'Art de Saint-Jean Perse (Fontaine, No. 34, 1944) and (b) Claudel in Un Poème de St.-Jean Perse (Revue de Paris, Nov. 1949).

BIBLIOGRAPHY

Images à Crusoé (1909); *Eloges* (1911); *Amitié du Prince* (1924); *Anabase* (1924); *Exil* (1942); *Pluies* (1944); *Neiges* (1944); *Exil* (a new edition with *Poème à l'Etrangère, Pluies* and *Neiges*) (1946); *Vents* (1946); *Amers* (1957); *Chronique* (1960); *Œuvre Poétique* (2 vols., 1960); *Oiseaux* (1963).

CONSULT

A. Bosquet: *Saint-John Perse* (Seghers, 1953) (new edition, 1964).

R. Caillois: *Poétique de Saint-John Perse* (Gallimard, 1954).

Saint-John Perse: *Poésie* (allocution au Banquet Nobel) (Gallimard, 1961). J. Charpier: *Saint-John Perse* (Gallimard, 1962).

Honneur à Saint-John Perse (Gallimard, 1965).

A. Knodel: *Saint-John Perse* (Edinburgh University Press, 1966).

NOTES

Eloges XVII and XVIII

The last two of a series of eighteen short poems entitled *Eloges* which have in them the main elements of the longer poems—*Anabase, Exil* and *Vents*—i.e. a rebellion against human contacts and restraints; a desire for adventure as well as for solitude and self-sufficiency; an absorption in nature in both its spacious and minute aspects. The poetic prose is less stylized, and more closely related to the rhythms of ordinary speech, than in any of the later poems.

Anabase

This extract forms section seven (the climax) of *Anabase*, which is St.-John Perse's most important poem, consisting of ten sections in all. The title suggests comparison with Xenophon's *Anabasis*, the account of the advance of Cyrus the younger into Asia, but such a comparison, though perhaps of academic interest, does not help in the appreciation of the poem. The word is used here in its etymological sense—an ascent (usually from the coast)—and this passage describes the highest point reached by the nomad warriors and their leader (the narrator of the poem) in their journey up from the seashore to a vast arid plateau in a half-real, half-imagined country. The best approach to the poem has been suggested by T. S. Eliot in the preface to his translation of it (1930): 'The reader has to allow the images to fall into his memory successively without questioning the reasonableness of each at the moment; so that, at the end, a total effect is produced'.

line 12: *ouïes*: gills of a fish. Eliot translates the phrase 'la pierre tachée d'ouïes' by 'the stones gillstained'.

line 12: *ruches*: compare a similar image in Valéry's *La Jeune Parque*:

> 'Et les premiers jouets de la jeune lumière.
> Iles !... Ruches bientôt,...

line 13: *acridiens*: locusts.

line 33: *les cancers du camphre et de la corne*: this is a complex 'correspondance'. There is an aural association with the tropics of 'Cancer' and 'Capricorne'; the visual relationship would seem to be between the luminosity of the sky seen through clouds and the reflection of light through the substances of camphor and horn, themselves products of the tropics.

Vents

This extract is from the last section of *Vents*, consisting of four sections each as long as *Anabase*. Although written more than twenty years after *Anabase*, *Vents* continues some of its themes, but instead of the senuous evocation of a journey in an Asiatic country, the stress now falls on a return to European civilization. The incantatory style, the circumlocutions and other rhetorical devices, which seemed peculiarly suited to a legendary world, lose much of their force and relevance when applied in a modern context.

line 2: *trias*: as in English; a geological term for sandstone rocks of desert origin.

PIERRE REVERDY (1889-1960)

Pierre Reverdy was born on September 13, 1889, at Narbonne, where he was educated and spent his childhood. He said of this period of his life: 'Ce qui est resté vivant dans ma mémoire sensible se situe surtout entre la mer où nous passions la moitié des vacances et la campagne où mon père possédait une petite propriété au pied de la montagne noire. C'est là que la nature m'a pris dans le filet d'un amour dont aucune maille n'a jamais craqué depuis. C'est pourquoi sans doute le contraste avec la ville a été plus tard si émouvant pour moi. Je crois qu'on le sent assez dans mes livres'.[1]

[1] From a letter to C. A. Hackett.

Encouraged by his parents in his wish to become a writer, he went to Paris in 1910. A year later his father died, and Reverdy had a hard struggle to earn a living by writing articles for reviews. His first work, *Poèmes en Prose*, did not appear until 1915. Two years later he founded, with Apollinaire and Max Jacob, the review *Nord-Sud*, the title being a reference to the cardinal points of the artistic world of Paris—Montmartre and Montparnasse. The review was short-lived—only sixteen numbers appeared—but it served as a rallying-point for the 'cubist' writers and for a group of young poets, among them Breton, Soupault and Aragon. Shortly after the publication of *Les Epaves du Ciel* (1924), the Surrealists hailed Reverdy as the greatest poet then living; but though they found inspiration in his work, he himself never became a member of their movement. In 1926 he retired to Solesmes, and lived there until his death on June 17, 1960.

Reverdy has often been called a literary cubist. The 'broken' appearance given to many of his short poems by their actual arrangement on the page, the frequent use of words taken from geometry—'parallèle', 'carré', 'triangle', etc.—and titles such as *La Lucarne Ovale* and *La Guitare Endormie* remind us of his affinities with Picasso. Braque and the Cubist school of painters. Like them, Reverdy achieves his effects by the strictest economy of means. There are no complicated images, but there is tension in the unobtrusive, almost furtive rhythms. His words are few and simple and, though they may at first sight appear discontinuous and unrelated, they are used with rigorous logic; and the unorthodox disposition of his sentences (which should be no obstacle to a sympathetic reader) is admirably suited to his purpose—the expression of fugitive impressions, resonances and intermittent relationships. The total effect is one of authentic personal feeling. In his own words, his poems are like 'cristaux déposés après l'effervescent contact de l'esprit avec la réalité', and they have both the crystal's purity and its limitations. They reflect fragments of a personal and general tragedy. The gesture-like supplication of frail human beings—that of the old man in *La Vie Dure* and the child in *Saltimbanques*—are sufficient to evoke a whole hostile world. Yet Reverdy seeks, as in *L'Esprit Sort* and *Toujours Là*, not an evasion but a deliverance—which is never found. His failure, if such it can be called, is expressed, not with Romantic pessimism, but with an unostentatious fidelity that characterizes all his work.

Reverdy's poetry has been known to literary circles in France since 1925, and his influence has been a vital and an increasingly important force in French poetry since that time—Eluard in particular owes a great deal to him. Yet it was not until 1945, with the publication of *Plupart du Temps* (a complete collection of his poems from 1915 to 1922), that his work received general recognition. Reverdy may not be more than a significant minor poet, because of the restricted and repetitive nature of his work, and a certain lack of development and growth; but his poems are of permanent value and have still not received the attention they deserve.

BIBLIOGRAPHY

Poèmes en Prose (1915); *Quelques Poèmes* (1916); *La Lucarne Ovale* (1916); *Les Ardoises du Toit* (1918); *Les Jockeys Camouflés* (1918); *La Guitare Endormie* (1919); *Étoiles Peintes* (1921); *Cœur de Chêne* (1921); *Cravates de Chanvre* (1922); *Les Epaves du Ciel* (1924—an anthology containing most of his previous work); *Ecumes de la Mer* (1925—consisting of all previous work not included in *Les Epaves du Ciel*); *Grande Nature* (1925); *La Balle au Bond* (1928—prose poems); *Flaques de Verre* (1929—prose poems); *Sources du Vent* (1929); *Pierres Blanches* (1930); *Ferraille* (1937); *Plein Verre* (1940); *Plupart du Temps* (1945); *Le Chant des Morts* (1948); *Main d'Œuvre* (1949); *Au Soleil du plafond* (1955); *Liberté des Mers* (1960).

Reverdy has also published several collections of *contes* and a poetic novel. His most important prose works are *Le Gant de Crin* (1927), *Le Livre de mon Bord* (1948) and *En Vrac* (1956) which consist of sensitive observations on poetry, religion and life, and contain the elements of his *art poétique*.

CONSULT

André du Bouchet: *Envergure de Reverdy* (*Critique*, No. 47, April 1951).

G. Picon: *Poétique et Poésie de Pierre Reverdy* (in *L'Usage de la Lecture*, vol. 1, Mercure de France, 1960).

Hommage à Pierre Reverdy (*Entretiens sur les Lettres et les Arts*, No. 20, 1961).

Pierre Reverdy 1889–1960 (Mercure de France, 1962).

NOTES

L'Esprit Sort

Compare a prose statement of a similar theme in *Le Livre de mon Bord*: 'Ah! l'horrible tentation de tout savoir ce qui se trouve dans les livres quand on est en même temps bibliophobe et qu'on aime tellement ce qui se passe dans la vie.

La sensation d'étouffement qui me saisit dans une chambre tout emmurée de livres—l'appel de tout ce que je pourrais trouver dehors—et, dès que j'en prends un, il me semble que c'est du temps perdu et que ce qu'il faudrait savoir, c'est précisément ce qui se trouve dans les autres'.

Saltimbanques

Picasso expresses a similar pathos in his paintings of acrobats. Compare Apollinaire's *Saltimbanques* (page 111).

La Vie Dure

There is a play on the two meanings of the word '*dure*'—'difficult' and 'continues'. By choosing such figures as the old man of this poem and the child of *Saltimbanques* Reverdy expresses the solitude and oppression of the individual and also the tenacity of life.

Sur le Seuil

A title which admirably indicates the nature of Reverdy's work in general. He is the sensitive observer on the threshold of a world where reality and impressions merge.

JEAN COCTEAU (1889-1963)

Jean Cocteau was born on July 5, 1889, at Maisons-Laffitte, of a wealthy family of Parisian lawyers. He was brought up and educated in Paris, and he said of himself 'Je suis né Parisien, je parle Parisien, je prononce Parisien'; and it is impossible to think of him and his work in any other setting. While quite young he met most of the influential literary figures of the capital, and in 1909 he published his first volume of verse, *La Lampe d'Aladin*, a prophetic title which suggests the ease with which all his immensely varied ambitions were to be realized. In 1914 he served for a time as a volunteer ambulance driver at the front (an experience on which he draws in some early poems, e.g., *Discours du Grand Sommeil*, and in his novel *Thomas l'Imposteur*), and then in the propaganda services until he was discharged because of ill-health. About this time he met Picasso and Erik Satie, and, as scenarist, worked with them on Diaghilev's ballet, *Parade*, which was produced in Paris in 1917. Although the ballet was given a hostile reception by a shocked public, and caused Cocteau later to declare 'Je ne devais plus connaître que des scandales, une renommée de scandales, les chances et les mal-chances du scandale', the date marked the beginning of the golden age of his eternal adolescence. The next twelve years were the most active in his extraordinarily active life and were marked by a feverish attempt to animate, and to be animated by, the artistic movements of the time—Cubism, Dadaism and Surrealism. Cocteau was not only in the artistic fashion but ahead of it. He revealed to the French public the novelist Raymond Radiguet; he encouraged the musician Erik Satie and the group, now individually famous, known as *Les Six*—Germaine Tailleferre, Auric, Durey, Honegger, Poulenc and Milhaud; he was the leading figure in the literary cabaret, Le Bœuf-sur-le-Toit; and he achieved personal success—and notoriety—in every branch of artistic activity. It was during this time that he wrote not only the greater and more important part of his poetic work (from *Le Cap de Bonne-Espérance* in 1919 to *Opéra* in 1927); but also five novels, among them his master-piece *Les Enfants Terribles*; numerous plays and adaptations of plays; and several volumes of paradoxical and penetrating notes on music, art and literature, including *Le Secret Professionnel* and *Le Rappel à l'Ordre*. He also collaborated in the writings of ballets, founded one review and contributed to others, acted in his own plays and illustrated his own books. After 1930, Cocteau concentrated chiefly on the theatre, and on the cinema to which he contributed his own particular conception of 'poésie du cinéma'. In the latter part of his life, however, his work in general became less inventive, and his influence on French literature, even as a brilliantly talented *animateur*, progressively declined. In the early thirties, Cocteau embodied for many young French writers the very spirit of poetry; but the publication of his last poetic works passed almost unnoticed. In 1955 he was elected to the Académie Française. He died at Milly-la-Forêt on October 11, 1963.

Cocteau was always aware of, and sought to exploit, the poetic possibilities in every branch of artistic activity, but he failed to create a single poetic masterpiece. His work, from his early cubist to his later classical poems, is almost entirely derivative; and the virtuosity he showed in imitating numerous models, from Ronsard and Mal-herbe to Apollinaire and Valéry, only serve to emphasize a lack of inner vitality. Cocteau's technical agility and verbal exuberance are admirably displayed in a light poem such as *Batterie*, but these qualities prove inadequate when he turns to major themes—childhood, love and death. His poetry then becomes, like the closed world of *Les Enfants Terribles*, a perverse ceremonial opposed to the forces of life.

BIBLIOGRAPHY

La Lampe d'Aladin (1909); *Le Prince Frivole* (1910); *La Danse de Sophocle* (1912); *Le Cap de Bonne Espérance* (1919); *Poésies* (1920); *Vocabulaire* (1922); *Plain-Chant* (1923); *Poésie, 1916–1923* (1924); *Opéra* (1927); *Morceaux Choisis* (1932); *Enigme* (1939); *Allégories* (1941); *Léone* (1945); *Poèmes* (1948); *Le Chiffre Sept* (1952); *Appogiatures* (1953); *Clair-obscur* (1954); *Poèmes 1916–1955* (1956); *Paraprosodies* (1958); *Cérémonial Espagnol du Phénix* (1961).

CONSULT

R. Lannes: *Jean Cocteau* (Seghers, 1945) (New edition, 1952).

C. Mauriac: *Jean Cocteau ou la vérité du mensonge* (Lieutier, 1945).

Jean Cocteau: *La Difficulté d'Etre* (Editions du Rocher, 1957).

Jean Cocteau: *Entretiens avec André Fraigneau* (Bibliothèque 10/18, 1965).

NOTES

Batterie

line 27: *La Goulue*: a dancer at the Moulin Rouge, at the end of the nineteenth century, who also ran a booth where she danced and appeared as a lion-tamer. The booth was decorated with panels by Toulouse-Lautrec, two of which are now in the Louvre.

Pauvre Jean

line 2: *nœud de cravate*: used in two senses—an ordinary tie, and the hangman's rope ('cravate de chanvre').

PAUL ELUARD (1895–1952)

Eluard was born at Saint-Denis on December 14, 1895. He studied at the École Colbert in Paris until, at the age of sixteen, he was sent to a sanatorium in Switzerland where he remained for two years. During this time he read widely—Baudelaire and Rimbaud, Jules Romains and the *Unanimistes*, Shelley, Swinburne and Whitman—

but the poems he was later to write owe less to this than to the atmosphere of the mountains, the purity of snow and sky; and to his meeting with 'Gala' whom he married some time later in 1917. Soon after his return to Paris he was called up for army service, first as a medical orderly and then in the infantry. Eluard had written poems before the war, but his first volume, *Le Devoir et l'Inquiétude*, did not appear until 1917. *Poèmes pour la Paix* followed in 1918 and attracted the attention of Jean Paulhan. About this time he met Breton, Soupault and Aragon; became an active member of the Dada group; and shortly afterwards was one of the founders of the Surrealist movement. In those early days when the Surrealists were an enthusiastic homogeneous group, the atmosphere was particularly favourable to Eluard's development. His best poetry belongs to this period, and the early poems which were published in the surrealist review *Littérature*, and later collected in the volume *Capitale de la Douleur*, are among his most important work; *L'Amour la Poésie*, published in 1929, confirmed the high promise of the previous work. Eluard, however, left the movement in 1938 for political reasons. In the last war he served first in the army and, during the occupation period, was one of the most active of the resistance writers, under the pseudonym Jean du Haut. He died in Paris on November 18, 1952.

Eluard is a natural poet, and it may be only a coincidence that his best poems belong to the time when he was a surrealist. It is certain, however, that his technique was refined and sharpened and his development accelerated under this influence, and he remains their most important poet. His poetic activity extends over more than thirty years, and during that time he moved from a world of dreams and personal relationships to one of reality and impersonal fraternity. Eluard himself claimed that there was no break between his first and his last inspiration, between the poet who wrote *L'Amour la Poésie* and the man who wrote *Une Leçon de Morale*. While it may be true that the aspiration towards purity, the intense desire for communion, and the idealistic theme 'aimant l'amour' remained constant, yet the tone, the technique, and the audience changed— and poetically something was lost. The early poems have a freshness and an elemental simplicity that give to familiar objects the mystery and strangeness of a dream world, and to surprising images the immediacy of sense impressions. In the later poems, the verse has assumed a more conventional pattern. The words no longer evoke,

z

they affirm and state; and although Eluard deploys his rich imagery with an ease reminiscent of his surrealist past, the poems have lost some of their lightness and their power to set the imagination free. It is significant that the most moving passages are not those in which Eluard expresses his certitude of gain in the present or his confidence in the future, but those in which he expresses his sense of tragic personal loss in a world where dream and reality are no longer perceived as one. Eluard has written no long, sustained work, and even as a lyrical poet his work is repetitive and fragmentary. But no poet since Verlaine has written of love with his simple intensity, nor equalled the tenuous perfection of his style.

BIBLIOGRAPHY

Le Devoir et l'Inquiétude (1917); *Les animaux et leurs hommes, les hommes et leurs animaux* (1920); *Les Nécessitiés de la Vie et les Conséquences des Rêves* (1921); *Répétitions* (1922); *Les Malheurs des Immortels* (in collaboration with Max Ernst) (1922); *Mourir de ne pas mourir* (1924); *Capitale de la Douleur* (1926); *Les dessous d'une vie ou la pyramide humaine* (1926); *L'Amour la Poésie* (1929); *L'Immaculée Conception* (in collaboration with André Breton) (1930); *Ralentir Travaux* (in collaboration with André Breton and René Char) (1930); *La Vie Immédiate* (1932); *La Rose publique* (1934); *Facile* (1935); *Les Yeux Fertiles* (1936); *Les Mains Libres* (1937); *Cours Naturel* (1938); *Donner à Voir* (1939); *Chanson Complète* (1939); *Le Livre Ouvert* I (1940); *Le Livre Ouvert* II (1942); *Poésie et Verité 1942* (1942); *Poésie involontaire et Poésie intentionnelle* (1943); *Le Lit La Table* (1944); *Dignes de vivre* (1944); *Au Rendez-Vous Allemand* (1944); *Médieuses* (1944); *Doubles d'Ombre* (1945); *Lingères Légères* (1945); *Choix de Poèmes* (1946); *Poésie Ininterrompue* (1946); *Le Livre Ouvert* (1947); *A l'Intérieur de la vue* (1948); *Voir* (1948); *Poèmes Politiques* (1948); *Une Leçon de Morale* (1949); *Pouvoir tout dire* (1951); *Le Phénix* (1951); *Choix de poèmes* (1951); *Les Sentiers et les Routes de la Poésie* (1952); *Poèmes pour tous* (1952); *Derniers Poèmes d'Amour* (1963).

CONSULT

P. Emmanuel: *Le Je universel chez Paul Eluard* (GLM, 1948).

Suzanne Bernard: *Les poèmes d'Eluard* (in *Le Poème en Prose de Baudelaire jusqu'à nos jours*, Nizet, 1959).

L. Parrot and J. Marcenac: *Paul Eluard* (Seghers, 1961) (new edition, 1969).

Paul Eluard (*Europe*, No. 91–92, 1953; No. 403–404, 1962).

ANDRÉ BRETON (1896–1966)

André Breton was born on February 18, 1896 at Tinchebray in
Normandy. As a young man he was considerably influenced by
the early work of Valéry, particularly *La Soirée avec Monsieur Teste*,
and he dedicated to him one of the three poems whose publication
in *La Phalange* in 1914 launched his literary career. At that time
Breton was a medical student in Paris. At the beginning of the next
year he was attached as a psychiatrist to the Army Medical Corps
and, through his work in various hospitals for mental and nervous
diseases, became intensely interested in the doctrines of Freud (whom
he subsequently met in Vienna in 1921). Two other events at that time
were also to prove of special importance in Breton's development—
his meeting with Apollinaire who, he felt, embodied in the highest
degree the 'spirit of intellectual adventure', and that at Nantes in
1916 with Jacques Vaché, whose attitude to life was essentially what
was to become known as surrealistic. Breton himself said later that
he owed most to him, declaring 'Vaché est surréaliste en moi',
and it was undoubtedly his scoffing at 'le pohète' (*sic*) that
directed Breton away from literature into the strange activities
known as Surrealism. At the age of twenty-three he published *Mont
de Piété*, his first collection of poems which, while reminiscent of
Mallarmé, Valéry and Rimbaud, are already characterized by a sur-
realistic formlessness; and in the same year he founded, with Aragon
and Soupault, the monthly review ironically named *Littérature*. At
this time Breton was an ardent participator in the Dada movement
and when in 1921 it disintegrated, and the Surrealist movement
began, he became leader of the new group.   From this time
onwards the story of Breton's life became the story of Surrealism
(see pages xlii–xlv of the Introduction). Its first activities
consisted of experiments in psychic automatism, particularly as
manifested in hypnotically-induced sleep; but these gave way
to a period of more practical application after the appearance
in 1924 of Breton's first surrealist manifesto, and the foundation
of the movement's review *La Révolution Surréaliste*, later to be
known as *Le Surréalisme au Service de la Révolution*. Although
agreeing with the tenets of dialectical Marxism and expressing
willingness to co-operate with left-wing political groups, Breton
nevertheless declared in *Légitime Défense* (1926) his opposition

to any subordination to an official ideology—even Marxist—
and denounced as artificial the opposition between the objec-
tive and subjective worlds. For the Surrealists, Marx's 'transformer
le monde' and Rimbaud's 'changer la vie' were one and the
same command. The second manifesto, which appeared in 1930,
restated the surrealist faith in firmer terms—and excommuni-
cated several members. A more serious loss was to follow.
Aragon, after attending the Second International Congress
of Revolutionary Writers at Kharkov, returned to Paris a Com-
munist, and shortly afterwards left the movement of which he had
been a founder and a most valuable publicist. (He was followed in
1938 by Eluard). No further desertions occurred for the time being
and, with Breton holding the balance between its political and
spiritual tendencies, Surrealism entered on another phase in which its
revolutionary spirit found expression in more or less artistic forms—
in painting, sculpture, films, photography, as well as pamphlets,
novels and poetry. Breton travelled widely, giving lectures, organiz-
ing exhibitions, and maintaining liaison with surrealist groups
which had been formed in various parts of the world. L'Amour Fou,
a more lyrical expression of the surrealist faith, appeared in 1937,
after an International Surrealist Exhibition in London in 1936, and
preceding one in Paris in 1938. After the Paris exhibition, Breton
went to Mexico where he met the painter Diego Rivera and
Trotsky, with whom he founded the short-lived Fédération Inter-
nationale de l'Art Révolutionnaire Indépendant. He returned to
Paris, and on the outbreak of war was called up in the Medical
Corps. Towards the end of 1940, the humourless Vichy censorship
forbade the publication of his Anthologie de l'Humour Noir and his
poem Fata Morgana. In March 1941 Breton left France for America.
There he worked as a radio announcer for the 'Voice of America'
and continued his surrealist activities—founding the review VVV in
New York with Marcel Duchamp, Max Ernst and David Hare;
organizing surrealist exhibitions; lecturing to the students of Yale
University on the Situation du surréalisme entre les deux guerres; and
publishing a prose work, Arcane 17. He returned to Paris in 1946
and settled in Montmartre, where he lived until his death on Septem-
ber 28, 1966.

Although for the critics Surrealism may have become literary
history, for Breton it remained, to the end of his life, a vital force.
After his return to France he organized yet another exhibition;

published, among other things, an important poem, *Ode à Charles Fourier*; supported for a time Gary Davis, the first 'citizen of the world'; and was the first to declare publicly, in his pamphlet *Flagrant Délit*, that the *Chasse Spirituelle*, published in 1949, was *not* the lost work of Rimbaud. Whatever future critics may have to say about the Surrealist movement, they will no doubt agree that Breton, the only writer who remained tenaciously faithful to its doctrines, is both a significant and important writer, especially in prose. They will be forced to consider him on account of his novel, *Nadja*, and his manifestos; and more especially because of his power, if not to create great literature, at least to define and, at times, evoke the climate necessary for its growth.

BIBLIOGRAPHY

Mont de Piété (1919); *Les Champs Magnétiques*, in collaboration with Philippe Soupault (1921); *Clair de Terre* (1923); *Poisson Soluble* (1924); *Ralentir Travaux*, in collaboration with René Char and Paul Eluard (1930); *L'Immaculée Conception*, in collaboration with Paul Eluard (1930); *L'Union Libre* (1931); *Le Revolver à Cheveux Blancs* (1932); *Violette Nozières* (1933); *L'Air de L'Eau* (1934); *Pleine Marge* (1940); *Fata Morgana* (1940); *Les Etats Généraux* (1947); *Ode à Charles Fourier* (1947); *Poèmes* (1948) (contains most of the poems written between 1919 and 1948, and several unpublished ones written since 1935); *Constellations* (1959); *Poésie et autre* (1960).

CONSULT

M. Eigeldinger (Editor), *André Breton. Essais et Témoignages* (A la Baconnière, 1950).

F. Alquié: *Philosophie du Surréalisme* (Flammarion, 1955).

Anna Balakian: *Breton and the Surrealist mind* (in *Surrealism: the road to the absolute*, The Noonday Press, 1959).

C. Browder: *André Breton, Arbiter of Surrealism* (Droz, 1967).

André Breton 1896-1966 (*La Nouvelle Revue Française*, No. 172, 1967).

Ph. Audoin: *Breton* (Gallimard, 1970).

NOTES

Only the first piece, *Le Verbe Etre*, from *Le Revolver à Cheveux Blancs*, is given as a poem in Breton's *Poèmes*. The second, an extract from *Les Vases Communicants*, and the third, from *L'Amour Fou*, have been chosen because they seem closer to poetry than many surrealist 'poems'. They also succeed in expressing clearly, as well as lyrically, the fundamental simplicity of the surrealist attitude.

TRISTAN TZARA (1896–1963)

Tristan Tzara was born in Rumania on April 4, 1896. At the age of nineteen he went to Zurich, and in 1916 was one of the founders of the Dada movement (see pages xl–xlii of the Introduction). In July of the same year he published the first Dada manifesto, and *La Première Aventure Céleste de Monsieur Antipyrine*, his first work; in the following two years several more manifestos and his *Vingt-cinq Poèmes* appeared. From the outset the Dadaists were in touch with French writers and artists, and Tzara himself had contributed to the Paris reviews. When he went to the French capital at the end of 1919 he was already well known and, with Breton, Aragon, Eluard, Picabia, Hans Arp and others, he organized a number of tumultuous Dada demonstrations. A year later Breton broke with Tzara and, in 1921, formed the Surrealist group. Although Tzara made several attempts at reconciliation, it was not until 1929 that he joined the group, marking the occasion by the publication of a section of his long poem, *L'Homme Approximatif*, in their review *La Révolution Surréaliste*. He remained with the Surrealists, taking part in all their activities, until 1934, when he left them for political reasons. From 1934 until 1939, he was active in various political organizations in both France and Spain for the 'defence of culture' and, during the war, he was engaged in the resistance movement in the south of France. Immediately after the Liberation, he worked for a year in an official capacity at Toulouse. After that he published several volumes of poetry; wrote a dramatic poem in four acts, *La Fuite*, which was produced in Paris in 1946; published *Le Surréalisme et l'Après-Guerre* (the text of an important lecture which he gave at the Sorbonne in 1947); and travelled all over Europe lecturing on poetry. He died in Paris on December 24, 1963.

Tzara's early works are of little interest to-day except as examples of what he himself called the 'anarchical, unproductive revolt of Dada', and as such they are of more interest to the psychologist than to the literary critic. After the disintegration of the Dada movement, however, he wrote between 1925 and 1930 *L'Homme*

Approximatif, a work on an epic scale, in which the urge to self-expression—intentionally and systematically stifled in previous works—erupts in a lava-like flow of images. The inspiration, as in the early works, is almost entirely verbal and of an obsessional nature, as is shown by the recurring images and rhythms. In occasional passages, however, the general theme of 'approximate' man's striving for completion is conveyed vividly and with a certain moving grandeur. After 1939 Tzara evolved towards what he termed a 'humanistic' poetry; his work became more disciplined and more closely related to actual events but, in gaining coherence and clarity, it lost the fervour of an essentially Romantic revolt. *Terre sur Terre* and subsequent volumes reveal the difficulty he found in building durable works on the ruins of his nihilistic past. Tzara's position as a poet, even when judged by his most important work, *L'Homme Approximatif*, is uncertain but, as the moving spirit of the Dada movement, his place in the history of French literature is assured.

BIBLIOGRAPHY

La Première Aventure Céleste de Monsieur Antipyrine (1916); *Vingt-Cinq Poèmes* (1918); *Cinéma Calendrier du Cœur Abstrait* and *Maisons* (1920); *De Nos Oiseaux* (1923); *Mouchoir de Nuages* (1925); *Indicateur des Chemins de Cœur* (1928); *L'Arbre des Voyageurs* (1930); *L'Homme Approximatif* (1931); *Où Boivent les Loups* (1932); *L'Antitête* (1933); *Grains et Issues* (1935); *La Main Passe* (1935); *La Deuxième Aventure Céleste de Monsieur Antipyrine* (1938); *Midis Gagnés* (1939); *Entre-Temps* (1946): *Le Signe de Vie* (1946); *Le Cœur à Gaz* (1946); *Terre sur Terre* (1946); *La Fuite* (1947); *Morceaux Choisis* (1947); *Phases* (1949); *De Mémoire d'Homme* (1949); *Le Poids du Monde* (1951); *La Face Intérieure* (1953); *De la Coupe aux Lèvres* (1962) (Selection of poems written between 1939 and 1962).

CONSULT

R. Lacôte and G. Haldas: *Tristan Tzara* (Seghers, 1961).

LOUIS ARAGON (1897-   )

Aragon was born in Paris in 1897. After a general education he became a medical student and, in the 1914–1918 war, served in the Medical Corps. His career after the armistice reflects faithfully the literary and social conflicts of the period between the two wars.

He took part in the Dada activities and, in 1921, with Breton and Eluard, was one of the initiators of the Surrealist movement. Although his first volumes of poetry date from this time, it was as the talented publicist and pamphleteer of Surrealism that he wrote his most significant works—*Anicet* (1921) and *Le Paysan de Paris* (1926). After attending an International Congress of Revolutionary Writers at Kharkov in 1930, he returned to France a Communist and published the frenzied poem *Front Rouge.* The sentiments expressed in it led to his being prosecuted and sentenced to five years' imprisonment, but as a result of agitation, chiefly by the Surrealists, the sentence was suspended. Aragon nevertheless broke with the movement and turned to journalism, politics and novel-writing. In 1934 he published *Les Cloches de Bâle*, the first of a series of social novels under the general title *Le Monde Réel*, but apart from *Hourra l'Oural*, a simple song to Soviet Russia, which appeared the same year, he wrote no more poetry until 1939. On the outbreak of war Aragon was called up for service, again in the Medical Corps; and it was during the inactive months at the beginning of the war, and in the anguished months that followed the armistice, that he wrote the poems published two years later in the *Crève-Cœur*. From May 1940 until the Franco-German armistice he was with a division fighting in the front line, and the courage of his exploits at this time won him three distinguished decorations from the French Government. During the whole of the occupation period Aragon was active in the resistance movement, writing under the pseudonyms François la Colère, Georges Meyzargues and others; and organizing with his wife Elsa Triolet resistance work among writers in both zones of France. After *Les Yeux d'Elsa*, published in Switzerland in 1942, he turned from his twin themes of patriotism and love to attack, in *Le Musée Grévin* (1943), the wax figures of the Vichy collaborationists. *La Diane Française*, a collection of poems written clandestinely, appeared in 1945. In *Le Nouveau Crève-Cœur* (1948), Aragon writes as a political poet attacking the forces of reaction.

Le Crève-Cœur is Aragon's best-known volume of poetry. It had an immediate success not only in France but also in this country, when a reprint was made in 1942 from a copy that had been smuggled out of France. The conditions that inspired it gave it an importance which had little to do with its merits as literature, and which has not survived the passage of time. It was a too immediate, too facile reaction to events, a record of the confused feelings and thoughts which many were then experiencing; and what, on its first publication, appeared to be memorable expressions of universal and heightened emotions, are now seen as sentimental clichés and vague images, mixed with deliberate borrowings from numerous writers, especially Apollinaire. A critic (who admires Aragon's work) has written: 'Aragon colle au temps, à l'instant, à l'époque. Aragon n'est pas fabriquant (*sic*) d'objets pour demain, mais d'outils pour aujourd'-hui... Aragon, désinvoltement, accepte d'être mortel et d'écrire pour ses semblables...' But the fellow-creatures for whom he writes have ʾchanged, and in *Le Nouveau Crève-Cœur* Aragon is writing for another audience and against other enemies. He has, in fact, remained a pamphleteer, and has shown considerable skill at every stage in his development—as a surrealist, a political poet, a war poet—in reproducing the climate of his time. He has never been interested in the qualities that give poetry an enduring value; he is concerned only with those that make it an effective weapon, and so he has brought no new, personal contribution to French poetry. *Air du Temps*, the title of the first—surrealist—poem in this selection, might well describe the whole of his poetic work. If, however, Aragon has been over-valued as a poet, he has been insufficiently recognized as a novelist.

BIBLIOGRAPHY

Feu de Joie (1919); *Le Mouvement Perpétuel* (1925); *La Grande Gaîté* (1929); *Persécuté Persécuteur* (1931); *Hourra l'Oural* (1934); *Le Crève-Cœur* (1941); *Cantique à Elsa* (1942); *Les Yeux d'Elsa* (1942); *Brocéliande* (1943); *Le Musée Grévin* (1943); *En Français dans le texte* (1943); *France, Ecoute* (1944); *La Diane Française* (1945); *Le Nouveau Crève-Cœur* (1948); *Mes Caravanes* (1954); *Les Yeux et la Mémoire* (1954); *Le Roman Inachevé* (1956); *Elsa* (1959); *Les Poètes* (1960); *Le Fou d'Elsa* (1963); *Le Voyage de Hollande* (1964); *Il ne m'est Paris que d'Elsa* (1964); *Elégie à Pablo Neruda* (1966); *Les Chambres* (1969).

CONSULT

C. Roy: *Aragon* (Seghers, 1945).

R. Garaudy: *L'Itinéraire d'Aragon* (Gallimard, 1961).

G. Sadoul: *Aragon* (Seghers, 1967).

NOTES

Le Musée Grévin

The extract given consists of stanzas 6, 10–12, 14–16, and the concluding seven stanzas.

line 3 : *éclisses*: splinters of wood. Like *palefroi*, line 6, this word was first used in *La Chanson de Roland*, a work which Aragon studied when he wrote *Le Musée Grévin*. By combining an archaic with a modern idiom he sought here, as in many poems of *Le Crève-Coeur*, to infuse into his work something of the heroic atmosphere and epic grandeur of the *Chansons de Geste*. But even if, as Aragon declared, 'l'épopée est toujours poésie de circonstance', the contrary is not always true.

HENRI MICHAUX (1899-   )

The only facts known about Henri Michaux are to be found in his own preface to *Peintures*: 'Né le 24 mai 1899. Belge, de Paris. Aime les fugues. Matelot à 21 ans. Atlantique Nord et Sud. Rapatrié malade. Plus tard, voyages en Amazonie, en Equateur, aux Indes, en Chine'. When asked for more details he added: 'D'échec en échec, il finit par échouer dans la littérature, où il reste très maladroit. Enfin il se met à peindre, pour tenter de mieux voir, ou pour mettre une nouvelle distance entre soi et la satisfaction. Date de sa mort? — il parie pour 1952'.[1]

This pessimism, almost irresponsibly expressed, is a real one and is characteristic of the poet. 'Impuissance, puissance des autres' is the theme of his work. He is constantly aware of man's weakness and insignificance in the face of an increasingly hostile environment and, at the same time, of his essential tenacity and courage. Michaux not only explores the implications of the conflict between the individual and modern society, he also attempts to exorcize man's plight, through poetry. *Exorcize* is a key-word for the understanding of his poetry, for he believes that only in this way can he keep at bay 'les puissances environnantes du monde hostile'.

This belief gives his work coherence, vitality, tension and an original, authentic quality. At the same time, one suspects that there is, alongside this positive wish to resolve personal conflicts, an equally positive wish to maintain and prolong them. Michaux in fact appears to introduce unnecessary complications into his inner world so that he will always have something there to exorcize. He is unwilling to relinquish the ritualistic pleasures of *La Séance de Sac*; for, despite the virtues of his work, he has not been able to escape from some of the limitations common to poets who live in an age where poetry can no longer be a communication with a responsive public and has

[1] In a letter to C. A. Hackett.

become instead, to a large extent, a private experience. His drawings, paintings, *gouaches*, and lithographs (for Michaux is an artist of some distinction) repeat the 'voyages en soi' of his poetry, as though he were seeking by these fresh media a more effective means of exorcizing the demons of the unconscious—and a more effective means of preserving them.

All Michaux's work bears out his affirmation in the postscript to *Mes Propriétés*: 'Rien de l'imagination volontaire des professionnels. Ni thèmes, ni développements, ni construction, ni méthode. Au contraire, la seule imagination de l'impuissance à se conformer'. *Emportez-moi* is the nearest he comes to writing a conventional poem; and, in his prose poems, the form, determined only by the need for a forceful immediacy of expression, varies from the carefully constructed pattern of *Chant de Mort* to the intentional shapelessness of *Clown*. His technique, in whatever medium, is unorthodox; he has never belonged to any school of writers and is one of the most original of contemporary French poets.

BIBLIOGRAPHY

Qui je fus (1927); *Ecuador* (1929); *Mes Propriétés* (1929); *Un Certain Plume* (1930); *Un Barbare en Asie* (1933); *La Nuit remue* (1935); *Voyage en Grande Garabagne* (1936); *Entre centre et absence* (1936); *Plume* précédé de *Lointain Intérieur* (1937); *Sifflets dans le Temple* (1938); *Peintures* (1939); *Au Pays de la Magie* (1941); *Arbres des Tropiques* (1942); *Exorcismes* (1943); *L'Espace du Dedans* (1944); *Labyrinthes* (1944); *Le Lobe des Monstres* (1944); *Epreuves, Exorcismes* (1945); *Liberté d'Action* (1945); *Apparitions* (1946); *Ici, Poddema* (1946); *Ailleurs* (1948); *Meidosems* (1948); *Nous deux encore* (1948); *Poésie pour Pouvoir* (1949); *La Vie dans les Plis* (1949); *Passages* (1950); *Nouvelles de l'Etranger* (1952); *Face aux Verrous* (1954); *Misérable Miracle* (1956); *Quatre Cents Hommes en Croix* (1956); *L'Infini Turbulent* (1957); *Paix dans les Brisements* (1959); *Connaissance par les Gouffres* (1961); *Vents et Poussières* (1962); *Passages* (new, enlarged edition) (1963); *L'Espace du Dedans* (new, enlarged edition) (1966); *Les Grandes Epreuves de l'Esprit* (1966); *Vers la Complétude* (1967); *Façons d'endormi, façons d'éveillé* (1969)

CONSULT

R. Bertelé: *Henri Michaux* (Seghers, 1946) (New edition, 1969).
R. Bréchon: *Michaux* (Gallimard, 1959) (New edition, 1969).
H. Bellour: *Henri Michaux ou Une Mesure de l'Etre* (Gallimard, 1965).
Henri Michaux (*L'Herne*, No. 8, 1966).

NOTES

Emportez-moi

Compare Baudelaire's *Le Goût du Néant* (p. 7); and also *Mœsta et Errabunda*:

> Emporte-moi, wagon! enlève-moi, frégate!
> Loin! Loin! ...

Chant de Mort

Extract from *Plume précédé de Lointain Intérieur*. Plume, the 'hero' of this book, is a diminutive figure both imaginary and autobiographical. He is as insubstantial as his name and is at the mercy of every breath of external life. Through him Michaux expresses the helplessness and also the courage of the individual in the modern world.

Clown

An unusual treatment of the theme—the poet as clown—which has been the subject of many poems since Banville's *Odes funambulesques* (1857).

line 20: *trouille*: (slang) fear, funk.

La Séance de Sac

The first poem in *Liberté d'Action*: an amusing and ironical illustration of this liberty and of the poet's powers of 'exorcisme'.

line 34: *raseuses*: (slang) bores.

Voici qu'est venue l'Epoque dure

An extract from *Chant dans le Labyrinthe* (one of the most interesting poems published in France during the war) from the volume *Labyrinthes*, first published, with illustrations by the author, in 1944. This same passage appeared the next year as *Chant Vingtième* and *Chant Vingt-et-unième* of *La Marche dans le Tunnel* in the volume *Epreuves, Exorcismes*.

L'incroyable, le désir désespérément

An extract from *L'Infini Turbulent*, a text which Michaux wrote as a result of his experiments with mescalin. But these experiments only gave him, as he said, an 'infini mal mérité', and (to quote the title of the first of the mescalin texts) a *Misérable miracle*. He has since rejected the use of drugs, and for precisely the same reasons, esthetic and moral, that made Baudelaire condemn his *Paradis artificiels*.

JACQUES PRÉVERT (1900–   )

Prévert was born in Paris (Neuilly-sur-Seine) in 1900, of a Breton father and an Auvergnan mother. In his youth he appears to have been a Jack-of-all-trades, and although he was one of the Surrealist group from 1926–1929, little was heard of him until the publication in 1931 in the review *Commerce* of his famous *Tentative de Description d'un Dîner de Têtes à Paris-France*, a long story-poem, bitter, satirical, surrealistic, considered by many critics to be his best work. A year later he wrote and made with his brother Pierre his first film *L'Affaire est dans le Sac*. Since then he has written constantly—not only poems and stories, but film scripts and dialogues, the best-known of which (including *Quai des Brumes, Le Jour se Lève* and *Les Enfants du Paradis*) were made during his long partnership with the director Marcel Carné. It was not until 1946 that a collected edition of his poetry, *Paroles*, was published. 'Collected', in his case, has more than the usual meaning, for it required the zeal of a true 'collector', René Bertelé, to trace these poems in old newspapers and reviews, and to recover them from friends and acquaintances for whom they had been casually scribbled on the backs of envelopes or on the paper table-cloths in Parisian cafés. *Paroles* overnight became a best-seller and Prévert's poems were read and quoted in all circles in Paris, sung to the nostalgic melodies of Kosma in the music-halls of Montparnasse, and recited in the student night-clubs of St.-Germain-des-Prês.

Prévert's widespread popularity is not difficult to understand. His themes are the ordinary, yet extraordinary, events, objects and people of everyday life, and his emotions are those common to all poetry—love, hope, pity, despair, joy and anger. He has maintained consistently the attitude he assumed in the *Dîner de Têtes*, when he attacked violently the powerful institutions of the world—the rulers, the industrialists, the war-mongers, the Academicians—and spoke for:

'ceux qu'on engage, qu'on remercie, qu'on augmente, qu'on diminue, qu'on manipule, qu'on fouille, qu'on assomme'.

His technique is highly personal—verbal photographs and inventories—yet it is at the same time reminiscent, in its brilliant juxtapositions, of the surrealist device of 'collage', but with words

312 ANTHOLOGY OF MODERN FRENCH POETRY

instead of objects. His language has the familiarity and occasionally the vigour of popular, speech; his poems are immediately comprehensible and, as their title indicates, are meant to be spoken. It would be false, however, to conclude as many critics have done, that for this reason Prévert is one of the last representatives of a tradition of oral folk-poetry. This suggests a greatness that he himself would be the first to disclaim. Great poetry, while related to the spoken word, is something more than the spoken word. Prévert is sincere both when he speaks *for* certain elementary human decencies and when he speaks *against* all those who threaten to destroy them. But his feelings are instinctive, crude reactions to the complexity of experience; his 'realism' an escape from, not an acceptance of life. His language, although direct, never achieves the simple, memorable intensity of great poetry. There is more penetration in this one line of *Une Saison en Enfer*—'Infirmes et vieillards sont tellement respectables qu'ils demandent à être bouillis'—than in the fifteen pages of *Dîner de Têtes*. Such a comparison may seem unfair, but it indicates some of the limitations of even Prévert's best work.

BIBLIOGRAPHY

Souvenirs de Famille ou l'Ange Garde-Chiourme (1930); *Tentative de Description d'un Dîner de Têtes à Paris-France* (1931); *La Crosse en l'Air* (1936); *C'est à Saint-Paul de Vence* (preface to *Souvenirs du Présent* by André Verdet) (1945); *Paroles* (first collected edition) (1946); *Le Cheval de Trois* (Poems by Prévert, André Verdet and André Virel) (1946); *Histoires* (Poems by Prévert and André Verdet) (1946); *Contes* (1947); *Paroles* (new, revised edition) (1947); *Spectacle* (1951); *Grand Bal du printemps* (1951); *Vignette pour les Vignerons* (1951); *Charmes de Londres* (1952); *Tour de Chant* (1953); *Lumières d'hommes* (1955); *La Pluie et le Beau Temps* (1955).

CONSULT

G. Picon: *Une Poésie Populaire* (*Confluences*, No. 10, March 1946).
H. Hell: *Poètes de ce Temps* (*Fontaine*, No. 57, January, 1947).
J. Quéval: *Jacques Prévert* (Mercure de France, 1955).

NOTES

Complainte de Vincent

In this poem about Van Gogh's madness, Prévert achieves an intensity unusual in the poems of *Paroles*.

line 3: *phosphore*: here, the word has also its original meaning of 'light-bringer'.

line 12: *son absurde présent*: Van Gogh's own ear which he cut off during a fit of madness on Christmas night, 1888. (Hence, 'roi mage' in the preceding line.)

line 29: *ce rouge si rouge*: a similar repetition occurs in Van Gogh's own writings: 'J'ai une troisième étude maintenant, d'un paysage avec usine et un soleil énorme dans un ciel rouge au-dessus des toits rouges, où la nature semble être en colère un jour de mistral méchant'. (Letter to his brother Théo, September 10, 1888).

ROBERT DESNOS (1900–1945)

Robert Desnos was born in Paris on July 4, 1900, and was educated at an elementary school and later at the lycée Turgot. When he left the lycée he did a number of clerical jobs and then decided to become a journalist. He began by writing the literary column of *Paris-Soir*, but this work was interrupted by his military service in Morocco. In 1922, during a period of leave in Paris, he met Aragon and Breton, and joined the Surrealist movement in which he was an active member for eight years. From 1930 until 1939, Desnos again worked as a free-lance journalist and also as a script-writer for the radio. During the Occupation he joined the resistance movement, and on February 22, 1944, was arrested by the Gestapo. He was imprisoned in France, and later in concentration camps in Germany and, when the war ended, he was in an international ghetto established by the Germans at Terezin in Czecho-Slovakia. He died there of hunger and typhus on June 8, 1945, about a month after the liberation of the camp. His ashes were brought by a delegation of Czech writers and poets to Paris where civil and religious ceremonies were held to honour his memory.

Desnos, more than most followers of the Surrealist movement, seems to have obeyed its leader's command 'Lâchez tout!...Partez sur les routes...' His obedience to this order explains to some extent the small amount of his written work, and the free-lance nature of his life bears witness to his endeavour to live as well as to write 'surrealistically'. In spite of this he was 'excommunicated' in 1930 by Breton, during one of the movement's many crises; yet at almost the same time, in the *Second Manifeste du Surréalisme* (1930) Breton declares: 'A l'encontre de nos premiers compagnons de route que nous n'avons jamais songé à retenir, Desnos a joué dans le surréalisme un rôle nécessaire, inoubliable...' This reference is to the part played by Desnos in the early days of the movement—in what might be called its laboratory stage—when the Surrealists were experimenting in automatic writing and in the possibility of producing 'poems' during a state of hypnosis. Desnos had, apparently, proved a perfect medium. Much of his poetry, with its obsessional repetition of words and rhythms, its free associations and verbal virtuosity, does in fact possess a certain 'hypnotic' quality. Yet in spite of this, one cannot help feeling that this poetry, like most surrealist writing, is not what it claims to be—spontaneous—but is essentially the product of a conscious, even cerebral, activity. The volume *Corps et Biens*, published in 1930, contains all ͻhe poems written between 1919 and 1930, the period during which Desnos was a Surrealist. These poems are almost Romantic in their simple lyricism, but a certain tension is achieved by the unusual images and their power to evoke wonder from banalities and ordinary objects, qualities which Desnos undoubtedly owed to his contact with Surrealism. After he left the movement, he attempted to write poetry with a more popular appeal, and this development naturally became more pronounced during the Occupation when he published many poems under the pseudonyms Valentin Guillois and Cancale. But this poetry, however valuable it was at the time, will not last, and Desnos will be remembered chiefly by his early volume, *Corps et Biens*.

BIBLIOGRAPHY

Deuil pour Deuil (1924): *C'est les Bottes de Sept Lieues cette Phrase: 'Je me vois'* (1926); *La Liberté ou L'Amour* (1927); *The Night of Loveless Nights* (1930); *Corps et Biens* (1930); *Les Sans Cou* (1934); *Fortunes* (1942); *Etat de Veille* (1943); *Contrée* (1944); *Le Bain avec Andromède* (1944); *30 Chantefables pour les Enfants Sages* (1944); *Choix de Poèmes* (1946); *Les Regrets de Paris* (1947); *Chantefables et Chantefleurs* (1955); *Calixto* suivi de *Contrée* (1962).

CONSULT

G. Hugnet: Preface to *Choix de Poèmes* (Editions de Minuit, 1946).

T. Fraenkel and S. Simon: *Biographie de Robert Desnos* (*Critique*, Nos. 3–4, August-September, 1946).

Robert Desnos (*Simoun*, Nos. 22–23, 1956).

NOTES

La Fourmi

From *30 Chantefables pour les Enfants Sages*. These are reminiscent of the *Bestiaire* of Apollinaire to whom Desnos clearly owes much. According to Pierre Berger in his book *Robert Desnos* (Seghers, 1949). Desnos wrote two other works for children which have not yet been published: *La Ménagerie de Tristan* and *Le Parterre de Hyacinthe*.

RAYMOND QUENEAU (1903–   )

In the opening lines of his verse-novel *Chêne et Chien*, Queneau declares:

> Je naquis au Havre un vingt et un février
> en mil neuf cent et trois
> ma mère était mercière et mon père mercier
> ils trépignaient de joie.

He was educated in his native town and, after obtaining his *licence* in philosophy, he did various odd jobs before deciding to become a writer. In 1924 he joined the Surrealist movement and contributed several articles, chiefly texts produced by the so-called automatic writing, and accounts of dreams, to their periodical *La Révolution Surréaliste*. In 1927, he wrote on behalf of the entire Surrealist group the famous pamphlet *Permettez!*—a violent protest to the notables of the Ardennes on the occasion of the unveiling of a statue of Rimbaud, who had mercilessly attacked all that they and their town of Charleville represented, and whom they had never understood.[1] After having been an active member of the Surrealist movement for six years, Queneau, with many other writers, left it in 1930. It was not until 1933 that he wrote his first novel, *Le Chiendent*, which was very well received by a limited public, and which marked the beginning of his 'official' literary career. His succeeding novels—about seven in all—have made him known to a much wider French public, and to a growing English one through translation. Queneau now holds the position of Literary Director of the publishing firm of Gallimard.

[1] The text of this tract, which was distributed at the ceremony on October 23, 1927, in the station square, Charleville, is published in *Petite Anthologie poétique du Surréalisme* (Editions Jeanne Bucher, 1934) and in *Documents Surréalistes* (Editions du Seuil, 1948).

AA

Queneau is in some respects a precursor of the Existentialists. His work, both prose and poetry, shows—several years before Sartre had written *L'Etre et le Néant*—a similar preoccupation with man's situation in a world which appears fundamentally meaningless. The most trivial elements of modern life, set against a background of silence, absence, nothingness, form the substance of his poetry. His evocation of the contemporary waste-land resembles, to a certain extent, that of Michaux and Frénaud, but the cynical mock-heroic attitude which gives his work its special flavour, and has characterized him since *Chêne et Chien*, prevents it from having their sincerity and emotional urgency. Queneau's poetry has, however, considerable verve; but this is obtained more by style, or rather stylistic devices, especially enumeration and repetition, than by vitality of feeling. He is essentially—and almost exclusively—an experimenter with language, and *Exercices de Style* (1947), in which he relates in ninety-nine different ways a totally insignificant incident, has already become an amusing linguistic classic. But such experiments, when deprived, as by their nature they must be, of any real feeling, have not helped his poetry. *Les Ziaux*, his first collection of poems, remains his best.

BIBLIOGRAPHY

Chêne et Chien (roman en vers) (1937); *Les Ziaux* (1943); *Bucoliques* (1947); *l'Instant Fatal* (1948); *Petite Cosmogonie Portative* (1950); *Si tu t'imagines* (1952); *Le Chien à la Mandoline* (1958); *Sonnets* (1958); *Cent mille milliards de poèmes* (1961); *Courir les rues* (1967); *Battre la campagne* (1968); *Fendre les flots* (1969).

CONSULT

J. Quéval: *Essai sur Raymond Queneau* (Seghers, 1960).
Andrée Bergens: *Raymond Queneau* (Droz, 1963).

NOTES

Sourde est la nuit

Compare Eluard's *Je te l'ai dit pour les nuages* (page 144).

This poem, like the following one, is taken from *Les Ziaux*, a collection of poems published in 1943, though some of them were written as early as 1920. The volume is named after the last poem in the collection, by combining phonetically *les yeux* and *les eaux*—a typical Queneauism.

L'Explication des Métaphores

This poem is an interesting experiment in the use of a strictly orthodox verse form and metre to express an essentially 'modern' attitude. There is in it more seriousness of feeling than is customary in Queneau's work, but there is also a caricature of feeling, for the poet's main interest clearly lies in the effects to be obtained by the use —and the deliberate misuse—of rhetorical devices.

RENÉ CHAR (1907-   )

René Char was born on June 4, 1907, at L'Isle-sur-Sorgue in the Vaucluse and, apart from travel in Spain and North Africa during his youth, he has spent most of his life in his native Provence. He began to write poetry at the age of seventeen, and in 1929 became a Surrealist, remaining with the group until 1937. During the last war he was in the resistance movement as leader of the Céreste maquis, and was subsequently, as 'Capitaine Alexandre', in charge of a parachute reception unit. Since 1945 he has lived partly in Paris, and partly in L'Isle-sur-Sorgue which has inspired so much of his poetry.

Char had been writing poetry for five years before his first volume, *Arsenal* appeared in 1929. The following year he published *Artine*, generally considered one of the 'classics' of Surrealism, and, in collaboration with Breton and Eluard, *Ralentir Travaux*. His surrealist apprenticeship ended with a volume significantly called *Le Marteau sans Maître*, which contained all his poems up to 1934. This early work was frequently precious and obscure, and too often consisted of a series of poetic statements about poetry—but the statements had a firm, aphoristic quality which distinguished them from the diffuse automatic writing practised by other Surrealists, and an undeniable vitality of feeling which suggested the possibility of future development. This development has been achieved not by exchanging, as many Surrealists did, one extreme point of view for another, but by reinterpreting Surrealism in the light of practical experience. Between 1937 when he left the movement and 1939, Char published four volumes of poetry which, in theme and style, marked an important stage in his development away from Surrealism. His evolution was greatly influenced by his resistance work, and, during 1940–1944, he completed *Seuls Demeurent*, which contains some of the few poems that have survived the war period; and wrote *Feuillets d'Hypnos*, a poetic diary directly inspired by his

AA*

experiences in the maquis. It is no mere coincidence that this, his most realistic work, should bear an eminently surrealistic title and be directly related to the first poem of his first volume. Its preface affirms, as it sums up his present position, this double aspect of a continuous evolution: 'Ces notes marquent la résistance d'un humanisme conscient de ses devoirs, discret sur ses vertus, désirant réserver *l'inaccessible* champ libre à la fantaisie de ses soleils, et décidé à payer le *prix* pour cela'.

René Char has, in fact, both developed beyond his literary origins and remained faithful to them. His recent work is still marked by some of the obscurity of his first manner, but the obscurity is now that of a poet who is seeking to communicate complex and intense feelings rather than that of a poet who is merely reflecting on the nature of poetry. His most important work—much of which is contained in *Poèmes et Prose Choisis*—shows that he has fulfilled the promise announced in his early volume *Abondance Viendra*. René Char was almost unknown before the war; to-day he is recognized as one of the most significant of contemporary French poets.

BIBLIOGRAPHY

Arsenal (1929); *Le Tombeau des Secrets* (1930); *Ralentir Travaux* (in collaboration with André Breton and Paul Eluard) (1930); *Artine* (1930); *L'Action de la Justice est éteinte* (1931); *Le Marteau sans Maître* (1934); *Moulin Premier* (1936); *Placard pour un Chemin des Ecoliers* (1937); *Dehors la Nuit est Gouvernée* (1938); *Le Visage Nuptial* (1938); *Seuls Demeurent* (1945); *Feuillets d'Hypnos* (1946); *Premières Alluvions* (1946); *Le Poème pulvérisé* (1947); *Fureur et Mystère* (1948); *Les Matinaux* (1950); *A Une Sérénité Crispée* (1951); *La paroi et la prairie* (1952); *Lettera amorosa* (1953); *Arrière-Histoire du Poème Pulvérisé* (1953); *Recherche de la Base et du Sommet* suivi de *Pauvreté et Privilège* (1955); *Poèmes des Deux Années* (1955); *En Trente Trois Morceaux* (1956); *La Bibliothèque est en Feu* et *Autres Poèmes* (1957); *Poèmes et Prose Choisis* (1957); *Anthologie* (1960); *La Parole en Archipel* (1962); *Poèmes et Prose Choisis* (new edition) (1963); *Commune Présence* (1964); *L'Age Cassant* (1965); *Retour Amount* (1966); *Trois coups sous les arbres* (1967); *Dans la pluie giboyeuse* (1968).

CONSULT

G. Mounin: *Avez-vous lu Char?* (Gallimard, 1946).
Greta Rau: *René Char* (Corti, 1957).
P. Guerre: *René Char* (Seghers, 1961).

René Char (*L'Arc*, No. 22, 1963).

Virginia A. La Charité: *The Poetics and the Poetry of René Char* (University of North Carolina Press, 1968).

NOTES

Compagnie de l'Ecolière

The volume from which this poem is taken is dedicated to the children killed in air-raids during the Spanish Civil War. Characteristically, Char's protest takes the form of an affirmation of his belief in life and in the world of children.

line 2: Cf. the expression 'le chemin des écoliers' meaning 'the roundabout way'.

GUILLEVIC (1907–   )

Guillevic was born on August 5, 1907, at Carnac in Brittany. He was educated at Saint-Jean-Brevelay and later, when the family moved to Alsace, at the Collège of Altkirch. He settled in Paris in 1935, and most of his adult life has been spent as a Civil Servant in various ministries of the French government. At the end of 1942, he became a member of the Comité National des Écrivains, and during the occupation period he published poetry under the pseudonym Serpières.

Guillevic's work is slight and all his poems are extremely short. His first volume, *Terraqué*, published in 1942, showed great promise and offered a welcome change from the diffuse lyricism of much modern poetry. Shortly after its appearance, Max Jacob, another Breton, wrote in a letter to Cocteau (June 24, 1943): 'J'aime aussi Guillevic parce que ça ne ressemble pas à la petite plaquette quotidienne où il est question des mains de l'auteur, des livres peints ou non, d'automne, de caves et d'horizons'. The poems of *Terraqué* are in fact a series of still-life miniatures in which objects, by being presented in isolation, are given an unusual, mysterious quality. Through a few brief intense utterances, Guillevic succeeds in communicating his feeling that the material world is both a silent witness to the drama of our existence and a participator in it. This theme is suggested rather than developed and the inspiration, although concentrated, is limited; a weakness which becomes more evident in some of the subsequent volumes where his original poetic formula, to which he remains faithful, proves inadequate to contain his vast, new subject—the struggle between the exploited and the exploiters. In *Gagner* and *Trente et un Sonnets* (Préface de Aragon), for example, the poems have, with few exceptions, lost the virtues of their brevity; they are no longer the concise expression of personal feeling, but have become the formulae of a political creed. In *Carnac* and *Sphère*, however, Guillevic has returned for inspiration to the Breton world of *Terraqué* (and also to the poetry of Eluard), and his work, though now less profound and mysterious, has regained some of its previous force and vitality.

BIBLIOGRAPHY

Terraqué (1942); *Exécutoire* (1947); *Gagner* (1949); *Les Chansons d'Antonin Blond* (1949); *Envie de Vivre* (1951); *Terre à Bonheur* (1952); *Trente et un Sonnets* (1954); *Carnac* (1961); *Sphère* (1963); *Avec* (1966); *Euclidiennes* (1967), *Ville* (1969).

CONSULT

P. Daix: *Guillevic* (Seghers, 1954).

ANDRÉ FRÉNAUD (1907-   )

Frénaud was born in 1907 at Montceau-les-Mines in Burgundy, and there is something of the savour of this region in his speech and poetry. After studying philosophy and law, he entered the Civil Service. In the last war he served as a private soldier and was a prisoner for two years at Luckenwalde, where he wrote some of the poems by which he first become known in France. In 1942, *Les Rois-Mages* and the *Plainte du Roi-Mage* appeared in the fourth number of *Poésie 42* with a foreword by Georges Meyzargues (one of the names used during the Occupation by Aragon), and the following year three further poems—*Brandebourg*, *L'Avenir* and *La Route*— were included in an anthology entitled *Poètes Prisonniers*. These three poems had, on a necessarily limited public, an immediate impact both for their own sake and for their 'resistance' value, and when, towards the end of the war, all his poetry, from 1938 to 1942, appeared in one volume, Frénaud became one of the most discussed of the younger French poets. After his release from Germany, he returned to Paris and to his work as a Civil Servant in the French Ministry of Public Works. He is the antithesis of the typical Civil Servant and, apart from the fact that he has travelled with immense zest over most of Europe, it is difficult to realize that his daily work is concerned with railways. His real interests are in the spiritual adventures of poetry and painting.

Frénaud's work ranges from short songs to long narrative poems written in a robust, yet tender, language which Eluard, in his preface to *Les Mystères de Paris*, has described as 'de quatre saisons, il gèle, il bourgeonne, il s'enroue, il s'enflamme'. His poetry contains no philosophical or religious "message". As with so many poets of our time, he is engaged in a search for a valid meaning in life—a theme which is given extended treatment in the two narrative poems, *Les Rois-Mages* and *Plainte du Roi-Mage*. Like the wise men of his poems, Frénaud is driven on by a blind vitality, and in the end is forced to discover that the star and the reason for hope are to be found only in man himself. The quest invariably ends in disillusionment, but never in passivity and despair, and his poetry never becomes purely negative. Frénaud, like the painters—Dubuffet, Villon, Bazaine, Fautrier, and Ubac—who have illustrated his work, forces beauty from the very sordidness of his environment and, with complete integrity, he gives us a stoical commentary on his own searchings in a personal, human adventure. Frénaud is still experimenting and in recent work he has extended and enriched this commentary.

BIBLIOGRAPHY

Les Rois-Mages (1943); *Les Mystères de Paris* (1944); *Vache bleue dans une ville* (1944); *Malamour* (1945); *Soleil Irréductible* (1946); *La Noce Noire* (1946); *La Femme de ma Vie* (1947); *Poèmes de Brandebourg* (1948); *Poèmes de Dessous le Plancher*, suivis de *La Noce Noire* (1949); *Enorme Figure de la Déesse Raison* (1950); *Les Paysans* (1951); *Source Entière* (1952); *Passage de la Visitation* (1956); *Excrétions, misère et facéties* (1958); *Agonie du Général Krivitski* (1960); *Ancienne Mémoire* (1960); *Il n'y a pas de paradis* (édition collective) (1962); *L'Etape dans la Clairière* (1966), *Il n'y a pas de paradis* (new edition, 1967); *La Sainte Face* (1968); *Depuis toujours déjà* (1970).

CONSULT

G.-E. Clancier: *André Frénaud* (Seghers, 1963).

B. Pingaud: *André Frénaud: Une Conquête Dérisoire* (*Les Temps Modernes*, No. 213, February 1964).

J. Réda: *Le Coup des Cavaliers* (*Les Lettres Nouvelle*, March 1967).

Marianne Wiedmer: *André Frénaud* (Juris Druck, 1969).

C. A. Hackett: *André Frénaud and the theme of the quest* in *Modern Miscellany*, Manchester University Press, 1969.

NOTES

Maison à Vendre

From the first section—*Poèmes d'Avant-Guerre*—of the volume *Les Rois-Mages*.

line 9: *franges de grenat*: garnet-coloured fringes often found on Louis-Philippe armchairs.

line 10: *suint*: greasy dirt.

Les Rois-Mages

From the section *Poèmes de Brandebourg* in the volume *Les Rois-Mages*. The original version of the poem is given. In a new edition of *Les Rois-Mages* (1966), Frénaud has adopted conventional punctuation.

line 24: *charançon*: weevil.

Paris

The first poem of *Les Mystères de Paris*.

An impressionistic picture of Paris, in which actual features of the city—the Seine, the Arènes de Lutèce, the Pont-Neuf, the Ile St.-Louis, the Ile de la Cité, Montmartre, the Basilique du Sacré-Cœur and Les Halles—are transformed, and identified with the poet's emotional life.

PATRICE DE LA TOUR DU PIN (1911-   )

Patrice de la Tour du Pin was born on March 16, 1911, in Paris, of an old aristocratic family—French kings were among the ancestors on his father's side, and kings of Ireland on his mother's. His father was killed at the beginning of the first world war, and Patrice spent his early childhood at the family's country estate at Bignon-Mirabeau, a district to which his work is intimately related. He had a Catholic upbringing and education, and it was at first intended he should become a lawyer; but he himself wanted to be a poet and by the age of fifteen he had published, in collaboration with his cousin, Louis d'Hendecourt, a collection of verses entitled *Lys et Violettes*. In 1931 the *Nouvelle Revue Française* published, on the recommendation of the poet Jules Supervielle, *Enfants de Septembre*, one of his best poems. His first volume, *La Quête de Joie*, appeared in 1933 and was greeted by some critics as the greatest poetic work of its generation; Gide, enthusiastic but more reserved, wrote to the young author saying: 'Ce recueil me donne grande confiance

NOTES 323

en votre avenir de poète'. Until the outbreak of war Patrice de la
Tour du Pin was engaged on his *Somme de Poésie*, whose conception
had been influenced by his reading of the Bible, St. Thomas Aquinas,
Dante and Montaigne. He was called up in 1939 for service in the
army; was wounded and taken prisoner in October, and spent three
years in captivity in Germany. In 1942 he returned to France and,
after his marriage in 1943, settled at Bignon-Mirabeau. In 1961, he
was awarded the French Academy's Prix de Poésie. He is at present
continuing his work on the third volume of *Une Somme de Poésie*.

Patrice de la Tour du Pin has declared that his poetry is 'absolu-
ment indépendant de l'esprit moderne', and the enthusiastic reception
given to *La Quête de Joie* in 1933 was no doubt due in part to the
orthodox and traditional nature of its theme and style. The work
seemed to re-establish links with the past and to offer, according to
the critics, promise of a 'classical revival'. It is more immediately
intelligible than much contemporary poetry; the rhythm is quiet
and unhurried; the tone serene, positive, optimistic; and the author,
like Claudel, is clearly concerned to affirm and build rather than
to attack and destroy. This aim, pursued with admirable tenacity,
is realized to a great extent in *Une Somme de Poésie*, in which
La Quête de Joie takes its place as one episode in the story of man's
spiritual quest. *Une Somme de Poésie* attempts to create a poetic and
religious myth, an undertaking which, in the present state of
our civilization, cannot but be artificial and incoherent; and
although the books so far published are held together by recurring
themes and characters, they lack organic unity. Moreover, the sheer
size of the work (which includes interludes in prose and a consider-
able amount of prosaic poetry) tends to obscure the charm and
originality of many of its parts—lyrical passages such as *Légende*,
Enfants de Septembre, Les Laveuses, Regains, Hameaux (all, significantly,
from his first volume). *Une Somme de Poésie* is the most ambitions
literary project of our time, but one feels that the author has
undertaken something beyond his powers—those of a good minor
poet.

BIBLIOGRAPHY

La Quête de Joie (1933); *L'Aventurier* (1934); *L'Enfer* (1935); *Le
Lucernaire* (1936); *Le Don de la Passion* (1937); *Psaumes* (1938); *La
Vie Recluse en Poésie* (1938); *Les Anges* (1939); *Les Passants Tardifs*
(1939); *Deux Chroniques Intérieures* (1945); *La Genèse* (1945); *Le Jeu*

du Seul (1946); *Les Concerts sur Terre* (1946); *Les Contes de Soi* (1946); *Une Somme de Poésie* (includes all the previous works) (1946); *Un Bestiaire fabuleux* (1946); *La Contemplation Errante* (1948); *Noël des eaux* (1951); *Une Pépinière d'arbres de Noël* (1957); *Une Somme de Poésie: Le Second Jeu* (1959); *Une Somme de Poésie: Petit Théâtre Crépusculaire* (1963).

CONSULT

Biéville-Noyant: *Patrice de la Tour du Pin* (Nouvelle Revue Critique, 1948).

Eva Kushner: *Patrice de la Tour du Pin* (Seghers, 1961).

NOTES

Légende

This is a complete poem from *La Quête de Joie*, the fifth book of *Une Somme de Poésie*.

line 2: *Foulc*: This Christian name is appropriate for it recalls *foulque*, a marsh bird.

line 5: *rouches*: tufts of reeds or rushes.

line 16: *sauvagine*: usually a collective term for wild water-fowl. Cf. the poet in a letter to a friend: 'L'attirance presque physique de la sauvagine, c'est à croire que j'en fais presque partie'.

Psaume XXVIII

This poem is one of the fifty-one *Psaumes* which form a section of the sixth book of *Une Somme de Poésie*. The *verset* of all Patrice de la Tour du Pin's *psaumes* is composed of two sentences separated by a pause.

PIERRE EMMANUEL (1916-   )

Pierre Emmanuel was born at Gan (Basses-Pyrénées) in 1916. Part of his early life was spent in America where his parents had settled, but at the age of six he was sent to live with his uncle in Lyons. There he received, first at a Catholic school, and later at the University, a scientific education intended to fit him to be an engineer, the career chosen for him by his parents. His own inclinations were at first towards philosophy, but after his mathematics

teacher had read him Valéry's *La Jeune Parque* his interest turned
to poetry. During an emotional crisis in his life he chanced to read
Jouve's *Sueur de Sang*, and as a result decided to become a poet.
In October 1937 he visited Jouve in Paris and submitted his poems
to him, but these, mostly pastiches of Eluard and of Jouve himself,
were never published, and Emmanuel himself eventually destroyed
them. The first poem which he kept is said to have been *Christ
au Tombeau*. He signed this with the pseudonym (by which he
is now everywhere known) Pierre Emmanuel, a name which
he says symbolizes for him the whole drama of creation. It was
during the last war, when he worked with the resistance movement
at Dieulefit, that he published *Tombeau d'Orphée*, his first important
work, and became known as one of the most promising of present-
day French poets. In 1969 he was elected to the Académie Française.

Emmanuel has published nineteen volumes of poetry, his auto-
biography, some critical studies, articles for newspapers, and has
lectured in numerous countries. His natural expansive nature has
too frequently been at the mercy of a facile verbal talent, and his
language has, as it were, outpaced his experience. Although his
eloquence has a grave nobility, and his images a vivid power,
his attempt to express man's contemporary—and eternal—conflicts
through pagan myths and the symbols of the Christian faith has
proved over-ambitious. The influence of Jouve, which is especially
marked in *Tombeau d'Orphée*, can be seen in the rhetorical style, the
prophetic tone, and in the mingling of erotic and religious images.
But Emmanuel's poetry (with the exception of the short lyrics of
Cantos and *Chansons du Dé à Coudre*) is more diffuse than the work
of Jouve and lacks its concentration of feeling and experience.
The development evident in his work from *Babel* to *Jacob* shows,
however, that Emmanuel has not been content to remain only a poet.
of promise.

BIBLIOGRAPHY

Elégies (1940); *Tombeau d'Orphée* (1941); *Combats avec tes défen-
seurs* (1942); *Cantos* (1942); *Jour de Colère* (1942); *Orphiques* (1942);
Le Poète et son Christ (1943); *La Colombe* (1943); *Prière d'Abraham*
(1943); *Sodome* (1944); *La Liberté guide nos pas* (1945); *Tristesse ô ma
patrie* (1946); *Mémento des Vivants* (1946); *Chansons du Dé à Coudre*
(1947); *Babel* (1951); *Visage Nuage* (1956); *Versant de l'âge* (1958;)
Evangéliaire (1961); *La Nouvelle Naissance* (1963); *Ligne de faîte* (1966);
Jacob (1970).

CONSULT

Pierre Emmanuel: *Qui est cet homme* (Egloff, 1948).
A. Bosquet: *Pierre Emmanuel* (Seghers, 1959).

NOTES

Connaissance de Dieu.

This poem, given to C. A. Hackett by the author in 1949, was subsequently published, with a few slight modifications, under the title *Veni Creator*, in *Babel*.

line 15: *verbe*: In *Qui est cet homme* Emmanuel declares his desire to be 'le poète de la parole, du Verbe reçu puis donné'.

line 29: *parole*: cf. 'Ce mot: *Parole*, est le plus beau que je connaisse: je ne le prononce jamais sans amour'. (*Qui est cet homme*).

YVES BONNEFOY (1923–)

Yves Bonnefoy was born on June 24, 1923, at Tours. He was educated in his native town, and at Poitiers; and then at the University of Paris, where he obtained a *licence* in philosophy. From 1945 to 1947 he travelled in Europe and the United States, studied History and Art, and frequented the Surrealists whose influence can be seen in his first works *Traité du pianiste* (1946), and *Anti-Platon* (1947). He did not become known, however, until 1953, when he published eleven poems in the review *Mercure de France*. His first volume of poems, *Du mouvement et de l'immobilité de Douve* appeared in the same year, and was followed in 1958 by *Hier Régnant Désert* (which was awarded the Prix de L'Express); and in 1959 by *Pierre Ecrite*, with illustrations by Ubac. Four years later, in June 1963, an important group of seven poems appeared, again in the *Mercure de France*, under the general title *Une Ombre respirante*, and these will form the nucleus of his next volume.

Bonnefoy is also a critic, and has published articles on *Les Fleurs du Mal* and on Valéry, and also some profound reflexions on art. These studies have been collected in *L'Improbable* (1959), a volume which is sometimes referred to as an *art poétique* because it continues and makes more explicit the main themes in the poetic work. In addition, he has written articles on Rimbaud, and a book, *Rimbaud par lui-même* (1961). Bonnefoy also has some specifically English interests. He is a Shakespeare scholar, and has translated into French *Henry IV Part I*, *Hamlet*, *Julius Caesar*, *The Winter's Tale*; and, as is clear from his articles in *Encounter* and *Preuves*, he has thought deeply about fundamental problems that confront the translator. He is keenly interested in English music, particularly that of the Elizabethan period; the seventeenth-century metaphysical poets; and the poetry of Yeats. He is also well informed about contemporary English criticism, but finds that this seeks in poetry meaning and sense, rather than a 'presence', which he considers essential. His insistence on re-living the poet's experience rather than on just analysing the text suggests how he himself would like the critic, and the reader, to approach his own poetic work.

The title, *Du mouvement et de l'immobilité de Douve*, like the epigraph from Hegel, indicates the dialectical nature of his first volume, and indeed of his work as a whole—the studies in literature, painting, and religious architecture, as well as the poetry. For him, there can be no life without the constantly felt presence of death; and his work is alive precisely because death is at its centre. Douve, a half real, half mythological, Phœnix-like creature, embodies this paradox and this truth. She is always changing and represents many things: for example, a moat, water, poetry, woman, love. Like most of the images in Bonnefoy's work, Douve is an ambivalent symbol, at once darkness and light, the unconscious and the conscious mind, the river of death and the river of life. She is, in all senses of the term, a 'figure' which the poet has created so that he can pursue a dialogue between his mind and his spirit. She is his interrogation of the world and his adventure in it, his anguished—and exultant—quest in which the transcendent is sought in every sensuous phenomenon, and life is reborn through death.

The sustained eloquence of much of this poetry; its grave, rather solemn tone; and some of its formal devices—such as the use of recognizable metres and stanza forms (though these are flexible and unorthodox)—may make Bonnefoy seem less 'modern' than many of his contemporaries. Yet he is a *déchiffreur* of the visible world and a *témoin*, in the line of Baudelaire, Rimbaud, and Jouve (to all of whom he owes much). His poetry, like theirs, is a poetry of search and exploration, conflict and anguish; but there is something new here. The struggle to achieve what Bonnefoy calls a 'sagesse de vivre' has, to a great extent, replaced protestation and revolt. The particular tension of this verse (more especially in the first volume), and the sombre flame of its vitality quicken the awareness of our own being, both in and beyond the present time and place.

BIBLIOGRAPHY

Anti-Platon (1947); *Du mouvement et de l'immobilité de Douve* (1954); *Hier Régnant Désert* (1958); *Pierre Ecrite* (1959); *Une ombre respirante* (1963).

CONSULT

M. Saillet, '*Du mouvement et de l'immobilité de Douve*' (*Sur la route de Narcisse*, pp. 189–197, Mercure de France, 1958).

P. Jaccottet: *Yves Bonnefoy* (*La Nouvelle Revue Française*, No. 68, August, 1958).

O. de Magny: *Yves Bonnefoy* (pp. 127–136) (in *Écrivains d'Aujourd'hui 1940–1960*, Grasset, 1960).

J.-P. Richard: *Yves Bonnefoy entre le Nombre et la Nuit* (*Critique*, No. 168, May, 1961).

NOTES

Le seul Témoin

The last part of *Le seul Témoin*; from *Derniers Gestes*; the second section of the volume.

Douve Parle

The last part of *Douve Parle*; from the third section of the volume, which is also entitled *Douve Parle*.

Lieu de la Salamandre

From the last section, *Vrai Lieu*. The Salamander is, like the Phœnix, one of the creatures of myth that are used to illustrate and enrich the main theme.

La Voix de Kathleen Ferrier

From the third section, *Le Chant de Sauvegarde*. Kathleen Ferrier died in 1953.

Aube

From the fourth and last section, *A une terre d'aube*.

Une Voix

Published, along with six other poems from *Pierre Écrite*, in *Two Cities* review No. 2, July–October 1959.

Art de la Poésie

This poem, which has not yet been published in a volume, appeared in the *Mercure de France*, No. 1196, June 1963. Compare *Art Poétique* in *Du mouvement et de l'immobilité de Douve*:

> Visage séparé de ses branches premières
> Beauté toute d'alarme par ciel bas,
>
> En quel âtre dresser le feu de ton visage
> O Ménade saisie jetée la tête en bas?

ANDRÉ DU BOUCHET (1924–   )

André du Bouchet was born on March 7, 1924, in Paris. He was educated in France until the age of seventeen, when he went to the United States. He remained there for seven years, studying at the University of Amherst, and then at Harvard where he was Teaching Fellow in English and Comparative Literature, and obtained the Degree of M.A. in English. Shortly after his return to France in 1948, he began to publish his first works. For the next ten years or so, his poems appeared mostly in reviews, small volumes, or *de luxe* editions, illustrated by artists such as Jacques Villon and Tal Coat. *Dans la chaleur vacante*, published in 1961, was awarded the Prix des Critiques. It contains the major part of his work and is a fully representative volume. Like Yves Bonnefoy, André du Bouchet has written several critical studies, notably on Baudelaire and Reverdy; and on painters, his article on Poussin is of special interest. He has translated Shakespeare's *Pericles*, *Henry VIII*, and *The Tempest*; texts by James Joyce and Pasternak; and some of Hölderlin's poems.

Although André du Bouchet has been influenced by Baudelaire and Rimbaud, and more immediately by Reverdy, Eluard, and Char, his work has an unmistakably new and authentic accent. His poetry of understatement, at once taut and evocative, is of such an elemental simplicity that at first it may appear difficult and obscure. Nearly all the poems, some of them only *poèmes-phrases*, are short; and the words, often monosyllables, are those of everyday use. André du Bouchet is fully conscious of what he calls 'la toute-puissance des mots décolorés'; and nouns like 'air', 'champ', 'jour', 'main', acquire, in a particular context, fresh radiance and power. His arrangement of words on the page (reminiscent of Reverdy) contributes to this effect. Spacings are used not merely as a pleasing typographical device but to express silence, abrupt changes, different levels or planes, various kinds of effort and movement, or cessation of movement. They also indicate a certain obsession with whiteness; and 'blanc', a recurrent epithet, is used with striking effect, as for example in the title of one of the volumes *Le Moteur Blanc*, and in expressions such as 'feu blanc' and 'homme blanc comme la terre'. With André du Bouchet, however, this does not symbolize, as it does with Mallarmé, perfection and sterility, but the purity and the tension of a new beginning. His poems are, to quote from one of them, 'quelques pas dehors'. They are a series of impulsions or struggles, in which the poet takes his bearings in a universe where he himself, like the things of nature, and man-made objects, is perpetually subject to forces that are alternately threatening and reassuring. Some critics have found emptiness, resignation, and hopelessness in this work; but it is marked by positive qualities, warmth, and even a suggestion of optimism. André du Bouchet is, in fact, as positive and as optimistic as anyone with integrity could dare to be to-day. Without any Romantic nostalgia, and without protestation, cynicism, or despair, he evokes a fragmentary, elemental world in which there are brusque movements, unexpected events, sudden storms and conflagrations, but also a tenacious, if erratic, human endeavour. It is, one feels, a world which, though apparently on the verge of disintegration, still holds infinite possibilities of growth and creation.

BIBLIOGRAPHY

Air (1951); *Sans Couvercle* (1953); *Au deuxième étage* (1956); *Le moteur blanc* (1956); *Sol de la montagne* (1956); *Cette surface* (1956); *Sur le pas* (1960); *Ajournement* (1960); *Dans la chaleur vacante* (1961); *La lumière de la lame* (1962); *Où le soleil* (1968).

CONSULT

P. Jaccottet: *La Poésie d'André du Bouchet* (*La Nouvelle Revue Française*, No. 59, November, 1957).

O. de Magny: *André du Bouchet* (pp. 137–141) (in *Ecrivains d'Aujourd'hui 1940–1960*, Grasset, 1960).

Yves Bonnefoy: *La poésie d'André du Bouchet* (*Critique*, No. 179, April, 1962).

J.-P. Richard: *André du Bouchet et la démesure humaine* (*Mercure de France*, No. 1187, July, 1962).

NOTES

Matinal

    Matinal is one of the three poems which André du Bouchet feels might be worth 'saving' from the seventy-nine poems contained in his first volume, *Air*. He wrote to me saying: 'Il me semble qu'il n'y a rien à en sauver — sinon, peut-être, *Matinal*, *Volets*, ou *En Aval* — poèmes très gauches sans doute, mais qui m'apparaissent, eux, dans la lumière de ce que j'ai pu faire depuis, comme des points de départ — s'il en faut un, absolument.'

GENERAL BIBLIOGRAPHY

Remy de Gourmont: *Le Livre des Masques*. Mercure de France, Paris. Vol. I, 1896; Vol. II, 1898.

Arthur Symons: *The Symbolist Movement in Literature*. Heinemann, London, 1899. New edition; Dutton, New York, 1958.

René Lalou: *Histoire de la Littérature Française Contemporaine*. Presses Universitaires de France, Paris, 1922. New edition, 1947.

P. Martino: *Parnasse et Symbolisme* (1850–1900). Colin, Paris, 1925. New edition, 1963.

Émile Bouvier: *Initiation à la Littérature d'Aujourd'hui*. Renaissance du Livre, Paris, 1928.

Benjamin Crémieux: *Inquiétude et Reconstruction* (*Essai sur la littérature d'après-guerre*). Corrêa, Paris, 1931.

Edmund Wilson: *Axel's Castle*. Scribner, London, 1932. New edition, 1950. Fontana Library, London, 1961.

Marcel Raymond: *De Baudelaire au Surréalisme*. Corrêa, Paris, 1933. New edition: José Corti, Paris, 1940.

Ezra Pound: *Make It New*. (Chap. V, 'French Poets'.) Faber, London, 1934.

Christian Sénéchal: *Les Grands Courants de la Littérature Française Contemporaine*. Malfère, Paris, 1934.

Jean Cassou: *Pour la Poésie*. Corrêa, Paris, 1935.

Albert Thibaudet: *Histoire de la Littérature Française de 1789 à nos jours*. Stock, Paris, 1936.

Jean Paulhan: *Les Fleurs de Tarbes*. Gaillimard, Paris, 1941.

Léon-Gabriel Gros: *Poètes Contemporains*. Cahiers du Sud, Marseilles and Paris. Vol. I, 1944; Vol. II, 1951.

Maurice Nadeau: *Histoire du Surréalisme*. Éditions du Seuil, Paris, 1945.

Albert-Marie Schmidt: *La Littérature Symboliste (1870–1900)*. Presses Universitaires de France, Paris, 1947.

Guy Michaud: *Message Poétique du Symbolisme* (3 vols.). Nizet, Paris. 1947.

Marcel Girard: *Guide Illustré de la Littérature Française Moderne de 1918 à nos jours.* Seghers, Paris, 1949. New edition, 1968.

Gaëtan Picon: *Panorama de la Nouvelle Littérature Française.* Gallimard, Paris, 1949. New edition, 1960.

A. G. Lehmann: *The Symbolist Aesthetic in France, 1885–1895.* Blackwell, Oxford, 1950. New edition, 1968.

P. Mansell Jones: *The Background of Modern French Poetry.* Cambridge University Press, 1951.

P. Castex and P. Surer: *Manuel des Etudes Littéraires Françaises, XXᵉ Siècle.* Hachette, Paris, 1953. New edition, 1967.

R. Gibson: *Modern French Poets on Poetry.* Cambridge University Press, 1961.

J. P. Richard: *Onze Etudes sur la Poésie Moderne.* Editions du Seuil, Paris, 1964.

Philippe Jaccottet: *l'Entretien des Muses*, Gallimard, Paris, 1968.

DATE DUE

			Printed in USA